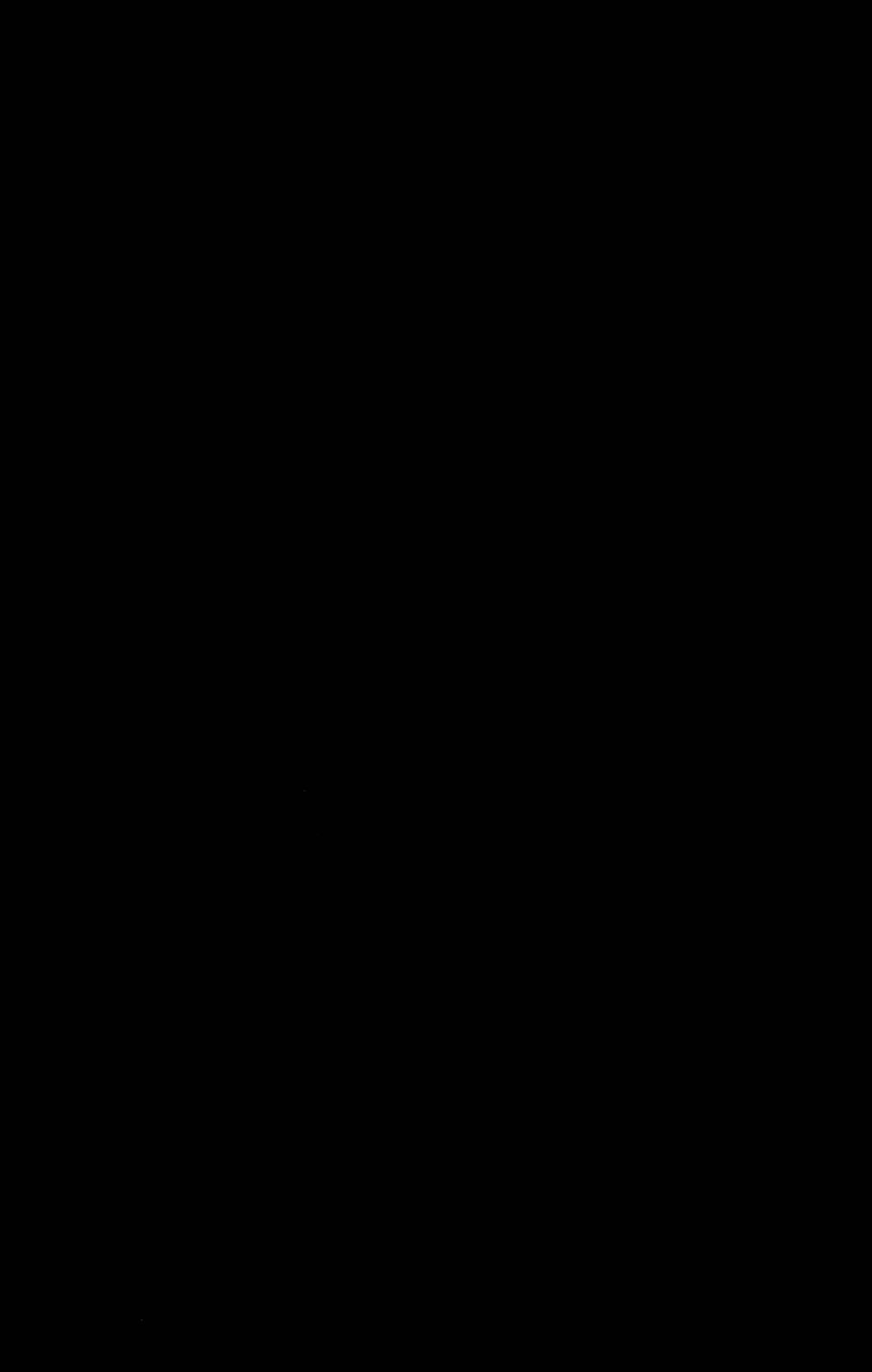

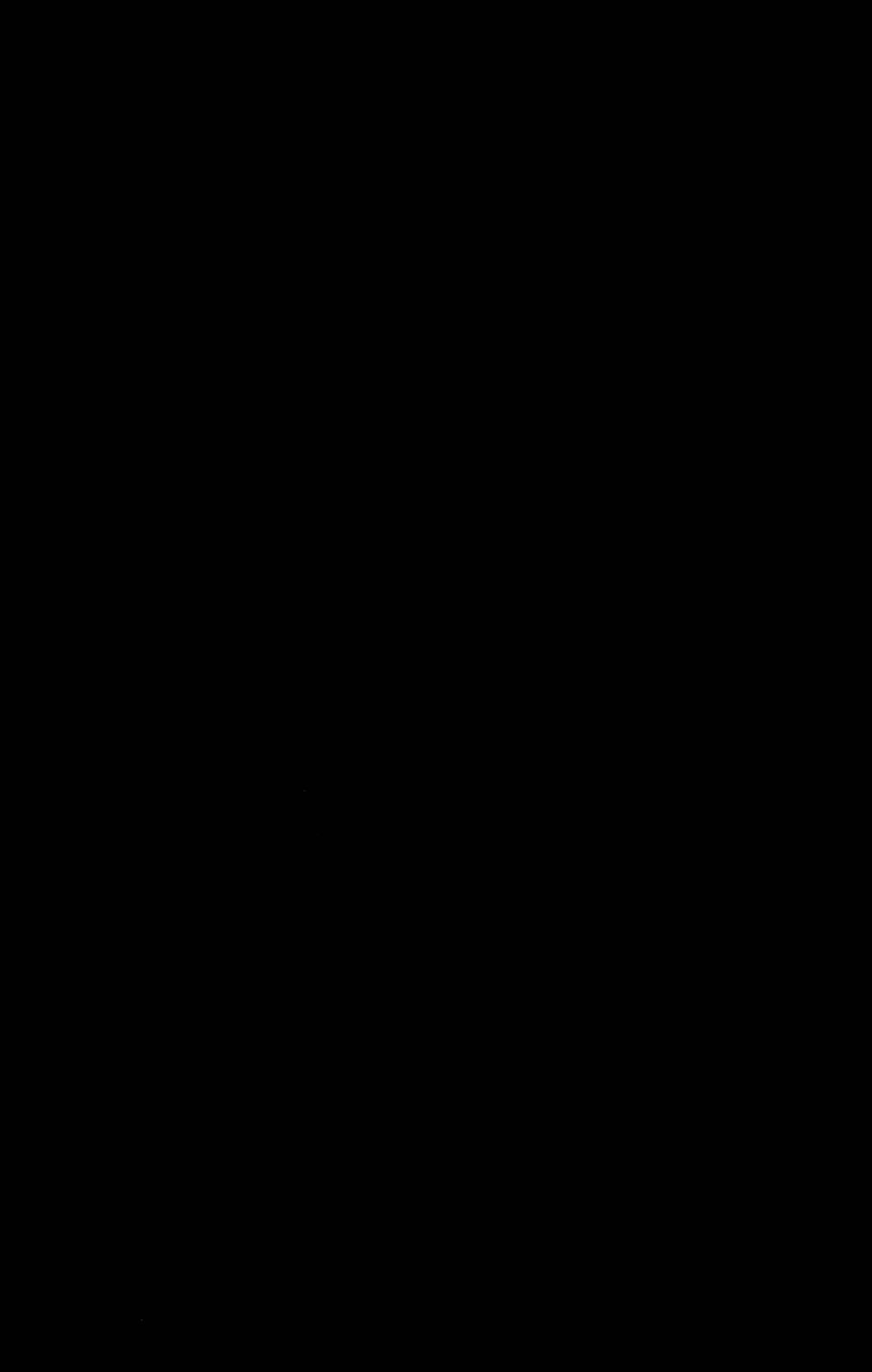

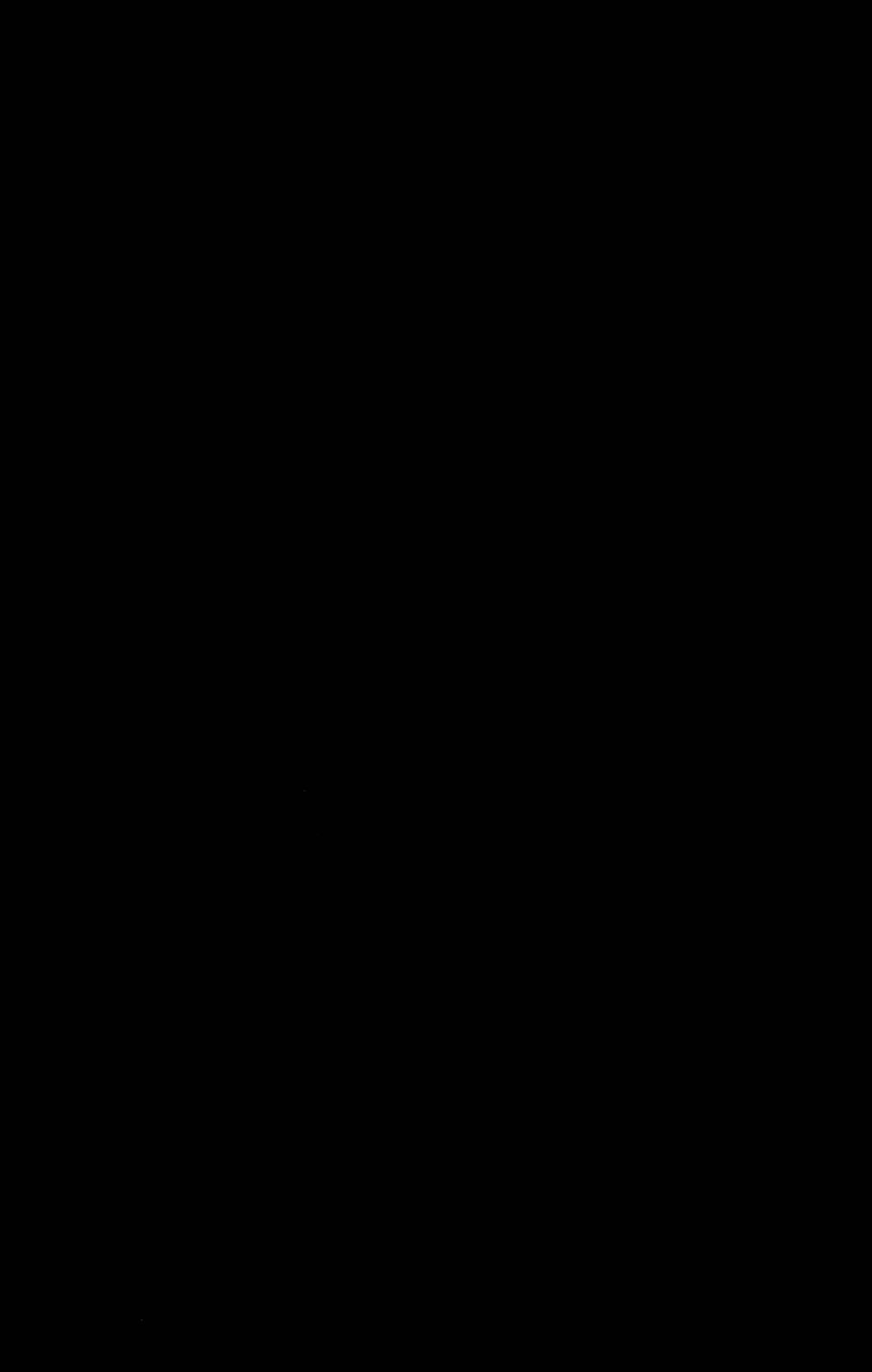

내가 당신을 충분히 사랑했을까?

It Takes Two
The Joy of Intimate Marriage

by Andrew D. Lester & Judith L. Lester
Published by Westminster John Knox Press
All Rights Reserved.

Korean Translation Copyright © 2009
by Achim Institute for Spiritual Direction

이 책은 아침영성지도연구원이 Eric Yang Agency를 통하여
Westminster John Knox Press와 독점 계약하여 새롭게 펴낸 것으로서,
신저작권법에 따라 한국 안에서 보호를 받는 책이므로
무단전재와 무단복제를 금합니다.

내가 당신을 충분히 사랑했을까?
―둘이 한 몸 되어 친밀한 결혼생활을 누리는 부부지침서―

앤드류 D. 레스터 · 주디스 L. 레스터 지음
신선명 · 신현복 옮김

차 례

감사의 글 | 7

들어가는 말 :
영원히 행복하게? | 9

1. 외로움을 극복하기 :
친밀감을 향한 여정 | 25

2. 둘이 하나가 되었다 :
부부이야기의 탄생 | 69

3. 대화의 열쇠 :
공유와 경청 | 125

4. 살인이라고 썼다! :
분노와 갈등 직면하기 | 179

5. 대장은 누구? :
권력과 책임의 공유 | 239

6. 이게 그토록 즐겁다면 좀 더 자주 하는 게 어때요? :
성적 친밀감의 기쁨 | 285

7. 영적인 여정 공유하기 :
용서와 공의 | 331

8. 여러분과 배우자가 진실로 원하는 것은 무엇입니까? :
서약을 통한 변화 | 371

에필로그 | 397

감사의 글

그 동안 상담관계 현장에서 함께 해주신 모든 분들께 감사를 드립니다. 우리는 좀 더 친밀한 결혼생활을 위해 기꺼이 노력하고 있는 부부들께 칭찬을 드리고 싶습니다. 변화와 화해의 현장에 여러 차례 참여할 수 있었던 것은 우리에게 큰 행운이었습니다. 이혼한 부부들 역시 결혼생활의 친밀감에 관한 우리의 주요 사상에 큰 영향을 미쳤지요.

부부관계 향상 프로그램에 참여했던 부부들, 그리고 교회와 종교 단체에서 후원하는 부부관계 향상 이벤트에 참여했던 분들께도 감사를 드립니다. 그분들은 우리를 믿고 아주 많은 이야기들을 들려주었으며(이 책 곳곳에 그분들의 이야기가 실려 있습니다), 이것을 독자 여러분의 부부관계 향상을 위해 사용할 수 있도록 허락해 주었습니다.

또한 이 원고의 초안이 여러 차례 바뀔 때마다 기꺼이 읽어준 여러 친구와 동료들에게도 감사를 드립니다: 셜리 부버, 에이미

쿠퍼, 던 다윈, 레리 이스터링, 로빈 그레이, 이레인 헨더슨, 지니 헨리, 캐넌 하이드, 제임스 하이드, 데니스 리스터, 앤 샌더스, 찰스 샌더스, 그리고 프랭크 토마스. 이분들은 우리 부부가 개념을 다듬고 표현을 명확히 할 수 있도록 여러 가지 비평을 해주었습니다. 또 웨스트민스터 존 녹스 출판사 편집실장인 스테파니 에그노토비치는 우리의 프로젝트가 가치 있는 것임을 확신시켜주었으며, 이 과정이 진행되는 동안 지속적으로 우리를 격려해주었고, 우리의 작업이 지체되는 것도 모두 이해해 주었습니다. 또한 닉 스트리트는 최종 편집을 어떻게 할 것인지 상담해 주었습니다. 그는 우리의 의견을 주의 깊게 들은 다음, 최종본에 힘을 실어줄 사려 깊은 제안을 해주었습니다.

들어가는 말
— 영원히 행복하게?

우리의 책임을 인정합니다. 결혼에다가 신비로운 힘을 부여한 건 바로 우리니까요. 우린 혼인 서약을 하고 반지를 교환하기만 하면, 마치 동화처럼 "영원히 행복하게" 살게 될 것이라고 믿었습니다. 그도 그럴 것이, 낭만적인 사랑의 신화를 믿도록 철저히 세뇌 당했으니까요. 우리는 서로 사랑하는 부부가 이루 말할 수 없을 정도로 행복한 운명을 향해 극적으로 나아가는 장면에서 막이 내리는 영화들을 수없이 보아왔습니다. 하지만 정작 우리 부부의 경우, 결혼에 관한 이러한 묘사가 7개월(아니, 7주?) 정도밖에 지속되지 않았습니다. 금방 현실이 탄로 나고 만 것이죠. 우린 갈등 상황에 빠져 들었습니다. 그리고 이런 상황에 창의적으로 대처할 수 없었기에 금세 환상에서 벗어나 서로에게 환멸을 느끼게 되었습니다. 둘의 사랑이 끝없는 로맨스의 바다를 떠다니다가 이렇듯 갑자기 좌초하게 되자 우리는 너무도 놀랐습니다. 우리 부부에게 뭔가 잘못이 있는 건 아닌지, 유독 우리만 영원히 낭만적이고 완전한 결혼생활을 획득하지 못한 건 아닌지, 굉장히 불안했습니다. 더욱이 하나님 앞에서, 그리고 가족과 친구들 앞에서 서약을 한 사이였으므로, 우리의 실패가 곧 그리스도인의 신앙과 의무에 관련된 것은 아닐까, 걱정이 되었습니다.

결혼생활이 완벽하지 못하다는 죄책감 속에서 몇 년을 괴로워한 끝에, 우리는 부부와 가족 분야의 대학원 과정에 등록하였습니다. 그리고 거기에서 도움이 되는 개념들을 많이 배웠습니다. 하지만 중요한 것은 결혼생활이 정적인 게 아니라 동적이라는 사고였습니다. 결혼생활은 마치 사람과도 같습니다: 성장하고 발달해야 하는 것입니다. 그런데 우리는 성숙한 부부로서 결혼생활을 시작하지 못했습니다. 완전하게 발달된 관계 속으로 뛰어들지 못했습니다. 그저 연애 시절만 힘들 뿐이지, 일단 결혼예식을 올리고 나면 모든 일이 술술 풀리리라고 믿어 의심치 않았습니다.

우리가 잘 알고 있는 창세기 한 구절을 보면, 남자와 여자가 "한 몸이 되었다"고 나와 있습니다. 이것은 참 쉬운 말처럼 들립니다. 하지만 모든 부부들이 차차 알게 되듯이, 사실 "한 몸"이 된다는 것은 절대로 쉬운 일이 아닙니다! "한 몸"이 된다 — 우리 부부는 이것을 서로가 서로에게 의미 있고, 애정이 넘치는, 친밀한 관계를 확립하는 것이라고 해석합니다. 이렇게 해서 우리 부부는 결혼생활이란 게 살아 있는 실재임을 깨닫게 되었습니다. 결혼생활에는 길러주고 돌봐줘야 할 나름대로의 삶이 있습니다. 영적 성장과 마찬가지로, 부부관계의 성장을 위해서도 의도적인 노력을 기울여야만 합니다. 결혼생활을 발달시켜 나가는 것은 전 생애에 걸친 과정이며 여정입니다. 매일 우리는 성장하고 발달할 수 있는 기회를 맞이합니다. 매일 우리는 하나님께서 가능케 해주신 결혼생활의 친밀감을 실현하기 위해 한 걸음 더 나아갑니다. 이것은 우리에게 너무나도 멋진 발견이었습니다 — 하나님께서는 완벽함을 기대하시지 않습니다. 매일의 토대 위에서 목표를 향해 성장하기를 원하실 뿐입니다.

우리들 대부분은 결혼생활에 관하여 모순적인 두 가지 메시지를 배우게 됩니다. 한편으로는 낭만적인 사랑의 신화를 배우지요. 이 세상 어딘가에 나와 딱 맞는 완벽한 짝이 있어서 둘이 서로 사랑에 빠지게 되고 영원히 행복하게 살 것이라는 신화 말입니다. 하지만 또 한편으로는 부모를 포함한 주위 사람들이 살아가는 모습을 지켜보면서, 결혼생활이란 게 결코 완벽하지 않다는 사실을 깨닫게 됩니다. 하지만 이런 반대되는 증거들에도 불구하고, 우리는 대체로 다음과 같은 믿음을 가지고 결혼을 하게 되지요. 다른 사람들은 몰라도 자신에게는 얼마든지 승산이 있으며, 보기 드문 이상적인 결혼생활을 누리게 될 것이고, 친밀한 동료애와 황홀한 성적 성취감과 영원한 로맨스를 안겨줄 완벽한 관계를 맺게 될 것이라고 말입니다. 그렇지만 모든 협력관계는 정상적인 생활의 실재를 중심으로 생겨나기 마련입니다. 보통의 삶 속에서는 우리의 인간적인 허약함 때문에, 위와 같이 과장된 기대를 충족시키는 게 불가능합니다. 그래서 결국은 좌절하고 환멸을 느끼게 되는 것이죠.

그러면 이제 어떻게 해야 합니까? 지금껏 여러분은 배우자에게 느꼈던 "사랑"이 완벽한 결혼생활을 가져다주리라 기대하고 거기에만 의지해 왔습니다. 그런데 결혼생활이 완벽한 게 아니라면, 이제 더 이상 부부간에 사랑이 존재하지 않는다는 겁니까? 반드시 그런 건 아니겠지요. 하지만 어쩌면 이것은 우리가 행복하게 결혼생활을 영위해 나갈 "임무"에 관심을 기울여야 한다는 말일 수도 있습니다. 결혼예식장에서 혼인 서약을 주고받았을 때, 여러분은 이미 서로에게 변함없는 신실한 사랑을 맹세했습니다. 이제 그 서약을 어떻게 지킬 것인지 방법을 강구해야만 합니다.

왜 이 책을 읽어야 합니까?

결혼 제도에는 교육용 팸플릿이 딸려 있는 것도 아니고, 행복한 생애에 대한 보증서가 딸려 있는 것도 아닙니다. 결혼 허가증은 돈을 주고 사는 것도 아니고, 능력을 증명하고 받는 것도 아닙니다. 결혼을 하기 위해서 학력이나 준비 상태, 성숙 정도, 능력 등을 증명할 필요는 없습니다. 졸업 증명서를 제출할 필요도 없고, 교육 과정 사본을 제출할 필요도 없으며, 어떤 매뉴얼을 공부할 필요도 없고, 시험을 치를 필요도 없습니다. 그나마 교회는 드물게라도 "결혼생활을 위한 효과적 준비" 프로그램을 제공하기도 하지요. 어쨌든 우리 문화는 행복한 결혼생활이 저절로 굴러 들어오거나 하는 것처럼 생각하는 경향이 있습니다. 하지만 절대로 그렇지 않습니다!

사랑은 지도를 받아야 합니다. 정보도 챙겨야 하고, 교육도 받아야 합니다. 결혼생활에는 생각과 행동의 주요목표가 필요합니다. 운에만 맡겨 두지 않고 하나가 되기 위해 자신의 책임을 다할 경우, 얼마든지 친밀한 결혼생활을 즐길 수 있습니다. 우리는 결혼을 완전하고, 의미 있고, 친밀한 관계로 이끌어갈 수 있는 기회를 지님과 동시에, 그렇게 해야 할 책임도 지고 있습니다. 결혼생활을 통해서 우리는 다른 어떤 영역보다도 많은 자유를 누릴 수가 있습니다. 특별히 우리에게 속하는 것들을 만들어 낼 수 있는 자유 말입니다. 하지만 여기에는 우리 스스로 만들어 낸 기대와 책임이 뒤따릅니다.

이 책은 부부관계를 좀 더 향상시켜야 할 책임을 지고 있는 부부들을 위한 가이드북입니다. 친밀감을 추구하고 이해력을 확장하고자 애쓰는 여러분에게 하나의 지침서를 제공하기 위한 것이지요.

여러분은 누구입니까?

독자 여러분은 누구입니까? 우리는 다음의 네 그룹에게 도움이 될 수 있는 자료들을 기록하였습니다:

- 독자 여러분 가운데 일부는 약혼을 한 상태이거나, 이제 막 결혼을 했거나, 혹은 그리스도교적 결혼생활을 이끌어 나가는 데 필요한 정보를 간절히 원하고 있을 것입니다. 또 일부는 (사별이나 이혼 때문에) 두 번째 혹은 세 번째 결혼을 고려하고 있을 것이며, 이 새로운 결혼생활은 뭔가 좀 다르게 이끌어갈 수 있도록 도와줄만한 정보를 기대할 것입니다. 그러니까 초반부터 친밀한 관계를 형성할 수 있을만한 아이디어를 찾고 있는 것이지요.

  그런 분들의 경우, 이 책은 친밀감에 이르는 길을 안내해줄 결혼생활의 원동력과 교육적·계발적 만남을 가질 수 있도록 도와줄 것입니다. 연습을 통해서 아직까지 한 번도 경험해 보지 못한 수준의 친밀감을 형성하게 될 것입니다. 또한 불필요한 갈등과 소외를 막아줄 예방 대책도 세우게 될 것입니다.

- 또 독자 여러분 중에는 이미 멋지고, 안정되고, 행복한 결혼생활을 누리고 있으면서, 그것을 지키고 강화하는 일에 관심을 갖고 있는 분도 많을 것입니다. 이런 분들은 좀 더 깊은 이해심과 친밀감을 추구하는 일에 몰두하겠지요. 자신의 사랑을 표현할 수 있는 새로운 방법을 추구하는 것은 어디까지나 관계에 대한 지속적인 헌신의 일부입니다.

  우리는 이 책에 실린 개념들이 여러분의 탐구를 이끌어 주리라 확신합니다. 훈련을 통해서 여러분은 친밀감의 새로운 지평을 열게 될 것입니다.

- 또 여러분 가운데 일부는, 결혼한 지 몇 년이 지나서 꽃이 다 져버린 다음에 이 책을 집어 들었을 수도 있습니다. 자신의 결혼생활이 아주 멋지다고 생각하고, 지금의 배우자와 결혼하게 된 것을 기쁘게 여기면서도, 한편으로는 지겨움과 실망과 불만족이라고 하는 강렬한 느낌 때문에 쉽게 상처 입고 불편해하는 현실에 대처하기 위해서 고군분투하고 있을지 모릅니다. 어쩌면 자신이 원했던 상상 속의 미래와 이상적인 기대가 그대로 이루어지지 않은 것 때문에 좌절감을 느낄 수도 있습니다. 한 친구는 이것을 가리켜 "행복한 건 사실이지만, 좀 더 나아질 수 있다는 사실도 잘 알고 있는" 상태의 결혼생활이라고 말합니다. 예전의 결혼생활에 힘을 불어넣어 주었던 바로 그 설렘과 열정을 회복할 수 있을만한 아이디어를 지금 여러분은 추구하고 있습니다.

처음의 설렘과 헌신에 뿌리를 내리고 있는 한, 결혼생활은 해가 갈수록 점점 더 성숙해질 수 있습니다. 그리고 성장과 기쁨과 배우자를 위한 후원의 출처가 될 수 있습니다. 아마도 여러분은 배우자를 신뢰하고 부부관계를 신뢰할 것입니다. 그러기에 자신의 의심과 관심을 공개적인 안건으로 상정하여, 관계향상을 향한 이 순례의 길에 배우자를 초대할 수 있는 것이지요. 이 책은 여러분이 예전에 누렸던 행복을 좀먹고 있는 태도와 행동이 무엇인지를 이해하는 데 도움이 될 만한 개념들을 제공해줄 것입니다. 이 책은 친밀한 관계를 형성하는 데 반드시 필요한, 그런데도 그동안 관심의 대상이 되지 못했던 결혼생활의 측면들을 어떻게 검토할 것인지, 잘 알려줄 것입니다.

- 여러분 가운데 일부는 어쩌면 타성에 젖은 채로, 순전히 아이들 때문에, 혹은 여러분도 모르는 사이에 말려들어서, 간신히 결혼생활을 유지해 나가고 있는지도 모릅니다. 그러다가 뭔가 좀 더 나은 쪽으로 나아가야 한다고 결심했을 것입니다. 어쩌면 좀 더 절박한 상황에 처해 있는 독자들도 있을 것입니다. 불륜이나 해고, 재입학, 뜻밖의 임신, 혹은 자녀나 부모의 죽음과 같이, 관계의 미래를 심각하게 위협하는 위기 상황에서 결혼생활의 어려움을 극복하기 위하여 이 책을 집어 들었을지도 모릅니다. 이런 종류의 스트레스는 배우자의 성격 가운데 가장 문제가 되는 요소들을 강조함으로써 심각한 마찰을 불러일으키게 됩니다. 상대방을 비난하고 고소함으로써 분노를 표출하게 되며, 이것은 곧 적의와 괴로움으로 이어집니다. 이런 지경에 이르게 되면 만성적인 적대감이 결혼생활 곳곳에 퍼져, 여러분과 자녀, 심지어는 친구들까지 모두 불편하게 만들 수 있습니다. 어쩌면 배우자와의 사이를 갈라놓고 있는 틈새가 여러분을 절망과 좌절로, 그리고 한때는 굉장히 중요했던 뭔가를 상실하고 만 데 대한 만성적인 슬픔으로 이끌었을 것입니다.

우리는 여러분이 이 책을 통해서 과연 뭐가 잘못 돌아가고 있는지에 대한 통찰력을 얻을 수 있게 되기를 바랍니다. 또 친밀감을 가로막고 관계를 파괴하는 원인들에 대해서도 새로운 이해를 갖게 되기를 바랍니다. 아마도 이러한 개념들을 통해서 여러분은 문제와 대면하고 행동을 변화시킬 수 있는 힘을 얻게 될 것입니다. 하나님의 은총으로 말미암아 우리는 화해할 수 있는 잠재력을 지니고 있습니다. 얼마든지 변화할 수 있는 것입니다.

우리는 누구일까요?

그러면 저자인 우리 부부는 누구일까요? 결혼생활에 관한 우리의 생각들은 어디에서 비롯된 것일까요? 어떤 논제들로 승강이를 할 것인지, 어떤 주제들을 중요하게 다룰 것인지, 어떤 과정을 통해서 부부들에게 가장 창조적으로 도움을 줄 것인지, 우리가 어떻게 결정을 내렸을까요? 다음의 몇 가지 출처로부터 우리는 이 책의 통찰과 임상 사례들을 제공받았습니다.

- 37년을 함께 걸어온 우리 부부의 삶이야말로 가장 명백한 공헌자입니다. 이 경험으로부터 우리를 결코 분리할 수 없습니다. 우리의 결혼생활은 연애시절과, 자녀 양육과, 자녀의 출가 단계에 이르기까지, 부부가 함께 해온 여정의 렌즈를 통해서 들여다보아야 합니다. 여러분과 마찬가지로 우리의 결혼생활 역시 탄생과 죽음, 기쁨과 슬픔, 안정과 변화, 희극과 비극을 겪어왔습니다.

- 부부와 가족 치료사의 업무를 통해서 우리는 (각각 32년과 21년 동안) 임상적으로 결혼생활에서 무엇이 잘못될 수 있는지를 확실히 알게 되었습니다. 우리는 낭만적인 노력들을 방해하기 쉬운 태도와 행동, 상호작용의 유형을 직접 체험하였습니다. 또한 우리는 좀 더 창조적인 결혼생활을 누리기 위해 의도적으로 노력을 기울이는 부부들이 이룰 수 있는 성장도 목격하였습니다. 친밀감으로 이어지는 태도와 행동은 얼마든지 발전시킬 수 있습니다.

- 그동안 부부와 가족관계 향상과정을 가르치고, 부부관계 향상 피정을 인도해 오면서, 위기 예방과 좋은 부부관계 강화에 대한 우리의 강조점이 좀 더 확실해졌습니다. 우리 사회는 가족 기능 장애(무시, 중독, 정서적 학대와 신체적 학대)에만 지나치게 관심을 쏟은 나머지, 많은 부부들이 행복한 결혼생활을 누리고 있다는 사실을 그만 간과하고 있습니다. 하지만 우리 부부의 경우, 행복한 결혼생활을 누리고 있는 부부들을 통해서 안정되고, 행복하고, 기쁘기까지 한 부부관계의 특징에 관한 통찰력을 기를 수 있었습니다.

- 부부와 가족 분야에 관한 연구와 저서는 그야말로 방대합니다. 이 책을 쓰기로 작정했을 당시 우리는 먼저 어떤 주제와 논제를 선택해야 할 것인지 부터 결정해야만 했습니다. 그리고 여러 해가 지나서야 비로소 치료와 관계 향상과정에 있는 부부들이 서로 간에 친밀감을 키우기 위한 여정에서 가장 도움이 되었다고 밝힌 개념들을 찾아냈습니다. 이 연구는 부부

관계의 긍정적 경험과 부정적 경험에 동시적으로 기여하는 태도와 행동에 관한 중요한 진실을 밝혀줍니다. 심리학자들은 이른바 "부부간의 만족" 정도를 평가한 후, 조사와 인터뷰를 통해 이 평가에서 가장 높은 점수를 받은 부부들에게 공통적으로 나타나는 요인이 무엇인가를 밝혀냈습니다. 행복한 결혼생활을 누리고 있는 부부들에게 그 "비결"이 무엇이냐고 물었을 때, 그들은 과연 뭐라고 대답했을까요? 그들은 서로에게 어떤 식으로 행동할까요? 다른 부부들과 어떻게 다른 식으로 관계를 형성할까요? 우리는 생명을 창조하는 결혼생활의 구성 요소들을 논하기 위해, 그동안 부부 치료사와 부부관계 향상 이벤트 인도자로서 쌓아온 경험을 위의 연구 결과와 연결 지을 것입니다.

- 독자 여러분은 자신의 민족적 배경과 사회적 역사, 그리고 종교적 전통에 비추어 이 책을 나름대로 해석해야 할 것입니다. 저자인 우리 부부는 구미의 주류 프로테스탄트로서, 고등 교육을 받은 중산층입니다. 그동안 부부관계에 관한 연구는 거의 대부분이 구미 학자들에 의해 주도되어 왔습니다. 우리는 다양한 민족적, 사회경제적, 종교적 배경을 지닌 독자 여러분이 이 개념을 유용하다고 평가해주기를 원합니다. 하지만 이 책에 적힌 개념들이 여러분의 삶의 자리에 맞게 해석될 수 있는지 없는지는 오직 여러분만이 파악할 수 있습니다.

- 부부와 가족 치료사로서 우리가 실제로 겪었던 사례들, 부부

관계 향상 이벤트에서 얻은 소품들, 그리고 결혼생활에서 직접 얻은 경험들은, 이 책에서 논의하게 될 문제에 내재해 있는 파괴적이고도 창조적인 가능성들을 잘 밝혀줄 것입니다. 자료 제공자의 신원을 밝히지 못하고 익명의 제공자로 처리하였지만, 그래도 자료가 지닌 독특한 원동력은 그대로 남아 있습니다.

신앙은 어떻습니까?

우리 부부는 유대-그리스도교 전통 안에서, 개인이 창조적인 부부관계에 참여할 수 있도록 도와주는 신학적 개념들을 논의합니다. 우리는 그리스도교 신앙이 어떻게 친밀한 부부관계 형성에 중요한 개념과 지침들을 제공해주는가에 대해서 논의할 것입니다. 여기에 어떤 내용을 포함시킬 것인가 하는 선택은 대체로 그리스도교 전통이라는 맥락에서 결혼의 본질에 관한 우리의 생각들을 기초로 한 것입니다.

- 우리는 하나님 앞에서 여자와 남자가 동등하다고 생각합니다. 여자와 남자가 둘 다 하나님의 형상대로 창조되었다고 믿으며, 따라서 둘 다 하나님으로부터 동등하게 사랑받고 보호받는다고 믿습니다. 여자와 남자는 둘 다 동등한 영적, 정신적, 정서적, 관계적 잠재력을 지니고 있습니다.

- 우리는 상호성을 특징으로 하는 협력관계야말로 이상적인 그리스도교적 부부관계라고 생각합니다: 남편과 아내가 둘 다 똑같이 중요하며, 동등한 권리를 지니고 있습니다. 따라서 남편과 아내 둘 다 똑같이 존경받아야 합니다. 남편과 아내 모두 자신과 배우자의 필요를 충족시켜주고 결정을 내려야만 하는 의무를 공유하고 있습니다.
- 우리는 그리스도교 신앙을 지닌 부부라면 둘 다 온전함을 생활화하는 데 관심을 쏟아야 하며, 정의에 관한 성서적 명령도 잘 지켜야 한다고 생각합니다. 우리는 그리스도교 신앙을 지닌 부부들이 예언자 미가의 가르침을 잘 따라야 한다고 생각합니다: "주께서 너에게 요구하시는 것이 무엇인지도 이미 말씀하셨다. 오로지 공의를 실천하며, 인자를 사랑하며, 겸손히 네 하나님과 함께 행하는 것이 아니냐!"(미가 6장 8절) 부부가 서로에게 공정하고, 정의롭고, 올바르게 대하는 것은 결코 쉬운 일이 아닙니다. 하지만 이것은 우리 그리스도인들이 반드시 지켜야만 하는 명령입니다.

이 책을 어떻게 사용할 수 있을까요?

우리 부부는 결혼의 '이론적' 이해와 '경험적' 이해를 동시에 추구하는 데 관심이 많습니다. 우리는 결혼이라고 하는 독특한 관계에 대해서 여러분이 갖고 있는 생각에 문제를 제기하고 새로운 사고를 심어줄만한 개념들을 제공합니다. 그리고 '이 개념들을 실천할 수 있을만한 특별한 지침' 들까지 제공합니다. 이 책을 통해서 여러분은 좀 더 충만하고 친밀한 결혼생활을 꾸려나가는 데 필요한 새로운 행동 지침들을 선택하게 될 것입니다.

우리는 일단 여러분의 결혼생활이 다른 부부들의 결혼생활과 비슷하면서도 뭔가 다른 점이 있다고 가정할 것입니다. 결혼생활은 부부마다 독특한 특징을 발달시키는데, 제2장에서 우리는 그것을 가리켜 "부부이야기"라고 부를 것입니다. 이 책을 읽어나가는 동안 여러분은 많은 부분에 공감할 것입니다. 하지만 이 개념들로부터 가장 많은 것을 얻기 위해서는, 자신의 결혼생활 상황에 맞게 직접 해석해야만 할 것입니다.

- 각 장마다, 내용을 통합하는 데 도움이 될 만한 연습문제를 제공할 것입니다. 이 연습문제들과 본문의 모든 도표, 도형들은 각각 두 번씩 실을 건데요, 하나는 여러분을 위한 것이고, 또 하나는 배우자를 위한 것입니다. 연습문제가 나오면 그 지점에서 잠시 읽는 걸 중단하고 이 실제적인 연습문제에 뛰어 듦으로써, 이 책에 소개된 개념들을 자신의 결혼생활에 맞게 적용시키는 것도 괜찮은 방법입니다.
- 관계를 강화하고자 하는 부부들을 지원해주고 정보를 제공해주기 위해 만들어진 부부관계 향상그룹에 참여할 수도 있습니다. 배우자와 함께 말이죠. 여러분이 다니고 있는 교회나 지역의 상담 센터에도 그런 그룹이 있을 것입니다. 요즘

에는 많은 교파들이 그런 프로그램을 운영하고 있으니까요. 아니면 다른 부부들을 여러분의 교회로 초대해서, 이 자료를 논의하기 위한 정기 모임을 갖자고 권유할 수도 있습니다.

- 좀 더 심화된 내용을 알고 싶은 사람들을 위해서 각 장의 마지막 부분에 추천도서를 실을 것입니다. 이 자료들을 통해서 특정 논제를 좀 더 깊게 파고 들 수 있을 것입니다.

- 부부와 가족 치료사의 도움을 받아, 이 과정에 좀 더 적극적으로 참여할 수도 있습니다. 여러분이 살고 있는 지역에서 능력 있고 경험이 풍부한 상담가로 오랫동안 활동해온 목사나 변호사, 사회사업가, 사제, 혹은 의사와 상의해보세요.

- 이 책은 각 장을 따로 떼어놓아도 될 만큼 독립적인 구조를 취하고 있습니다. 비록 여러 장들에서 대화에 관한 장의 기술들을 반복적으로 언급하기는 하지만, 그래도 혹시나 여러분의 흥미를 끄는 장이 있다면 거기부터 먼저 읽어도 됩니다. 우리는 이 책이 지속적인 원천의 역할을 담당해주었으면 합니다. 여러분도 배우자도 분명 변화할 것입니다. 그러므로 앞으로 몇 달, 아니 몇 년이라도 계속해서 관계형성을 위한 하나의 방법으로서 이 책의 개념과 사례들을 지속적으로 사용할 수가 있을 것입니다.

이제 본격적인 내용 전달로 넘어갈 텐데요, 부디 이 자료들이 시간과 노력을 쏟을만한 가치가 있는 것이기를 바랍니다. 관심을 갖고 읽어 보세요 …… 그리고 행동에 옮기세요!

제1장

외로움을 **극복하기**
— 친밀감을 향한 여정

　여정이라는 개념은 우리 부부에게 굉장히 큰 의미를 지니게 되었습니다. 특히나 다음과 같은 표면상의 모순을 설명할 때에는 더더욱 그렇습니다: 예, 우리는 이미 '결혼을 한' 몸입니다. 하지만 지금도 여전히 '결혼을 하는' 과정에 있습니다. 우리 부부는 고등학교 시절 처음 만났을 때부터 이 여정을 시작했으며, 아직도 "도중에" 있습니다. 이 용어는 철학자 가브리엘 마르셀이 미래를 향해 나아가는 인간의 경험을 설명하기 위해 사용했던 것입니다. 우리는 (지금껏 속해 있었던) 과거를 기념하고 (앞으로 속하게 될) 미래를 예측하는 여정에 있습니다. 결혼예식을 올리기 전 우리는 먼저 약혼을 하였습니다. 약혼을 한다는 것은 곧 결혼하겠다는 의지를 공동체에 알리는 것과도 같았습니다. 그 뒤로 이른바 "결혼예식"이라고 하는 특별한 순간을 거쳐서 결혼을 하게 되었고, "그로 인한 모든 권리와 특권"을 누리는 법적 부부가 되었습니다. 그렇지만 아직도 결혼의 과정에 속해 있음을 잘 압니다. 해가 바뀌면서 우리 부부의 삶의 자리도 계속해서 바뀌며, 그와 더불어 새로운 경험들을 겪게 됩니다. 이 여정 속에서 우리 부부가 좀 더 심오한 단계의 친밀감에 도달할 수 있는 가능성은 얼마든지 존재합니다.

친밀감이란 무엇입니까?

사랑과 마찬가지로, 친밀감 역시 정의내리기가 참 어렵습니다. 친밀감이라는 단어는 "가장 깊숙한 곳"을 의미하며, 어떤 것의 내적인 특성이나 본질적인 성격을 잘 알고 있는 것을 의미합니다. 이 단어는 서로 긴밀하게 연관되어 있는 관계를 가리킵니다. 친밀감은 우리 자아(가장 심오한 정서적, 영적 자아)의 가장 깊숙한 차원들이 배우자의 가장 깊숙한 차원들과 서로 연결될 때 생겨나는 것입니다. 친밀한 관계의 특징은 깊은 우정, 그리고 서로를 소중히 여기는 것입니다. 따라서 '결혼의 친밀감'이란 헌신적인 관계의 맥락에서 배우자를 전인간적으로 철저히 알고 깊숙이 조우하는 것이라고 설명할 수 있을 것입니다.

물론 친밀감은 배우자의 내면에도 존재하고, 두 사람 사이에도 존재합니다. 내적인 관계의 깊이는 곧 외적인 행동으로 드러나기 마련이니까요. 친밀감은 외부적인 사건이나 신체적인 현

상만으로 평가할 수 없습니다. 아무리 부부가 함께 저녁식사를 즐기고, 함께 테니스를 치고, 함께 성생활을 한다 할지라도, 전혀 친밀감을 경험하지 못할 수도 있습니다. 왜 그럴까요? 그런 일들은 오로지 외면적인 관계만을 보여주기 때문입니다. 친밀감이 형성되려면 두 사람의 내적인 자아 사이에 관계가 형성되어야만 합니다. 상대방에게 "좌지우지될까봐" 두려워하고 있는 부부 사이에 관계가 형성되어야만 하는 것입니다. 친밀감은 여러분과 배우자 사이에 깊은 관계를 형성해줍니다. 토마스 무어가 〈영혼의 친구〉라는 책에서 여러분의 "영혼의 친구"라고 불렀던 바로 그 배우자와 말이죠.

왜 친밀감이 중요할까요?

친밀감의 경험은 인간의 실존에 굉장히 중요합니다. 소속의 욕구를 충족시키기 위한 중요한 방법이기 때문입니다. 이 소속의 욕구는 다른 모든 욕구들만큼이나 기본적인 것입니다. 마치 사랑하고 사랑받고 싶은 욕구와도 같지요. 공동체의 일부이고 싶은 욕구, 타인과 관계를 맺고 싶은 욕구, 다른 누군가에게 중요한 존재이고 싶은 욕구, 그리고 다른 사람의 생각 속에 자리를 잡고 싶은 욕구는 우리 인간 실존의 상당 부분을 차지하고 있습니다. 일각에서는 이 친밀감의 욕구가 본능적인 것이라고 주장합니다. 처음부터 우리가 다른 사람들과의 접촉과 관계에 대한 욕구를 지니고 태어나기 때문이라는 것이죠. 유아기에서 성장 과정에 이르기까지, 만족스러운 발달과 성숙을 위해서는 음식이나 물만큼이나 중요한 것이 있습니다. 그것은 바로 친밀감의 욕구를 충족시켜주는 것입니다. 자신에게 중요한 인물로부터 이해받고, 인정받고, 보호받을 때, 우리는 가장 완벽하게 자신이 가치 있는 존재라는 느낌, 의미 있는 삶을 살고 있다는 느낌을 맛보게 됩니다.

이러한 욕구가 충족되지 않았을 경우에 나타나는 무서운 결과는 바로 외로움입니다. 그리고 이 외로움이야말로 가장 많은 정서적 문제들의 근원이라고 주장하는 사람들도 있습니다. 외로움은 고통스럽고도 불안한 상실의 경험으로 다가옵니다. 그리하여 정신 치료를 원하는 사람들은 외로움에 관한 불평을 호소하는 일이 잦으며, 친밀한 관계를 발달시키지 못하는 무능력에 대해서 호소하는 경우가 많습니다.

친밀감에 대한 욕구는 인간 행동의 가장 강력한 동기들 가운데 하나입니다. 우리가 결혼을 하는 목적은 친밀감을 얻을 수 있는 관계를 형성하기 위함입니다. 사랑에 빠짐으로써 얻게 되는 흥분은 굉장히 강렬합니다. 눈에 보이지 않는 유대감을 통해서 다른 사람과 연결되어 있는 느낌을 갖게 됩니다. 그리고 이 유대감은 우리의 꿈을 뛰어넘어 어느 정도의 완성과 만족을 약속해줍니다. 결혼예식장에서 우리는 "이제 두 사람이 한 몸을 이루게 될 것"이라는 말을 듣습니다. 우리 삶이 결혼이라고 하는 실재와 뒤섞이도록 허용할 준비가 되어 있다는 말을 듣습니다. 우리는 오직 결혼한 부부 사이에서만 가능한 심오한 수준의 관계를 설명하기 위하여 친밀감이라는 단어를 사용합니다. 우리가 보기에, 부부 사이의 친밀감은 하나님께서 우리에게 바라시는 풍요로운 삶을 가져다줄 가능성이 충분합니다.

신학은 친밀감과 외로움에 관하여 뭐라고 이야기합니까?

우리는 심리학적인 측면에서 외로움을 극복하는 게 어떤 의미가 있는지를 잘 압니다. 그러면 신학에서는 이와 같은 인간 상황에 관하여 뭐라고 이야기할까요? 유대-그리스도교 전통에서는 외로움과 친밀감에 관하여 뭐라고 이야기하나요? 창세기 1장과 2장에 기록되어 있는 창조이야기는, 우리 실존의 공동체적 특성과 친밀감에 대한 욕구에 관하여 아주 중요한 통찰을 제공해줍니다.

공동체를 위해 창조됨

여러분이 잘 기억하고 있듯이, 첫 번째 창조이야기를 보면, "우리가 우리의 형상을 따라서, 우리의 모양대로 사람을 만들자 …… 하나님이 당신의 형상대로 사람을 창조하셨으니, 곧 하나님의 형상대로 사람을 창조하셨다. 하나님이 그들을 남자와 여자로 창조하셨다"(창세기 1장 26~27절)고 되어 있습니다. 여기에서 땅과 온갖 동물들의 창조가 마무리됩니다. 이 중요한 선언으로부터 창조주와 인간의 본성에 관한 몇 가지 근본적인 그리스도교적 이해가 등장합니다. 다음을 주목하세요:

- 하나님께서는 "'우리가' …… 만들자"라고 말씀하셨습니다. 그것은 처음부터 하나님("우리")께서 본질적으로 공동체를 이루고 있었다는 사실을 암시해줍니다 — 그리고 이것은 바로 그리스도교 신앙이 삼위일체의 교리를 통해 파악하고 설명하려고 애쓰는 진리입니다.
- 여기에는 인간이(남자와 여자가) 하나님의 형상대로 창조되었다고 하는 놀라운 고백이 들어 있습니다. 우리는 하나님과 친교, 교제를 나누기 위해 의도적으로 하나님의 형상대로 창조되었습니다. 왜일까요? 그것은 사도요한이 말한 것처럼, "하나님은 사랑이시기 때문입니다."(요한일서 4장 8절) 이 문장은 창조주 하나님의 무조건적인 사랑에 관한 심오한 진리를 설명해줍니다. 하나님께서는 우리와 관계를 맺고 그 관계를 유지하고자 하십니다. 하나님께서는 결코 혼자가 아닙니다! 유대-그리스도교 전통에 따르면, 하나님께서는 관계를 맺고 사랑을 나눌 피조물을 얻고자 인간을 창조하셨습니다.
- 우리는 하나님과 친교, 교제를 나누기 위해 창조되었을 뿐만 아니라, 우리들끼리도 서로 친교와 교제를 나누도록 창조되었습니다. 남자와 여자를 만드신 한 가지 목적은 출산의 과

정이었습니다. 하지만 이 자녀 양육의 소명 외에도 뭔가가 더 있습니다 — 그것은 바로 하나님과 우리의 관계를 반영해주는 친밀감입니다. 사실 완전한 인간이 된다고 하는 것은 한 사람이 다른 사람 — 공동체에 연루된 사람들 — 과 관계를 맺을 때에만 가능한 일입니다. 결혼은 의미 있는 관계를 맺을 수 있는 잠재력과, 친밀감을 경험할 수 있는 기회를 제공해줍니다.

외로움을 극복함

두 번째 창조이야기(창세기 2장 4b~25절)는 친밀감이 필요한 이유를 설명해줍니다. 이 이야기에서 외로움은 하나님께서 남자와 여자를 창조하심으로써 극복하고자 하셨던 주요문제로 소개됩니다. 여러분도 기억하고 있겠지만, 하나님께서는 동산의 흙으로 남자의 모양을 빚은 다음 생기를 불어 넣어 창조하셨으며, 동산을 관리하라는 책임을 맡기셨고, 먹을 수 있는 열매가 무엇인지에 관해서도 가르쳐주셨습니다. 그런 다음 어느 정도 시간이 흘렀던 것 같습니다(17절 이후). 마치 하나님께서 창조 과정을 관찰하기 위해 한 발짝 물러서서 보신 것처럼 말입니다. 그러다가 갑자기 하나님께서는 창조 과정이 완벽하지 못하다는 것을 깨달으셨습니다. 뭔가가 옳지 않았고, 뭔가가 빠져 있었습니다 — 그것은 바로 관계와 공동체였죠. 하나님께서는 외로움이 문제라는 사실을 재빨리 간파하셨으며, "남자가 혼자 있는 것이 좋지 않다"고 판단하셨습니다.

즉시 이 상황을 고치기로 작정하신 하나님은 다음과 같은 약속을 하셨습니다: "그를 돕는 사람, 곧 그에게 알맞은 짝을 만들어주겠다."(2장 18절) 그리고 그 약속을 실행하셨습니다. 먼저 동물의 왕국을 창조하시고, 동물들의 행진을 준비하셨습니다. 계획에 따르면, 남자는 동물의 이름을 짓고 그 가운데서 동료를 선택하게 되어 있었습니다. 하나님의 계획대로 남자는 동물들의 이름을 짓습니다. 하지만 (고맙게도!) "그 남자를 돕는 사람, 곧 그의 짝이 없었습니다."(2장 20절) 결국 하나님께서는 대안을 마련하셨고, 그리하여 저 유명한 갈빗대이야기가 등장하게 됩니다. 하나님께서는 남자를 잠들게 하신 후, 그 남자의 갈빗대 하나를 뽑아서, 조심스럽게 여자를 만드셨습니다. 그리고 그 여자를 남자에게 데려다주시자, 남자가 이렇게 외쳤습니다. "이제야 나타났구나, 이 사람! 뼈도 나의 뼈, 살도 나의 살."(2장 23절) 이렇게 해서 "그를 돕는 사람, 곧 그에게 알맞은 짝"이 마침내 나타났으며, 그리하여 가까스로 외로움을 극복하게 되었습니다.

이 이야기는 남자와 여자가 "한 몸을 이루게" 되었다는 설명으로 끝을 맺습니다. 이 구절이 가리키는 것은 확실히 성관계입니다. 하지만 동시에 이것은 두 사람이 친밀감의 욕구를 충족시켜주는 관계를 맺을 수 있는 가능성을 의미하기도 합니다.

이 두 개의 창조이야기는 인간이 공동체에 대한 욕구를 지닌 존재로 창조되었음을 명확히 보여주고 있습니다. 타인과의 의미 있는 관계가 없이는 인간으로서의 삶이 결코 완전할 수 없습니다. 우리는 상호의존적인 존재입니다. 공동체 없이는 우리의 잠재력을 제대로 평가할 수가 없습니다. 바로 이런 이유 때문에 하나님께서는 창조 도중에 "남자가 혼자 있는 것이 좋지 않다"(2장 18절)는 사실을 깨달으셨고, 그리하여 다른 사람, 곧 배필을 만들어주셨습니다.

결혼은 두 사람이 서로 교제가 가능할 정도의 친밀한 단계로 들어서는 특별한 상황입니다. 사랑할 수 있는, 의미 있는 삶을 꾸려 나갈 수 있는 우리의 능력은 이러한 상황 속에서 부부가 서로 외로움을 극복해 나갈 때 제대로 발휘할 수가 있습니다. 그러므로 친밀감이야말로 그리스도교적 결혼의 목표가 되는 것이지요.

친밀감이 두렵습니까?

친밀감에 대한 이 욕구는 너무나도 강렬합니다. 그렇기 때문에, 우리 모두가 가능한 한 빨리 친밀감을 향해 나아가는 것 — 타인에게 친밀감을 제공하고 또 타인으로부터 친밀감을 얻을만한 태도와 행동을 선택하는 것 — 이 지극히 당연한 일로 여겨집니다. 하지만 사실 우리는 친밀감에 대해 양면적인 태도를 지니는 경향이 있습니다. 어떤 사람과 너무 가까워질라 치면 금세 위협을 느낍니다. 관계 속에서 자기를 상실하게 될까봐, 숨이 막힐 정도로 조종당하게 될까봐 두려워합니다. 확실히 친밀감이 우리를 상처 입기 쉬운 상태로 만드는 것은 사실입니다. 왜냐하면 친밀감은 우리 스스로를 배우자에게 공개함으로써, 배우자가 우리를 다른 사람들보다 더 완전하게 알도록 허용하는 것이기 때문입니다. 가까이 지내는 사람일수록 조소나 거부를 통해 더 많은 상처를 입힐 수 있습니다. 하지만 우리는 이러한 위협을 극복하고 위험을 감수해야만 합니다. 그래야만 배우자와의 친밀감을 적극적으로 추구할 수가 있습니다. 다음 장들은 이러한 두려움을 극복하기 위한 방법들을 제시해놓은 것입니다.

결혼생활의 친밀감은 어떻습니까?

가장 효과적으로 친밀감의 정의를 내리는 방법은, 친밀감의 특징을 설명하는 것입니다. 친밀감을 향해 성공적으로 나아가는 부부들이 특징적으로 지니고 있는 믿음, 태도, 그리고 그에 따른 행동은 무엇입니까? 다음 장들에서 아래의 다섯 가지 특징들에 관하여 자세히 논의할 것이므로, 여기에서는 간단히 살펴보기로 하겠습니다:

효과적인 대화: 친밀한 부부는 자신의 생각과 느낌, 소망, 두려움, 그리고 욕구를 배우자에게 있는 그대로 표현합니다. 이러한 상호적 공유는 자기-표현의 책임을 의미하는데, 제3장에서

는 이것을 가리켜 서로 "알고 알려주기"라고 일컬을 것입니다.

갈등의 해소: 친밀한 부부는 자신의 분노와 갈등을 인정하고, 이런 감정들을 어떻게 창조적으로 공유할 것인지를 배우며, 공정한 해결을 위한 노력에 동참합니다. 이것에 관해서는 제4장에서 설명하겠습니다.

힘의 공유: 친밀한 부부는 서로가 평등한 배우자라고 생각합니다. 제5장에서는 서로를 통제하고 지배하려고 애쓰기보다는 힘과 권력을 공유하는 것이 중요한 이유에 관하여 논의할 것입니다.

성적인 만족: 성은 교제의 기초적인 맥락입니다. 친밀한 부부는 자신의 성적인 욕구와 욕망을 솔직히 전달하고, 성생활을 초월한 즐거움에 동참할 수 있는 시간, 그리하여 상호 만족을 느낄 수 있는 시간을 발견합니다. 이것에 관해서는 제6장에서 설명하겠습니다.

영적인 연결: 영적 참여는 친밀감 형성에 아주 중요한 역할을 수행합니다. 신앙에 관한 우리의 인지와, 우리가 지닌 하나님의 형상과, 서로가 공유하고 있는 종교적 활동에 대해서는 제7장에서 논의할 것입니다.

위에서 언급한 친밀감의 주요특징들 말고, 그 밖의 정의적 특징들에 대해서는 아래에서 간단히 언급하고자 합니다. 물론 이것들에 대해서 앞으로도 잠깐씩 언급하기는 할 것입니다. 또 이러한 특징들을 무너뜨리고 친밀감을 향한 우리의 여정을 방해할 수 있는 여러 가지 장애물에 관해서도 설명을 덧붙일 생각입니다.

신뢰

신뢰는 한 사람이 다른 사람의 인격이나 진실성에 완전히 의지하는 것 혹은 확신에 차서 의존하는 것입니다. 결혼생활에서 신뢰가 의미하는 것은 배우자의 인격, 배우자가 한 말의 진실성, 겉으로 드러나는 자아의 온전함, 말과 행동의 정직성, 우리의 기본적인 정서적 욕구와 관련된 소망의 확신, 그리고 관계에 대한 배우자의 헌신을 굳게 믿는 것입니다. 서로를 신뢰하는 부부는 결혼생활에서도 정서적 안전감을 누립니다. 그리고 이 안전감은 친밀감의 특징이 되는 솔직함과 자유로움의 토대를 형성해 줍니다.

배우자를 절대적으로 신뢰할 수 있는 사람은
복이 있나니.

안전감은 신뢰의 중요요소입니다. 이것은 아무리 분노가 들끓더라도, 혹은 성관계 도중에라도, 절대로 상대방에게 상처를 입히지 않을 것이라는 사실을 확언하는 것입니다(이 점에 대해서는 제6장과 제7장에서 좀 더 자세히 논의하게 될 것입니다). 이런 의미에서 결혼은 두 사람에게 서로를 위한 피난처가 되어줄 수 있습니다.

사랑은 서약으로 이루어진 관계에 안전감을 제공해줍니다. 안전하다는 이 멋진 느낌은 누군가가 여러분을 최대의 관심 대상으로 생각하고, 여러분과 동행하기를 바라며, 여러분을 특별한 사람이라고 생각하고, 또 여러분에게 지극히 헌신하고 있다는 신뢰로부터 비롯됩니다. 안전감은 우리 앞에 어떤 위협이 닥치더라도, 끝까지 부부로서 살아남게 되리라는 내적인 의식입니다. 그 위협이 관계 외부에서 비롯된 것이든(고용 문제, 재정적 압박, 인척의 간섭 등등), 관계 내부에서 비롯된 것이든(갈등, 성격 차이, 독특한 욕구들) 상관없이 말입니다. 헌신은 (아래를 읽어보면 알겠지만) 앞으로 우리가 살아가는 동안 부딪칠 수 있는 온갖 혼란 속에서도 개인으로서, 그리고 부부로서 끝까지 살아남을 것이라고 하는 안전감을 제공해줍니다.

결혼생활을 통해 피난처를 제공받는 부부는 복이 있나니.

장애물. 아무리 사소한 일이라 할지라도, 부정직은 신뢰를 완전히 무너뜨려버립니다. 불신을 일으키는 요인을 한 가지 더 들자면, 갈등을 겪고 있는 중이나 성관계 도중에 배우자가 안전감을 느끼지 못하고 혹시나 육체적 또는 심리적 학대로 인해 상처를 받지나 않을까 불안해하는 것입니다.

헌신

다음의 두 가지 차원에서 관계에 대한 헌신이 강하게 나타날 때 친밀감은 가장 깊어집니다. 첫째는 헌신적인 부부가 관계를 최우선으로 삼고, 특별한 결혼생활을 영위하기 위해 시간과 정력을 쏟는 경우입니다. 배우자가 관계유지와 관계개선을 위해 헌신하고, 몰두하고, 단호히 임한다면, 상대방도 분명히 그 헌신을 느낄 수 있을 것입니다. 이 헌신은 결혼생활이 최우선임을 증명해주는 행동들을 통하여 표출됩니다. 때로는 한 쪽이 결혼생활을 위하여 자신의 필요와 욕구를 희생하기도 합니다. 이것은 결혼생활이 가장 우선이라는 사실을 보여주는 행동입니다. 이 정도의 헌신은 금세 친밀감으로 이어집니다.

둘째는 헌신적인 부부가 관계의 장기적 특성 - "죽음이 우리를 갈라놓을 때까지" - 을 잘 이해하는 경우입니다. 그들은 각자의 개별적인 목표를 결혼생활의 미래와 연결시켜주는 행동을 통해서 자신의 생각을 드러냅니다. 함께 늙어갈 것을 기대하고 함께 미래를 계획하는 부부는 심리적, 물질적 투자를 통해서 상대방과 오래도록 함께 하고픈 욕구를 전달합니다. 만일 배우자가 관계의 미래에 대한 헌신이 부족한 것 같다고 의심될 경우, 친밀감을 발달시키기가 어려울 수밖에 없습니다.

대부분의 부부들은 헌신을 믿음의 기대와 연결시킵니다. 최상의 친밀감을 경험한 부부는 자신이 배우자에게 최우선의 인물이라는 것을 확신합니다. 그리하여 부부간의 성적, 정서적 정절을 기대할 수 있습니다. 성실과 헌신 같은 단어가 의미하는 것이 바로 이런 종류의 신뢰입니다. 여러분도 알다시피, 현대의 문화에서는 불륜의 위협이 매우 심각합니다. 직업과 수많은 과외 활동들이 배우자가 아닌 다른 사람에게 매력을 느낄 수 있는 기회를 끊임없이 제공하기 때문입니다. 헌신이란 다른 사람과 연루될 수 있는, 그리하여 결혼관계를 깨뜨릴 수도 있는 온갖 요인들, 온갖 유혹들을 의도적으로 뿌리치는 것을 의미합니다.

따라서 헌신은 관계를 소중하게 만들어주고 관계의 번영과 지속을 위해 노력하는 행동들을 통해서 드러나는 태도입니다. 헌신은 그저 느낌에 불과한 것이 아닙니다. 헌신은 의지의 완성 ― 선택 ― 입니다. 재정적 투자를 비유로 들어 설명해 볼까요? 재정 고문은 투자자들에게 주식 시장의 시세와 상관없이 정기적으로 일정한 금액의 투자액을 예치해 두어야 한다고 조언합니다. 결혼생활에 대한 헌신도 이와 마찬가지입니다. 만족이나 행복, 밀착의 정도가 시시때때로 변한다 할지라도, 그것과 전혀 상관없이, 관계의 총체적, 장기적 성장에 기여할 수 있는 행동을 선택하는 것입니다. 다시 말해 배우자가 지쳐 있거나, 아프거나, 다른 일에 집착하고 있는 동안에도, 여전히 대화를 계속하고, 갈등을 해소하고, 즐거움을 추구하고, 확신을 표현함으로써, 투자를 하는 셈입니다.

재정적 계획과 마찬가지로, 만일 일정한 시간이 지났는데도 여전히 여러분의 정서적 투자가 별다른 소득을 가져다주지 못한다면, 그때는 필히 관계를 뒤돌아보아야만 합니다. 왜 여러분의 투자는 긍정적인 결과를 가져오지 못하는 것일까요? 무엇을 간과했기 때문일까요? 어쩌면 지금이야말로 전문적인 상담을 받아야 할 적기인지도 모릅니다.

장애물. 여러분이 다른 사람(불륜)이나 다른 기능(업무)이나 다른 사물(취미)에 쏟는 시간과 관심, 애정에 대해서 경쟁심을 느낄 경우, 배우자는 금세 버림받았다는 느낌을 갖게 될 것입니다. 안전과 신뢰가 위협을 당하게 되고, 헌신이 위태로워질 것입니다. 그렇게 되면 무슨 일이 벌어질까요? 불만족, 환멸, 거리감이 서서히 커지겠지요. 그리고 결국엔 불화와 소외감이 지배하고 말 것입니다.

개방/자기-노출

친밀감은 진정한 자기를 완전히 개방할 수 있을 정도의 관계에만 존재합니다. 친밀한 부부는 서로를 잘 알고 이해합니다. 그런데 이런 수준의 개방에 도달하기 위해서는 각자가 기꺼이 투명해져야만 합니다. 대화에 관한 장에서 다시 설명하게 되겠지만, 그 정도로 서로를 "알고 알려주기" 위해서는 자신의 생각과 느낌을 있는 그대로 폭로해야만 합니다.

친밀감은 사고 과정에 국한된 대화만으로는 결코 경험할 수가 없습니다. 반드시 감정(슬픔, 황홀, 두려움, 열정, 그리고 분노)이 포함되어야만 합니다. 감정이야말로 인간의 경험 가운데 가장 중요한 요소이기 때문입니다. 배우자에게 자신을 알려주는 과정은 제5장에서 따로 논의하기로 하겠습니다.

장애물. 나를 알아주지 않는다는 느낌 — 설상가상으로 배우자가 나를 아는 것에도 전혀 관심이 없다고 하는 느낌 — 이 들면 절대로 친밀감이 형성되지 않습니다. 배우자가 뭔가를 감추려 든다고 느껴질 경우, 친밀감은 아주 기본적인 단계에 머무르고 말 것입니다. 잘 알지 못하는 사람과 깊은 관계를 형성하거나 돌봐줄 수는 없는 노릇이니까요.

인정

친밀감은 인정을 받는 상황에서만 형성될 수 있습니다. 배우자가 우리의 가장 심오한 생각과 느낌에 접근하고 우리의 내적 자아를 잘 알 수 있도록 허락해주려면 인정이 아주 중요합니다. 배우자가 우리를 "있는 그대로" 잘 알고 있으며, 또 우리가 어떤 사람이든지 간에 인정해줄 것이라고 믿는 것은 해방의 경험임과 동시에 친밀감의 필수 요소입니다. 이러한 인정은 우리가 자신의 가장 깊숙한 귀퉁이까지 자유롭게 탐험할 수 있도록 만들어줍니다. 그 귀퉁이에서 뭘 발견하든지 간에, 배우자가 그것을 있는 그대로 인정해줄 것이라는 사실을 잘 알고 있으니까요.

그렇다고 해서 배우자의 불건전한 태도와 행동, 여러분 혹은 관계를 파괴하는 태도와 행동까지 다 참아내라는 것은 아닙니다. 진정한 사랑, 특히 친밀감에 충실한 관계에서 진정한 사랑이 의미하는 것은, 배우자의 파괴적인 행동들을 기꺼이 책임지는 것입니다 — 기꺼이 배우자의 무책임과 맞서고 변화를 위해 노력하는 것입니다.

장애물. 배우자의 판단이나 거부 같은 느낌은 친밀감을 가로막습니다. 자신의 일부분을 배우자가 싫어한다는 느낌은 다른 부분들까지도 드러내기 어렵게 만듭니다. 배우자의 조소 역시 친밀감을 느낄 수 없게 만듭니다. 이렇게 배우자의 태도나 행동이 친밀감을 위협할 경우 당당히 맞서야 합니다. 그래야만 자신을 보호하고, 좀 더 깊은 친밀감으로 나아갈 수 있습니다.

공감

친밀감은 깊은 공감 — 기꺼이 배우자의 입장에서 생각해보려는 마음, 기꺼이 "배우자의 사고방식에 맞춰주려는" 마음 — 에서 비롯되며, 또 그것에 기여하기도 합니다. 공감은 배우자를 불쌍하게 여기는 동정과 전혀 다릅니다. 공감은 배우자와 똑같은 방식으로 삶의 자리를 이해하고 노력하려는 의지와 힘입니다. 공감은 배우자의 반응을 이해할 수 있을 정도로 그 마음속을 투명하게 들여다보기 위해 노력하는 것입니다. 공감은 상대방의 상처와 흉터, 그리고 고통까지도 나눌 수 있는 것입니다. 슬픔과 열정, 분노, 기쁨, 불안의 경험을 함께 나눌 수 있는 부부는 서로를 제대로 위로해주고 지원해줄 수 있습니다. 우리는 자신이 겪고 있는 일들을 잘 이해해주는 것 같은 배우자에게 친밀감을 느낍니다.

> **장애물.** 우리 사회는 자기중심주의에 푹 빠져, 개인의 관심사에만 초점을 맞추고 있습니다. 그 결과 부부들 역시 공감의 능력을 제대로 발달시키지 못하고 있습니다. 자기중심적인 생활 방식은 타인의 문제나 경험에 관심을 갖지 못하도록 만듭니다. 간혹 어떤 사람들은 어린 시절 하나의 대처 방법으로서 이기심을 채택했을 수도 있습니다. 그런 사람이 충분히 공감하면서 사랑할 수 있는 방법을 배우려면 많은 노력이 필요합니다.

확언

직장과 공동체, 그리고 가정에서 배우자가 거둔 성취를 인정해주는 것도 확언에 속합니다. 배우자의 존경스러운 점, 좋은 점들은 본인에게 직접 전달해줄 필요가 있습니다. 배우자가 우리를 위해, 그리고 관계를 위해 애쓰는 데 대해서 감사를 표현하는 것 역시 확언에 속합니다. 부부가 계속해서 서로의 장점을 발견해내고, 서로의 재능을 즐기고, 서로가 특별하다는 사실을 전달해준다면, 친밀감도 그만큼 강해질 것입니다. 이러한 상호 확언은 인정과 평가에 대한 욕구를 충족시켜줍니다.

연습문제: 왜 당신을 사랑하냐고요? 그 이유를 설명해줄게요.

다음의 연습문제는 서로에게 의도적으로 확언을 전달해줄만한 아주 좋은 기회를 제공해줍니다. 몇 분만 짬을 내서, 두 사람이 데이트하던 시절에 발생했던 "화학 작용"에 대해 생각해보세요. 예전에는 배우자의 어떤 점에 매력을 느꼈던 것 같습니까? 배우자의 성격 중에서 어떤 점이 현재의 여러분에게 긍정적인 영향을 미치고 있나요?

후반부의 연습문제는 여러분이 배우자의 확언을 얼마나 제대로 듣고 있는지, 배우자가 얼마나 확언을 제대로 전달하고 있는지 살펴볼 수 있는 좋은 기회입니다. 예전에 배우자가 여러분의 어떤 점에 매력을 느꼈다고 생각합니까? 지금 현재는요?

여러분이 생각하는 답을 적어보세요. 그런 다음 조용한 시간, 조용한 곳에서, 그 답안에 관하여 배우자와 속 깊은 대화를 나눠보세요.

확언 연습문제

우리 모두는 배우자가 자신과 결혼하기로 결심한 이유를 알고 싶어 합니다. 그리고 배우자가 자신의 어떤 점을 좋아하고 존경하는지 알고 싶어 하지요. 배우자 역시 여러분에게서 그런 걸 듣고 싶어 합니다. 몇 분 동안만 시간을 내세요. 그리고 아래 1번과 2번의 질문에 대해 가능한 한 많은 답을 열거해보세요.

1. 당신을 처음 만났을 때, 그리고 연애시절 내내, 당신에게 엄청난 매력을 느꼈어요. 그 때 특별히 나를 반하게 만들었던 몇 가지 특징들을 말해줄게요:

2. 난 '여전히' 당신을 사랑하고, 당신에게 매력을 느껴요. 위에서 말한 특징들이 아직도 변함없이 나를 매료시켜요. 게다가 얼마 동안 당신과 함께 지내다보니, 이제 당신에 대해 더 많은 것들을 알게 되었고, 당신을 사랑할 이유도 더욱 더 많아졌어요. 그 이유들을 말해줄게요:

자, 여러분은 왜 배우자가 처음에 여러분에게 매력을 느꼈을 것이라고 생각합니까? 현재 배우자가 여러분을 좋아하고 존경하는 이유는 무엇이라고 생각합니까? 이 점에 대해 생각해보고, 다음 3번과 4번의 질문에 답해주세요.

3. 나와 결혼해 줘서 정말로 감사해요. 하지만 그 때 당신이 왜 내게 매력을 느꼈는지, 아직도 잘 모르겠어요. 나름대로 몇 가지 가능성들을 생각해 보았어요:

4. 당신은 나와 함께 있어요. 그러니 나를 좋아할만한 이유가 더더욱 많아졌을 거라고 생각해요. 내가 몇 가지 말해볼게요:

확언 연습문제

우리 모두는 배우자가 자신과 결혼하기로 결심한 이유를 알고 싶어 합니다. 그리고 배우자가 자신의 어떤 점을 좋아하고 존경하는지 알고 싶어 하지요. 배우자 역시 여러분에게서 그런 걸 듣고 싶어 합니다. 몇 분 동안만 시간을 내세요. 그리고 아래 1번과 2번의 질문에 대해 가능한 한 많은 답을 열거해보세요.

1. 당신을 처음 만났을 때, 그리고 연애시절 내내, 당신에게 엄청난 매력을 느꼈어요. 그 때 특별히 나를 반하게 만들었던 몇 가지 특징들을 말해줄게요:

2. 난 '여전히' 당신을 사랑하고, 당신에게 매력을 느껴요. 위에서 말한 특징들이 아직도 변함없이 나를 매료시켜요. 게다가 얼마 동안 당신과 함께 지내다보니, 이제 당신에 대해 더 많은 것들을 알게 되었고, 당신을 사랑할 이유도 더욱 더 많아졌어요. 그 이유들을 말해줄게요:

자, 여러분은 왜 배우자가 처음에 여러분에게 매력을 느꼈을 것이라고 생각합니까? 현재 배우자가 여러분을 좋아하고 존경하는 이유는 무엇이라고 생각합니까? 이 점에 대해 생각해보고, 다음 3번과 4번의 질문에 답해주세요.

3. 나와 결혼해 줘서 정말로 감사해요. 하지만 그 때 당신이 왜 내게 매력을 느꼈는지, 아직도 잘 모르겠어요. 나름대로 몇 가지 가능성들을 생각해 보았어요:

4. 당신은 나와 함께 있어요. 그러니 나를 좋아할만한 이유가 더더욱 많아졌을 거라고 생각해요. 내가 몇 가지 말해볼게요:

부부와 가족에 대한 연구는 "애착 행동" — "당신은 내게 특별한 사람이에요", "당신과 내가 여기 함께 있는 건 뭔가 특별한 이유가 있기 때문이에요"라는 의미의 아주 사소한 행동들 — 의 중요성을 강조합니다. 예를 들면 작별 인사나 귀가 인사는 관계와 헌신을 지속적으로 재확인해줍니다. 굿바이 키스, 반가운 포옹, 귀를 가볍게 잡아당기는 것, 그 밖의 자극적이지 않은 접촉들 역시 특별한 관계에서 오는 연결 의식과 즐거움에 감사의 뜻을 전달하는 것입니다.

평소처럼 우리(앤지와 주디)는 퇴근길에 각자 자기 차를 타고서 약속 장소에 도착했다. 친구들과 함께 저녁식사를 마친 다음, 각자 자기 차를 타고 집으로 향했다. 신호등 앞에 나란히 서있는데 주디가 손가락 하나를 들어 올리더니, 그 다음에는 세 개를, 또 그 다음에는 네 개를 들어 올렸다. 이건 우리 레스터 집안에서 사용하는 비밀의식인데, "난(하나) 당신을(셋) 사랑해요(넷)"라는 의미다. 나 역시 내 감정을 전달하기 위해서 똑같은 방법으로 신호를 보냈다.

장애물. 충족되지 못한 기대들 때문에 우리는 배우자에 대한 흥미와 특별함을 처음 그대로 유지시키지 못하는 경우가 많습니다. 배우자와 같은 회사에 다니게 되어 얼마나 기뻤는지를 더 이상 전달하지 않게 됩니다. 그 사람과 삶을 공유하게 되어 얼마나 특권 의식을 느꼈는지도 더 이상 전달해주지 않습니다.

오히려 그 사람이 우리가 원했던 배우자감과 다르다는 사실에 대한 분노 때문에 속았다는 느낌을 갖게 됩니다. 지금의 배우자가 우리의 이상에 미치지 못한다는 사실 때문에 좌절감을 느끼게 됩니다. 그리하여 결국은 자신의 확언을 전달하는 일을 중단하고, 배우자의 여러 가지 단점들에 대해서 투덜투덜 불평만 늘어놓게 됩니다.

연습문제: "사랑신호"를 정하세요.

"애착행동"을 만드세요. 배우자와 사랑을 표현할 수 있는 특별하면서도 단순한 신호 말이에요. 어떤 걸 정하기가 너무 어렵다고 느껴지면, 연애시절이나 신혼초기로 되돌아가 한 번 생각해보세요. 그 당시 의미 있었던 게 무엇인지 기억납니까? 몇 가지 목록을 작성해보고, 그것들을 의도적으로 좀 더 자주 연습해보세요.

별로 떠오르지 않는다면, 여러분의 감사와 헌신을 표현할 수 있을만한 간단한 의식을 몇 가지 창안해보세요.

공동생활과 사생활의 균형

행복한 결혼생활을 누리고 있는 부부들을 보면, 서로 연결되어 있다는 안전한 느낌을 갖는 것과, 서로가 탐험하고, 발전하고, 개성을 표현할 수 있도록 공간을 마련해주는 것 사이의 균형을 잘 맞출 줄 압니다. 그들은 서로 연결되어 있다는 느낌을 강화하기 위해서 함께 시간을 보내고 파트너십을 발달시킵니다. 부부가 뭔가를(양육, 요리, 청소, 세탁) 함께 할 때 팀워크가 발달합니다. 사랑은 이 연결 의식과 공동생활에 의해 유지됩니다. 하지만 이 사랑은 배우자에게 개인적 목표를 발달시킬 수 있는 자유와, 개별적인 관심을 추구할 수 있는 자유, 자신의 특성을 다양한 방식으로 표출할 수 있는 자유도 안겨주는 것입니다. 배우자가 혼자 있어야 할 순간에는, 그럴만한 정서적 공간을 반드시 제공해주어야 합니다. 내적인 사고와 감정, 문제들을 표출하기 위해서는 개인적인 시간과 공간이 필요합니다. 그러므로 배우자에게 피정의 장소를 제공하는 것은 굉장히 중요한 일입니다.

친밀감을 형성하기 위해서는 함께 있고 싶은 욕구와 따로 있고 싶은 욕구, 가까이 있고 싶은 욕구와 멀리 떨어져 있고 싶은 욕구, 애착에 대한 욕구와 분리에 대한 욕구 사이에 균형을 잘 맞춰야 합니다. 자율성(분리)과 동질성(공동생활)을 관계 속으로 원숙하게 혼합시킨 부부나, 결혼생활을 하는 동안 이러한 능력들을 발달시킨 부부들은, 위의 균형을 유지하기가 좀 더 쉽습니다. 자율성은 따로 떨어져 있을 수 있는 능력, 분리될 수 있는 능력, 그리고 자기 자신의 판단을 신뢰할 수 있는 개인적인 능력을 말합니다. 이것이 바로 한 사람을 개인으로 특징지을 수 있는 자아의 내적 의미입니다. 자율성의 뒷면은 바로 동질성입니다 — 소속될 수 있는 능력, 일부가 될 수 있는 능력, 관계를 맺을 수 있는 능력, 그리고 친밀해질 수 있는 능력이지요. 대부분의 남자들은 자율성 쪽으로만 사회화되어왔기에, 동질성을 발달시키기 위해서는 좀 더 많은 노력을 기울여야 합니다. 반면 여자들은 동질성 쪽으로만 좀 더 사회화되어 왔기에, 자율성을 발달시키기 위해서 좀 더 노력해야 합니다.

장애물. 여기에 한 가지 위험 요소가 따르는데, 그것은 바로 융합입니다. 함께 하는 것도 좋지만, 두 사람의 자아가 완벽하게 혼합되어 각자의 개인적인 정체감을 상실해버릴 정도로 숨 막히게 하는 것은 아주 위험합니다. 융합은 자칫 친밀감으로 보일 수 있겠지만, 이것은 어디까지나 거짓에 불과합니다. 그런 관계 속에서는 적어도 어느 한 쪽의 자아가 상실될 수밖에 없기 때문입니다. 친밀감은 두 사람의 총체적 자아가 서로에게 주는 걸 선택할 때에만 형성되는 것입니다. 한 쪽의 자아가 상실될 경우, 친밀감과 사랑은 사라지고 공동의존만 남게 됩니다. 얼핏 보기에는 여자들이 자신의 자율성을 좀 더 쉽사리 포기해버리는 것 같습니다. 하지만 그것은 여자들 쪽이 부부가 "함께"라는 사실을 깨닫게 해줘야 할 책임감을 좀 더 많이 느끼도록 사회화되기 때문입니다. 어떤 남자들은 여자에게 의존하도록 사회화된 나머지, 아내가 지속적으로 온갖 변덕을 받아주지 않으면 기능을 제대로 발휘할 수 없는 사태가 벌어지기도 합니다.

이와 정반대로, 많은 시간을 요하는 개인적 관심사나, 바쁜 스케줄, 혹은 소외감의 제물로 그만 공동생활이 희생되고 마는 경우도 있습니다. 이것은 순전히 평행적인 삶만을 가져옵니다. 그 결과, 편리한 결혼생활이 사회적으로 인정받을 수는 있겠지만, 이런 결혼생활에서는 결코 친밀감이 형성되지 않습니다.

후원

친밀한 관계에서는 배우자가 직업적으로, 영적으로, 그리고 심리적으로 개인적인 성장을 이룩할 수 있도록 철저히 후원해줍니다. 배우자의 재능을 "끌어내주고" 고유한 특성을 드러낼 수 있도록 관계에 여지를 마련해줄 때, 친밀감은 형성됩니다. 여러분이 될 수 있는 그런 인물이 되기를 배우자도 진심으로 바라고 있다는 느낌이 들 때, 관심과 사랑을 받고 있다는 존재감 역시 깊어집니다. 사랑은 상대방이 소명의식을 느끼고 있는 그런 존재가 될 수 있도록 자유를 선사하는 것입니다. 그리고 자유를 주는 것은 배우자를 있는 그대로 인정하고 돌보는 행위의 기초가 됩니다. 이것에 관해서는 제7장에서 공의의 개념을 논의하면서 좀 더 깊이 다뤄볼 생각입니다.

후원은 여러분과 배우자, 그리고 두 사람의 관계에 동등하게 제공되어야 합니다. 위기와 같은 특정 시기에는 후원이 대체로 한 방향으로만 흐르기 쉽겠지만, 그래도 거시적으로 볼 때, 상호 관계 안에서 양방향으로 후원이 이루어질 경우에만 친밀감이 형성될 수 있습니다.

> **장애물.** 한 쪽이 계속해서 후원자/응원자의 역할을 수행하고, 상대방은 끊임없이 보장과 돌봄을 요구하는 상황에서는, 자칫 후원이 한 쪽으로 기울어질 수 있습니다. 이것은 아주 넌더리 나는 일이 될 수도 있습니다. 결혼생활 내내 배우자의 자존심을 세워주기 위하여 베이비시터의 역할만 수행하라는 법은 절대 없습니다.

돌봄

배우자가 우리를 돌보기 위한 방법을 강구할 때, 우리는 그 모습을 보면서 친밀감을 느끼게 됩니다. 돌봄을 받고 있다는 느낌이 들 때, 우리는 사랑받고 있다는 느낌, 특별한 존재라는 느낌을 갖게 됩니다. 그리고 이것은 친밀감을 형성하는 주된 요인입니다. 누가 상대방을 더 창조적으로 돌볼 수 있는지 알아보는 것, 이것은 결혼생활에서 흔히 볼 수 있는 경쟁의 한 형태입니다.

부부관계 향상 이벤트와 치유 모임을 인도하다 보면, 돌봄과 의존중독을 어떻게 구별할 수 있느냐고 묻는 부부들이 있습니다. 의존중독은 배우자의 파괴적인 행동을 덮어주거나, 참아 내거나, 용서해주거나, 혹은 조장하는 행동들을 가리킵니다. 반면에 돌봄은 배우자의 진정한 욕구를 충족시켜주고, 나아가 배우자가 책임질 수 있는 사람이 되기를 기대하는 행동입니다. 사실, 돌봄은 파괴적인 행동들과 대면할 수 있도록 이끌어주는 행동입니다. 의존중독은 도움도 안 되고 건전하지도 못합니다. 하지만 돌봄은 사랑의 표현이며, 친밀감을 북돋워주는 행동이지요.

그리스도인이라면 누구나 다 곤경에 처한 사람을 위해 예수의 이름으로 봉사해야 할 책임을 지니고 있습니다. 특히 부부의 경우는 더더욱 그러합니다. 배우자가 아프거나, 슬픔에 빠져 있거나, 당황스러워할 때, 우리는 위로해주어야만 합니다. 사도 바울의 말씀처럼, 우리는 "서로 남의 짐을 져주고 …… 이런 방법으로 그리스도의 법을 성취"해야만 합니다(갈라디아서 6장 2절). 신앙인으로서 우리는 그리스도의 돌보심을 다른 사람들에게로 확장시켜야 합니다. 우리 배우자에게도 마찬가지입니다. 이 점에 대해서는 제7장에서 다시 설명하겠습니다.

장애물. 우리의 "나 먼저" 문화, 이기적인 문화에서는, 자기중심주의가 수많은 사람들의 개인적 특징이자 생활방식으로 자리 잡았습니다. 결혼생활에서는 이 이기주의가 바로 돌봄의 반대입니다. 자기중심적인 사람들은 배우자에게 돌봄을 받기만 원합니다. 그들은 개인적인 욕구를 배우자가 대신 채워주게끔 만듭니다. 그러면서도 정작 배우자에게 돌봄과 위로의 행위가 절실히 필요한 순간에는 돌봐주고 위로해줄 생각을 전혀 안 하는 겁니다. 친밀감은 우선 배우자부터 이끌어주는 것인데도,

자기중심적인 사람은 이런 태도를 보이기가 무척이나 힘들지요.

다정한 접촉

접촉을 통하여 애정을 주고받는 것은 친밀감의 주요소입니다. 유아들은 양육자의 따스하고 부드러운 접촉을 통하여 이 욕구를 충족시킵니다. 이러한 신체적 밀착은 다른 사람과 연결되어 있다는 느낌, 다른 사람의 일부가 되었다는 느낌을 안겨줍니다. 연구 조사에 따르면, 유아가 신체적으로나 정서적으로나 건강하게 성장하려면 그러한 접촉이 반드시 필요하다고 합니다. 결혼생활 역시 마찬가지입니다. 다정한 접촉이 없이는 관계의 정서적 성장도 없습니다. 다정한 접촉이 없이는 부부의 신체적 건강마저도 위태로워집니다.

성장 과정에서 우리는 언어적, 시각적 단서들을 어떻게 사용해야 친밀감을 느낄 수 있는지 차츰 배워 나갑니다. 하지만 그럼에도 불구하고 접촉은 여전히 커다란 의미를 지닙니다. 결혼생활에서 친밀감을 형성하는 데 성공한 부부들을 보면, 연결 의식과 밀착 의식을 전달하기 위한 하나의 수단으로서 서로 접촉하는 방법을 계속 발견해 나갑니다. 부부는 배우자가 편안히 여길 수 있는 접촉 방법을 지속적으로 찾아내야만 합니다. 접촉을 즐기는 부부들은 서로의 확언을 느끼며, 성적인 매력을 전달합니다. 비록 성적인 충동이 다정한 접촉의 근본 목적은 아니지만요.

장애물. 때로는 남편이나 아내, 혹은 둘 다 접촉을 싫어하는 가정에서 자라났을 수 있습니다. 그런 사람들은 부모가 다정하게 접촉하는 모습을 전혀 보지 못하고 자라났을 것입니다. 그리하여 포옹은 부적절하거나, 너무 감정적이거나, 너무 노골적이거나, 혹은 너무 성적인 것이라고 여기게 되겠지요. 이런 가정환경에서 자라난 사람은 다정한 접촉을 할 경우 불편해하거나 당황할 수가 있습니다.

정반대로, 부적절할 정도로 지나치게 접촉을 많이 당하면서 자라난 경우에는, 개인적인 울타리를 쳐놓고 그 안에서 안전하다는 느낌을 맛보기 위하여 배우자의 어떠한 접촉도 허용하지 않기로 작정했을 수 있습니다. 아무리 배우자라 할지라도, 그렇게 오랫동안 지속되어온 생활방식을 깨부수기란 결코 쉬운 일이 아닙니다.

재미와 놀이

배우자의 친구들과 함께 어울릴 아는 부부는 다함께 즐길 수가 있습니다. 함께 할 수 있는 일을 계획하고, 또 그 시간을 통해서 즐거움과 의미를 발견하게 됩니다. 대부분의 경우 연애시절에는 어울려 놀 줄 압니다. 친밀한 부부들은 이렇게 함께 놀 수 있는 능력과 욕구를 그대로 유지하는 것이지요. 연구조사 결과,

결혼생활에서 친밀감의 기초가 되는 신호는 놀이의 즐거움, 그리고 함께 즐기는 것이었습니다. 결혼생활은 자발성, 창의성, 그리고 즐거움의 기회를 제공해줍니다.

놀이는 어린이들이 서로 유대관계를 맺는 방법입니다. 성인의 우정 역시 볼링 시합이나 퀼트 클럽, 댄스 교실 같은 활동을 매개로 맺어지는 경우가 많습니다. 재미를 위해 유쾌한 활동에 참여하는 것이 결혼생활의 파트너십 형성에 도움이 됩니다. 예, 물론 결혼생활은 직업이나 그 밖의 삶의 심각한 측면들을 위한 배경입니다. 하지만 그렇다고 해서 지루하고 정서적으로 메마른 삶을 살 필요는 전혀 없습니다. 상상력을 기르는 것 역시 필수입니다. 상상을 할 줄 아는 부부는 관계를 생생하게 만들어주는, 흥미롭고도 모험적인 활동들을 발전시킬 수 있기 때문입니다.

연습문제: 무엇을 즐겨야 할까요?

배우자와 함께 즐길 수 있는 모든 활동들의 목록을 (소풍에서 댄스까지, 영화 관람에서 하이킹까지) 작성해보세요. 각각의 활동마다 그것을 마지막으로 했던 날짜를 옆에 적어 넣으세요. 이 활동을 마지막으로 즐긴 날로부터 얼마나 많은 시간이 흘렀는가를 헤아려보고 나서 혹시 깜짝 놀라지는 않았나요? 좀 더 자주 이런 활동을 즐기지 못하는 이유는 무엇인가요?

이 목록에, 여러분이 꼭 해보고 싶다고 생각해온 활동을 적으세요. 그리고 그 중 한 가지 활동을 골라, 다음 주에 이것을 즐길 수 있도록 계획을 세우세요.

장애물. 어떤 사람들은 너무도 강한 직업윤리를 지니고 성장한 나머지, 놀이를 하는 것이 무책임한 행동이라고 여길 수도 있습니다. 그들이 보기에는 즐기는 것 자체가 누려서는 안 될 사치스러운 삶이라고 여겨질 것입니다. 어쩌면 그들은 일만 중요시하고 놀이는 경시하는 환경에서 자라났을 수도 있습니다. 놀이는 게으르거나, 무책임하거나, 비생산적이거나, 혹은 한가한 시간에나 하는 것이라고 무시하는 환경 말입니다. 하지만 놀이를 떠난 삶은 무미건조하고, 활기가 없고, 지루한 관계로 이어집니다. 만일 여러분이나 배우자가 이런 분위기 속에서 성장하였다면, 놀이를 하거나 즐기는 것이 굉장히 어려울 것입니다.

유머

친밀한 부부들은 (서로를 비웃는 게 아니라) 함께 웃을 수 있는 자유를 만끽합니다. 그들은 애정을 담아서 서로 놀려댑니다. 삶의 유머러스한 측면들을 함께 웃어넘깁니다. 그들은 재미있었던 일들을 떠올리고, 둘이서 겪었던 일들을 웃으면서 회상합니다. 물론 서로의 사소한 단점들을 놀려대고 웃어대는 것은 이미 신뢰가 쌓인 관계 속에서만 가능합니다. 그런 관계에서는 어느 쪽도 상처를 입거나 방어적인 태도를 취할 필요가 없기 때문입니다.

장애물. 어떤 부부는 자존심을 상하게 만드는 조소나 극단적인 놀림을 일삼고 파괴적인 유머가 오가는 가정환경에서 성장했을 수 있습니다. 그런 이들은 비판을 불러일으킬 것 같은 유머에 긍정적인 응답을 하는 것이 참 어렵습니다. 그들은 유머를 분노의 도구로 이용하고 싶은 유혹을 느끼기도 합니다. 재미가 아니라 적대감을 표출하고 배우자를 상처 입히는 게 유머의 목적이 되는 것이죠.

함께 하는 시간

부부관계를 돈독히 하기 위해서는 시간을 함께 보내는 것이 반드시 필요합니다 — 고립된 상태에서는 결코 친밀감이 형성되지 않습니다. 대화, 나눔, 결정, 성적 즐거움, 그리고 재미도 모두 시간이 걸립니다. 행동과 태도에서 여러분의 우선순위가 그대로 드러납니다. 함께 보내는 시간의 길이는 관계를 얼마나 소중하게 여기고 있는지를 증명해줍니다. 상대방을 무시하고, 하찮게 여기고, 당연시한다면, 그 어떤 관계도 유지될 수가 없습니다.

우리(앤디와 주디)가 결혼초기에 내린 중요한 결정들 가운데 하나는 "밤 데이트"를 하자는 것이었다. 금요일 밤마다 우린 데이트를 했다. 다른 선택을 하는 일은 거의 없었다. 간혹 무슨 일이 생겨서 금요일 밤에 데이트를 할 수 없을 경우엔, 따로 날을 잡아서 스케줄을 조종했다.

여러분도 부부가 시간을 함께 보낼만한 "아이디어"를 구상해 보고 그것을 "실천 가능한" 행동으로 옮겨보라고 권하고 싶네요.

연습문제: 뜻 깊은 시간을 함께 보내세요.

배우자와 마지막으로 데이트를 한 때가 언제인지 생각해보세요 — 배우자의 친구들과 어울려 놀았다거나, 주말 내내 아무런 회의도 임무도 없이 배우자하고만 지냈다거나, 하룻밤 동안 텔레비전을 끈 채로 집안에서 함께 지냈던 때를 떠올려보세요. 아마도 여러분이 생각했던 것보다 훨씬 더 오래 전으로 거슬러 올라가야 할 것입니다. 이 책을 더 읽기 전에, 먼저 데이트부터 하세요 — 가까운 시일 내에 적어도 두 시간 정도는 아무런 임무도 떠맡지 말고 배우자와 함께 보내도록 하세요. 오로지 배우자에게만 관심을 쏟아야 합니다. 무엇을, 언제, 어떻게 실행할 것인지 계획을 세워 두세요.

장애물. 생활환경이 여러분의 시간을 전부 통제하도록 내버려두면 평행 상태의 실존 혹은 편의상의 결혼이 되고 맙니다. 물론 직장이나 가정 형편, 건강에 집착하는 시기가 있는 건 사실입니다. 그렇지만 부부가 시간을 함께 보내지 못하는 것은 대개가 선택의 결과 때문입니다: 여러분의 스케줄을 다른 사람이 통제하도록 내버려두는 쪽(과도한 임무를 맡는 것)을 선택한 결과, 다른 것(텔레비전)을 추구하는 데 시간을 다 써버리는 쪽을 선택한 결과, 혹은 언제 어디서나 부부관계보다는 자녀들을 우선시하는 쪽을 선택한 결과인 것입니다.

남자와 여자의 차이

우리 사회에는 "남자와 여자의 전쟁"이 너무나도 넓게 확산되어 있습니다. 따라서 부부가 성적인 매력을 초월하여 친밀감의 단계에 이르는 관계 속으로 함께 들어가기 위해서는 의도적인 헌신이 필요합니다. 여러분은 가까이 지내고 싶은 사람과 자신의 차이점 때문에 절망할지도 모릅니다. 걸핏하면 남자와 여자를 구분하는 것처럼 보이는 이 넓은 틈새를 메워줄만한 게 없을까 궁금해 하면서요. 어떤 부부는 "여자가 정말로 원하는 것"이나 "남자가 정말로 느끼는 것"을 알아야겠다는 생각 자체를 쉽게 포기해버리고 맙니다. 그런 부부들은 현재의 관계를 유지하고 있으면서도 배우자를 이해하려는 노력을 금세 포기해버리는가 하면, 둘 사이의 차이를 쉽게 인정해버리거나 참아내려고만 합니다. 또 어떤 부부는 배우자에게 너무나도 실망한 나머지, 이 헤아릴 수 없이 큰 차이가 자신의 배우자에게만 존재한다고 생각하고 관계를 포기한 채 "좀 더 쉽게 자기 마음을 읽어줄" 것처럼 보이는 사람을 찾아 나섭니다. 그럼에도 불구하고 우리는 남자와 여자의 차이가 오히려 그 둘 간의 친밀감을 좀 더 풍요롭게 해줄 수 있는 잠재력을 지니고 있다고 믿습니다. 물론 그러려면 우선 이러한 차이를 의도적으로 이해하고, 인정하고, 존중해야죠.

우리 주변에 편만해져 있는 남자와 여자에 관한 통념을 토대로 해서 우리는 남자와 여자가 어떤 식으로 느끼고, 생각하고, 행동하는가에 대해 나름대로 개념을 발달시킵니다. 이러한 차이점들은 다음 장에 논의하게 될 우리의 세계관과 가치관, 그리고 신념에까지 커다란 영향을 미칩니다. 그리고 가장 중요한 차이점들 가운데 하나는 바로 친밀감의 경험에 관련된 것이지요.

남자나 여자나 모두 친밀감을 필요로 합니다. 하지만 성별을 굳이 따지자면, 여자보다는 남자가 이 목표에 이르기 위해 좀 더 많은 투쟁을 치러야 합니다. 남자는 분리, 분석, 합리성, 독립, 객관성, 그리고 외부의 위협으로부터 자아를 보호하는 쪽으로 사회화되는 경향이 짙기 때문입니다. 그리고 대개가 감정적인 자아를 거부하도록 길들여지지요. 또한 남자는 관계에 대한 욕구를 경시하도록, 여자와 다정한 관계를 유지하는 데 기초가 되는 돌봄의 임무를 떠맡지 못하도록 길들여집니다.

반면에, 우리 문화권에서 여자는 관계와 양육, 돌봄의 임무를 떠맡습니다. 일반적으로 여자들은 사람들과 관계를 맺고, 공동체를 유지하고, 다른 사람의 욕구에 신경 써주고, 삶의 정서적 차원에 열중하도록 사회화됩니다. 여자들은 애착, 함께 함, 돌봄에 집중합니다. 그러면서 남자들이 멀리 떨어져 있다고, 정서적으로 도움이 안 된다고, 소원하고 냉담하고 무심하다고 비판하는 일이 많습니다. 돌봄의 영역에 — 특히나 자녀, 노인, 환자를 돌보는 일에 — 동참하지 않는 남자들은 돌봄의 느낌이나 기술을 발달시킬 기회가 전혀 없습니다. 그렇기 때문에 남자들은 이런 측면의 인성을 발달시키기 위해 좀 더 힘든 과정을 거쳐야 하는 것입니다. 여러분의 결혼생활은 어떠한가요?

이러한 친밀감의 경험 차이가 거의 모든 부부의 관계에 중요한 영향을 미친다고 주장하는 이들이 많습니다. 여자들은 보통 친밀감이 있어야 충만한 느낌을 가질 수 있다고 생각합니다. 하지만 일반적으로 남자들은 만족감을 누리기 위해서 반드시 그 정도의 친밀감이 필요한 건 아니라고 생각합니다. 대개의 여자들은 사랑하는 남자와 결혼생활을 하는 가운데 이 정도의 친밀감을 경험할 수 있게 되기를 기대합니다. 남자가 편안하게 생각하는 것보다 더 심오한 친밀감을 원하는 경우가 많지요. 이에 반해 남자들은 친밀감에 대한 아내의 관심이 불필요하거나, 설득력이 없거나, 혹은 주제넘은 행동이라고 치부하기도 하며, 이런 "요구들" 때문에 불안해하거나 화를 내는 일도 많습니다. 역사적으로 볼 때, 여자들은 다른 여자들과의 관계 속에서도 이러한 친밀감을 형성해 왔으며, 때로는 (적어도 외면상으로는) 남편보다 좀 더 친밀감을 잘 형성하는 것 같은 남자들과도 친밀한 관계를 누려왔습니다.

그렇다고 해서 남자들이 친밀감을 경험할 수 없다는 말은 아닙니다. 하지만 어떻게 친밀감이 형성되는지에 대해서 그들이 대체로 손위 남자들의 본보기를 통해 교육받았다는 사실만은 부인할 수가 없습니다. 우리 문화의 남성성 개념과 지극히 "사내다운" 남자들의 세계는 친밀한 관계를 편안하게 여기지 못하도록 만듭니다. 사실 어떤 남자들은 남성성과 친밀감이 서로 반대되는 것이라고까지 생각합니다. 그러므로 남자가 친밀감을 고려한다는 것은 곧 남성적이지 못한 존재가 될 수도 있는 위험을 감수한다는 뜻이지요.

전 육군 장교의 아들 랜스는 현재 고등학교 축구 코치를 맡고 있다. 그는 4형제 중 막둥이로 태어나, 어머니의 과보호 속에서 숨 막힌 성장 과정을 거쳤다. 하지만 아버지로부터 남자란 모름지기 거칠어야 하고 독립적이어야만 한다는 교육을 철저히 받았기 때문에, 그는 "어머니의 촉수로부터 벗어나기 위해 무진장 애를 썼다." 아버지와 형들이 자기를 "부드러운" 남자라고 생각할까봐 두려웠기 때문이다. 친밀감은 랜스에게 두려움의 대상이었다. 따라서 아내 사라를 먼저 만진다거나 애정표현을 하는 일은 거의 없었다. 물론 마음 한 구석에는 사라와 친밀감을 경험해보고 싶은 욕구가 자리 잡고 있었지만, 그래도 먼저 사라에게 접근하는 것은 연약한 짓이라는 생각이 들었다. 결국 그는 의식적으로, 남자란 어떻게 관계를 형성해야 하는지에 대해서 예전에 들은 메시지 그대로 따라갈 수밖에 없었다.

결혼생활에 대한 낭만적인 환상이 깨지고 나면, 이제 희망을 갖기 위해서라도 현실 쪽으로 이동해야만 합니다. 그동안은 마음과 정신 속에 있는 거짓 배우자에게 너무도 많은 것들을 투자해 왔습니다. 그 거짓 배우자가 (심히 불공평한) 남성성이나 여성성을 어떤 식으로 표출할 것인지에 대해 계속 낭만적인 투사만 해왔기 때문에, 환멸의 무대를 통과하는 순간 우리는 실망할 수밖에 없습니다. 한 남자나 한 여자로서 이래야만 한다고 상상해 오거나 요구해 왔던 존재가 아니라, 실제로 우리 배우자가 어떤 존재인가를 이해하기 시작하려면, 먼저 배우자의 도움을 받아야 합니다.

하나님께서는 우리의 고유성을 인정해주시는 방식으로 우리에 대한 사랑을 보여주셨습니다. 그분은 우리 모두에게 있는 가능성을 들여다보실 수 있지만, 현재의 모습을 인정해주시고, 현재 상태 그대로를 사랑해주십니다. 미래의 잠재력 때문에 우리를 사랑하시는 게 아닙니다. 그러므로 우리는 하나님의 무조건적인 사랑을 모델로 삼아야 합니다. 그렇게 우리 배우자를 사랑하기 위해서 노력해야만 합니다: 우리가 상상했던 배우자의 모습이 아니라, 현재 있는 그대로를 사랑해야 하는 것입니다.

'여러분'의 결혼생활에서 친밀감이 지니는 특별한 의미

앞에서 열거했던 친밀감의 특징을 보고, 여러분은 자신의 결혼생활이 어느 정도 친밀한가를 나름대로 평가할 수 있을 것입니다. 하지만 여기에서 중요한 것은, 친밀감을 형성하는 요인에 관하여 모든 사람이 조금씩 다른 견해를 지니고 있다는 사실입니다. 그러므로 부디 친밀감에 대하여 여러분 특유의 인식을 형성하시기 바랍니다. 소속되어 있다는 느낌, 향상되었다는 느낌, 이해받고 있다는 느낌, 돌봄을 받고 있다는 느낌, 지지를 받고 있다는 느낌, 인정을 받았다는 느낌, 흥분된다는 느낌, 가깝다는 느낌, 이렇게 멋진 사람과 결혼하게 되어 너무 기쁘다는 느낌을 안겨주는 것은 무엇입니까? 무엇을 친밀한 조우로 경험하느냐 하는 것은 전적으로 여러분에게 달려 있습니다. 친밀감을 안겨주는 특정 요인들을 여러분 나름대로 찾아내야만 합니다. 다음의 연습문제는 그동안 특별히 친밀감을 느끼게 해주었던 경험의 특징들을 잘 파악할 수 있도록 도와줄 것입니다.

연습문제: 특유의 친밀감 경험

다음의 질문들에 대한 답을 종이 한 장에 기록해보세요:

1. 아주 친밀하다는 느낌이 들었던 특별한 순간들을 서너 가지 떠올려보세요. 이제 스스로에게 물어보세요. "무슨 일이 벌어졌던가?" 그 경험들을 회상해보고, 친밀감에 기여했던 특별한 요소들을 밝혀내세요.

2. 현재 여러분이 친밀감을 느끼는 경우는 언제입니까? 친밀감을 안겨주는 언어적, 비언어적 대화와 행동을 파악하기 위해서는 어느 정도 탐정 노릇도 해야 할 것입니다. 친밀감을 느꼈다고 판단되는 사건과 대화를 설명해보세요.
3. 친밀감을 느끼지 못하는 경우는 언제입니까? 무엇이 부족한 경우인가요?
4. 친밀감의 특징들을 읽고 나서, 어떤 것이 여러분의 결혼생활에서 가장 미숙한 단계에 있다고 생각되었나요?
5. 좀 더 깊은 친밀감을 형성하기 위하여 여러분과 배우자가 함께 노력할 수 있는 이벤트나 행동이 있다면 무엇일까요?

그 다음 단계는 친밀감을 느끼도록 도와줄 수 있는 것들에 관해 대화를 나누는 것입니다. 배우자가 여러분에게 의미 있는 행동을 취하고, 친밀감을 강화할 수 있도록 말이지요. 그러다 보면 배우자에게는 친밀감 형성에 도움이 되는 것도 여러분에게는 그다지 도움이 못 된다는 사실을 알게 될 것입니다. 물론 배우자의 경우도 마찬가지입니다. 배우자는 어떤 행동이나 동작, 혹은 말이 도대체 왜 여러분에게 친밀감을 안겨주는지를 궁금해 하고 있을 것입니다. 아내에게는 소중한 대접을 받았다고 여겨지는 일이 남편에게는 이상하게 여겨질 수도 있습니다. 남편에게는 중요하고 가치 있는 존재로 대접받았다고 여겨지는 일이 아내에게는 아무런 의미도 없을 수 있습니다. 그렇지만, 이런 것을 잘 알아야 비로소 친밀감에 대한 욕구를 전달할만한 행동방침도 정할 수가 있습니다.

　"한 몸"이라는 친밀한 관계를 형성하는 일은, 우리 모두가 경험을 통해서 알고 있듯이, 그리 호락호락한 일이 아닙니다. 그래도 부부는 이런 단계의 친밀감에 이르기 위하여 의도적인 노력을 기울여야 합니다. 멋진 결혼생활은 그저 공짜로 주어지는 게 아닙니다 – 부부가 친밀감을 형성할 수 있는 태도와 행동을 선택할 때라야만 비로소 멋진 결혼생활을 누릴 수 있습니다. 그런 의미에서 다음 장들이 여러분의 선택에 큰 도움이 되기를 간절히 바랍니다.

추천도서

하워드 마크맨, 스콧 스탠리, 수잔 블룸버그, 〈부부관계를 위한 노력: 이혼을 예방하고 지속적인 사랑을 지키는 긍정적인 방법들〉, San Francisco: Jossey-Bass Publishers, 1994.

토마스 무어, 〈영혼의 친구〉, New York: HarperCollins Publishers, 1994.

제2장
둘이 **하나가** 되었다
― 부부 이야기의 탄생

    배우자와 여러분의 차이점을 생각하면 참 놀랍지 않나요? 배우자는 여러분과 다른 식으로 "보고" 다른 식으로 "행동합니다." 만일 배우자가 교육 지침서 같은 걸 들고 왔었더라면 결혼 생활이 훨씬 더 부드럽게 풀렸겠죠. 하지만 안타깝게도 여러분에겐 배우자의 성벽(너무 절망스러울 때에는 멍청하고 죄 많은 정신병자라고 생각될 정도의 성벽)에 관해 설명해주는 책자가 전혀 없습니다. 우린 자주 깜짝깜짝 놀라게 되지요:

    "아내는 아침밥을 안 먹어요. 아침 식사야말로 하루 세 끼 중 가장 중요하다는 사실을 아내도 알아야 한다니까요."
    "남편은 야채를 다 먹어치우고 난 다음에야 고기에 손을 대는 사람이에요. 도대체 왜 그런 거죠?"

"남편은 내가 자기 식구들 생일마다 꼬박꼬박 축하 카드를 쓰길 원해요! 도대체 뭣 때문일까요?"

우리는 배우자의 행동을 이해할만한 교육을 전혀 받지 못했습니다. 배우자가 삶을 이해하는 독특한 방식에 대해서도 설명서가 전혀 없습니다. 배우자의 인격적 특성을 파악할만한 지침도 전혀 없지요. 그런데 어떻게 우리가 배우자의 "동기"를 이해할 수 있을까요? 이다지도 다른 사람과 친밀한 관계를 키워나가려면 어떻게 해야 할까요?

부부가 하나의 이야기를 이루다

배우자를 이해하기 위한 한 가지 방법은, 사람이란 누구나 다 자기만의 "이야기"를 지니고 있다는 사실을 인정하는 것입니다. 배우자의 이야기를 알면, 배우자에 대해서 좀 더 완벽하게 이해할 수 있는 방법도 알게 됩니다. 그렇게 되면, 파괴적인 방법보다는 창조적인 방법으로 배우자와 관계 맺을 수 있는 통찰력을 얻게 될 것입니다.

부부가 하나의 이야기를 이룬다는 건 무슨 뜻일까요? 이야기 이론이라고 하는 최근의 심리학은 태도를 형성하고 행동의 동기를 부여하는 고유한 가치관과 견해, 신념을 우리가 어떻게 발달시키는지에 대해서 굉장히 놀라운 이해를 제공해주고 있습니다. 이 이론은 우리가 성장하면서 보고 들은 것들이(경험한 것들 전부가) 정신 과정에 의해 자동적으로 하나의 이야기를 형성하게 된다고 주장합니다.

어린 아이처럼 우리는 자신이 보고 들은 것을 (만지고 맛보고 냄새 맡은 것들도 모두) 알고 싶어 합니다. 계속해서 "왜 그럴까?" "저건 뭐지?"라는 질문을 던집니다. 물론 어른이기에 입 밖으로 소리를 내는 일은 드물지도 모르겠습니다. 하지만 마음 속으로는 쉬지 않고 이렇게 묻지요. "왜지?" "무슨 일이 벌어진 거야?" "어떻게 된 거야?" 우리는 설명을 원합니다. 우리가 보고 들은 것들을 이해할 수 있는 방법을 요구합니다. 그리하여 우리의 경험을 전부 이해하고 삶의 사건들에 의미를 부여할 수 있기를 원합니다. 하나의 이야기가 형성되는 순간까지 마음의 눈으로 모든 자료들을 맞춰본 다음, "아, 이제 알았다!"라고 말합니다. 이야기 형태를 통해서 정보가 하나의 사건이 되고 의미를 지니게 됩니다. 그동안 우리가 보고 들어온 것들이 이제는 삶의 경험이라는 맥락에서 의미를 지니게 됩니다. 이제는 무슨 일이 일어났는지를 설명할 수 있습니다. 그리고 이 이야기를 다른 사람에게도 들려주어, 그들이 이해할 수 있도록 만듭니다.

우리의 이야기는 준거기준이나 세계관을 제공해줍니다. 이 개념들은 우리의 인생관, 가치 체계, 그리고 우리 주변에서 벌어지는 사건들을 해석하는 관점과 관련되어 있습니다. 우리는 자신의 개인적인 이야기가 의미 있는 주위 사람들의 신념과 (종교적 견해를 포함한) 가치관의 영향을 받는다는 사실을 알고 있습니다. 어린 시절 가족은 일과 놀이, 휴가, 종교, 돈 등에 관한 생각들을 우리에게 물려줍니다. 그리고 이러한 가족이야기는 확대가족, 학교 제도, 지리적 경계, 사회경제적 집단, 종교적 전통의 좀 더 폭넓은 신념 체계에 둘러싸여, 그리고 성별과 민족적 유산에 따라 삶에 부가된 의미에 둘러싸여 발전을 거듭하게 됩니다. 이러한 사회화 과정을 거치면서, 우리 자신의 관점까지 보태져, 우리는 나름대로 실재에 관한 특유의 준거기준을 획득하게 됩니다. 그리고 계속해서 의미 체계와 인생관을 발전시켜 나갑니다. 그러므로 이것은 우리 배우자의 의미 체계나 인생관과 굉장히 다를 수 있습니다.

결혼을 할 때 우리는 각자의 이야기를 가지고 옵니다. 이 이야기는 돈이나 성, 규율, 직업, 그리고 결혼생활의 온갖 측면들에 관한 우리의 견해를 형성합니다. 이것을 토대로 하여 우리는 남자와 여자가 어떤 식으로 남편과 아내의 관계를 맺어야 하는지도 판단하게 됩니다. 우리의 이야기는 수백만 가지의 의견들로 구성되어 있으며, 우리는 "여기에서 무슨 일이 벌어지고 있는가?"에 대한 특유의 대답을 구성하고, 우리가 이미 살고 있는 삶의 이야기 관점들을 통해 우리가 접촉하는 세계에 대한 대답을 형성합니다. 우리는 주변에서 무슨 일이 벌어지고 있는지를 끊임없이 해석합니다. 배우자의 말과 행동까지 다 포함해서요. 배우자의 말과 행동은 우리가 이미 지니고 있는 이야기에 비추어 해석됩니다. 이것은 물론 어떤 말이나 행동에 대한 우리의 해석이 배우자의 이해와 생판 다를 수 있다는 것을 의미합니다.

우리의 이야기, 우리의 준거기준, 우리의 가치관이 배우자와 상당히 다르기 때문입니다.

"어떻게 '그런' 생각을 할 수 있어?" 이것이 배우자의 견해에 대한 우리의 일반적인 반응입니다. 좀 더 심오한 단계의 친밀감은 서로의 이야기를 알고 있을 때라야만 형성될 수 있습니다. 우리의 이야기를 서로 드러내놓는 것이야말로(제3장, 대화에 관한 논의에서는 이것을 가리켜 "알고 알려주기"라 할 것입니다) 우리가 어떤 존재인가를 배우자에게 전달해줄 수 있는 가장 효과적인 방법입니다. 서로를 알지 못하는 것은 건강한 결혼생활을 위태롭게 만들며 친밀감을 획득하지 못하도록 방해하는 것입니다. 배우자의 관점을 파악하기 위해서는 먼저 배우자의 이야기를 이해해야만 합니다. 그래야만 배우자와 공감할 수가 있습니다.

내 이야기가 당신 이야기보다 더 나아!

직접적으로든 간접적으로든, 우리는 대개 자신이 속한 가족과 공동체가 높이 평가하는 가치와 행동들이 좀 더 소중하다고 믿게끔 자라납니다 — 경쟁 중인 다른 가치와 행동들보다 좀 더 올바르고, 좀 더 국가적이고, 좀 더 그리스도교적이라고 믿게 되는 것입니다. 우리는 똑똑하고 선량한 그리스도인과 결혼했다고 믿고 싶어 합니다. 그렇기 때문에 배우자가 자신과 다른 가치관을 지니고 있다는 사실, 다른 이야기를 믿고 있다는 사실을 깨닫게 될 경우 무척 괴로워합니다.

부모가 "삶을 살아가는" 방식은 그 자녀에게 그대로 전달됩니다. 이러한 삶의 이야기들이 서로 다르기 때문에 부부 사이에는 갈등이 생겨날 수가 있지요.

주디는 거실이 "접견실"인 가정에서 자라났다. 거실은 특별한 손님을 위한 곳이었고, 오로지 공식적인 목적을 위해서만 사용되었다. 그것은 집안을 어떻게 정돈해야 하는가에 대한 문화적 기대 때문이기도 했고, 다른 한편으로는 잠재적 수요자들에게 집안의 인상을 좋게 심어줘야 하기 때문이기도 했다. 주디 아버지는 토건업자였고, 그들이 살던 집은 언제나 모델하우스로 개방되거나 혹은 팔기 위해 내놓은 집이었던 것이다.

하지만, 앤디의 부모는 아이들이 거실을 놀이방 겸용으로 사용할 수 있게 거실에 일부러 중고 가구를 사다놓았다. "거실"만큼이나 가족 놀이에 제격인 장소는 결코 없었다. 그야말로 거실은 놀기 위한 장소였던 것이다.

그런데도 우리(주디와 앤디)는 이러한 요인에 대해 한 번도 생각해보지 못했다. 그저 자기 가족이 올바른 방법, 정확한 방법, 최선의 방법을 동원했다고 생각하며 자랐을 뿐이다. 따라서 거실의 용도를 결정짓는 것은 우리 부부가 가장 먼저 수행해야 할 임무들 가운데 하나였다. 지금까지도 우리는 가구를 어떻게 사용해야 할 것인지에 대해서 서로 의견이 다르다. 또 집안을 보기 좋게 꾸며놓고 사는 데 얼마나 신경을 써야 하는지에 대해서도 생각이 다르다.

우리는 각자의 양육 환경에서 남자와 여자의 역할에 관한 이야기를 배웠습니다. 특히 남편과 아내의 역할이 어떤지에 대해서 많은 것들을 배웠습니다. 이런 역할 배정 가운데 일부는 아주 다양하고 그리 성차별적이지도 않습니다. 즉 남자와 여자가 함께 허드렛일을 하기도 하고 함께 생계유지의 책임을 맡기도 하는 것입니다. 하지만 한편으론 남편과 아내의 역할에 관하여 좀 더 특별한 관점을 배우기도 했습니다.

주디 아버지는 거의 모든 것들을 고칠 수 있으며, 또 일상적으로 그래왔다. 자연히 결혼생활에 관한 주디의 이야기에는, 남편이 고장 난 모든 물건들(자동차, 세탁기, 소형 가전제품 등)을 고쳐주어야만 한다는 것도 포함되어 있었다. 한번은 앤디에게 건조기가 왜 작동하지 않느냐고 물었다가 굉장히 큰 충격을 입었다. 앤디가 아는 것이라곤 그저 플러그가 잘 꽂혀 있나, 버튼을 제대로 눌렀나 점검하는 것뿐이었던 것이다. 주디는 커다란 실망감을 맛보았지만, 결국엔 남자의 역할에 관해 서로 상이한 정의를 지니고 있음을 인정하지 않을 수 없었다.

연습문제: 여러분이 결혼할 때 갖고 온 이야기

다음의 연습문제를 통해서 여러분은 가치관과 생활양식, 역할 기대에 관하여 자신과 배우자가 결혼할 때 갖고 온 이야기들을 확인할 수 있을 것입니다. 먼저 답안을 작성한 다음, 이러한 과거의 이야기들이 현재의 관계에 어떤 식으로 영향을 미치는지를 파악하기 위하여, 제3장의 대화 기술을 사용해보세요.

우리가 결혼할 때 갖고 온 이야기

여러분과 배우자가 결혼할 때 갖고 온 이야기들 가운데 특별한 것 몇 가지를 한 번 확인해보세요.

I. 내가 결혼할 때 갖고 온 남편과 아내의 역할에 대한 기대:
   1.
   2.
   3.

II. 배우자가 결혼할 때 갖고 온 남편과 아내의 역할에 대한 기대:
   1.
   2.
   3.

III. 옳고 그른 것, 좋고 나쁜 것에 관하여 내가 결혼할 때 갖고 온 가치관과 신념:
   1.
   2.
   3.

IV. 옳고 그른 것, 좋고 나쁜 것에 관하여 배우자가 결혼할 때 갖고 온 가치관과 신념:
   1.
   2.
   3.

V. 사람이란 모름지기 어떻게 살아야 하는가에 관하여, 내가 결혼할 때 갖고 온 이야기:
   1.
   2.
   3.

VI. 사람이란 모름지기 어떻게 살아야 하는가에 관하여, 배우자가 결혼할 때 갖고 온 이야기:
   1.
   2.
   3.

우리가 결혼할 때 갖고 온 이야기

여러분과 배우자가 결혼할 때 갖고 온 이야기들 가운데 특별한 것 몇 가지를 한 번 확인해보세요.

I. 내가 결혼할 때 갖고 온 남편과 아내의 역할에 대한 기대:
  1.
  2.
  3.

II. 배우자가 결혼할 때 갖고 온 남편과 아내의 역할에 대한 기대:
  1.
  2.
  3.

III. 옳고 그른 것, 좋고 나쁜 것에 관하여 내가 결혼할 때 갖고 온 가치관과 신념:
  1.
  2.
  3.

IV. 옳고 그른 것, 좋고 나쁜 것에 관하여 배우자가 결혼할 때 갖고 온 가치관과 신념:
  1.
  2.
  3.

V. 사람이란 모름지기 어떻게 살아야 하는가에 관하여, 내가 결혼할 때 갖고 온 이야기:
  1.
  2.
  3.

VI. 사람이란 모름지기 어떻게 살아야 하는가에 관하여, 배우자가 결혼할 때 갖고 온 이야기:
  1.
  2.
  3.

이러한 대화는 이야기들 간의 갈등으로 여겨질 수도 있습니다. 이야기의 차이가 크면 클수록 분노와 갈등도 커질 수 있습니다. 이 분노와 갈등에 어떤 식으로 대처할 것인가는 제4장에서 논의하게 될 것입니다.

연습문제: 이야기들 간의 갈등

앞의 연습문제를 다시 한 번 들여다보세요. 가치관과 신념이 여러분과 배우자 간에 어떤 식으로 갈등을 일으키는지 살펴보세요.

부부이야기 엮기

부부가 된다고 하는 것은 서로 다른 두 사람의 이야기, 그것도 갈등 상황에 있을 가능성이 큰 이야기를, 하나의 의미 있는 부부이야기로 엮어 나가는 섬세한 임무 수행의 과정입니다. 진행 중인 두 사람의 "나" 이야기는 이제 새롭고도 진행 중인 "우리" 이야기로 서서히 통합되어야 합니다. 이것이 바로 "한 몸이 되다"라는 표현을 설명할 수 있는 또 하나의 방법입니다. 물론 "나" 이야기가 "우리" 이야기로 대체되는 것은 아닙니다. 하지만 "우리" 이야기는 두 사람이 헌신의 관계를 맺기로 결심한 바로 그 순간부터 시작된 새로운 정체성을 드러내줍니다. 우리는 "나"와 "우리"를 엮어 나가는 데 편안함을 느껴야 합니다. 이 진행 중인 부부이야기는 각자의 개별적 이야기들을 통합하는 동시에 지원해주어야만 합니다. 결혼은 각자의 심리적 실재를 변화시키는 것이므로, 각자의 현재와 미래이야기는 배우자의 이야기와 합하여 수정됩니다. 이 부부이야기는 두 사람이 파트너십과 하나의 특별한 정체성을 형성할 수 있도록 강력한 토대를 제공해줍니다. 또한 이 부부이야기는 각자의 미래이야기를 새로운 상황으로 이끌어 갑니다.

이와 같은 "우리" 의식은 부부가 일상의 수많은 사건과 상호작용들 속에서 특별한 의미를 찾아낼 수 있는 관점을 발달시킬 때, 이야기의 형태를 취합니다. 부부가 함께 하는 삶에 관하여 하나의 이야기를 완성해 나갑니다. 두 사람이 어떤 것에 가치를 두고 있는가, 두 사람이 어느 정도 서로를 사랑하는가, 그리고 두 사람이 무엇을 위해 노력하고 있는가를 모두 포함한 삶의 이야기 말입니다.

함께 하는 삶의 이야기를 만들어가는 것은 친밀감을 향해 나아가기 위한 기초 과정에 속합니다. 부부라면 누구나 다 첫 만남, 연애시절에 있었던 의미 있는 사건들, 그리고 결혼을 약속하게 된 일에 관하여 이야기할 수 있습니다. 부부는 사랑의 역사를 보여줄 만한 과거의 이야기들을 여러 가지 기억하고 있을 것입니다. 친밀감의 특징이라고 할 수 있는 헌신과 돌봄을 증명해줄만한 과거의 이야기들을 함께 나누는 것도 친밀감을 키워나가기 위한 좋은 방법입니다.

연습문제: 좋았던 옛일을 회상하기

일주일에 한 번, 식사시간을 이용해서, 여러분의 관계에 관련된 가장 중요한 이야기들, 여러분이 어떻게 하나의 부부이야기를 엮어왔는지를 보여줄 수 있는 이야기들을 회상하는 시간을 마련해보세요. 깜짝 놀랐던 일이나, 휴가 여행이나, 파티나, 특별 이벤트나, 의미 있었던 사건이나, 위기의 순간이나, 친밀감을 누렸던 시간이나, 훌륭한 결정을 내렸던 일이나, 서로의 헌신을 증명해주었던 일들에 관하여 이야기를 나눠보세요.

결혼생활의 힘은 서로가 만족스러운 부부이야기를 형성하는 데 성공하느냐 마느냐에 달려 있습니다. 이야기이론에 따르면, 우리는 끊임없이 자동적으로 이야기를 만들어간다고 합니다 — 더 나은 이야기를 만들 수도 있고 더 나쁜 이야기를 만들 수도 있습니다. 우리는 자신만의 부부이야기를 자의식적으로 발전시킬 수 있는 특권을 지니고 있습니다: 긍정적이고, 즐겁고, 희망적이고, 사랑이 넘치는 이야기를 발전시킬 수도 있고, 반대로 부정적이고, 슬프고, 지루하고, 종국에 가서는 파괴로 치닫는 이야기를 발전시킬 수도 있습니다. 우리는 주도적으로 관계의 기쁨과 헌신을 보여주는 이야기, 부부가 친밀한 연결 의식을 느낄 수 있도록 만들어주는 이야기, 부부의 삶을 촉진시키고 강화시켜주는 이야기, 친구와 자녀에게 즐거이 들려줄만한 이야기를 만들어갈 수 있습니다.

여러분 가운데에는 현재의 부부이야기에 만족할 수가 없어서 이 책을 집어든 사람도 있을 것입니다. 부부이야기는 이런저런 이유 때문에 난항을 겪을 수 있으며, 그럴 경우에는 미래의 이야기가 그다지 희망적이지 못할 것입니다. 하지만 좋은 소식이 있습니다. 그것은 바로 여러분의 결혼이야기를 다시 쓸 수 있다는 것입니다. 재미있고도 힘이 넘치는 부분들을 새롭게 덧붙여서 말이죠. 물론 여느 프로젝트와 마찬가지로, 결혼이야기 역시 편집이 가능합니다 — 구성이나 인물, 결말을 변경시킬 수 있습니다. 하지만 반드시 앞으로 돌아가야 합니다. 처음부터 다시 출발해야 합니다. 두 사람이 집을 떠나온 바로 그 시점으로 되돌아가야 하는 것입니다.

집을 떠나옴: 꼭 필요한 여행

결혼한 지 오래됐거나, 벌써 중년에 접어든 사람이라면 이 부분을 그냥 건너뛰고 싶은 유혹을 느꼈을 것입니다. 하지만 배우자 가족과의 관계가 결혼생활의 문젯거리인 사람이라면 분명히 좀 더 자세한 내용을 원할 것입니다. 부모, 형제자매, 또는 배우자의 가족들과 혼란스러운 미해결 관계, 혹은 소원한 관계에 있는 사람들은 결혼생활을 엉망으로 만들 수 있습니다.

매듭 풀기

결혼생활에 필요한 "자아"를 갖기 위해서는 친가족과 구별된 혼자만의 "자아"를 경험해야만 합니다. 이 과정을 일컬어 분리라고 하지요: 곧 자신을 길러준 부모의 자아와 자신의 자아를 구별하는 과정, 가족의 정서적 요람으로부터 분리되는 과정입니다. 분리는 자기의 경계선이 어디까지인지, 그리고 상대방의 경계선이 어디부터인지를 정확히 알아가는 과정입니다. 분리를 성취한 사람은 배우자의 자아 속에서 본인의 자아를 상실하거나 배우자를 통제하는 일 없이도 얼마든지 좀 더 완벽하게 친밀한 관계를 형성할 수 있습니다. 배우자의 전존재를 인정해주고 배우자에게 개인으로서의 자유를 제공할 수 있으려면 이 자아의식을 반드시 성취해야 합니다.

이상적인 경우, 분리는 결혼예식 날까지 잘 진행되고, 신혼초기에 빨라집니다. 하지만 여러 부부들의 경우, 결혼은 분리가 잘 진행되지 못했음을 보여주는 리트머스 시험지와도 같습니다. 결혼생활에서 발생하는 어려운 문제들은 대개가 한 쪽 또는 양쪽이 정서적으로 집을 떠날 준비가 안 되어 있다거나 떠날 수 없기 때문에 생겨난 것들입니다. 어떤 부부는 중년인데도, 심지어는 두 번이나 세 번째 결혼인데도, 아직까지 분리가 이루어지지 않았다는 사실을 직면하지 못하고 있습니다.

커트는 상급 관리직을 맡고 있으며, 겉으로는 분리를 성취한 것처럼 보인다. 하지만 그는 아내인 질과 어떤 결정을 내리기 전에 먼저 부모와 상의를 해봐야 한다고 생각하는 사람이다. 질이 보기에 커트는 종종 아내인 자신보다도 자기 부모의 의견을 더 중시하는 것처럼 여겨진다. 게다가 커트는 부모가 허락하지 않을 것 같은 일을 결정하기가 두려운 사람처럼 보인다. 질은 커트가 자신의 남편이기보다 시부모의 아들에 더 가깝다고 느끼고 있다. 자신은 마치 시부모와 경쟁을 하는 것 같다. 이렇게 남편이 시부모에게 너무 의존하는 것 때문에, 급기야는 둘 다 병원 치료를 받게 되었다.

왜 분리가 중요한 걸까요? 결혼을 한다는 것은 곧 새로운 가족의 출발을 책임진다는 것과도 같습니다. 두 사람의 총체적 자아가 각자의 부모와는 다른 정서적, 사회적 존재로 합쳐지는 것을 의미합니다. 한 쪽의 개별적 정체감이(개인의 이야기가) 여전히 어린 시절의 가족이야기에 싸여 있다면, 배우자 쪽에서 결코 새로운 부부이야기를 만들어 갈만한 자유를 얻을 수 없습니다. 그런 사람은 계속해서 친가족의 가치관, 철학, 생활양식에 매달립니다. 그리하여 본인의 신념을 평가할 수도 없고, 자신이 어떻게 다른지도 결정할 수 없게 됩니다. 이런 상황에서는 배우자에 대한 헌신이나 새로운 가족 단위의 발달이란 게 거의 불가능합니다.

집을 떠난다고 해서 어린 시절을 거부하거나 내버리라는 말은 아닙니다. (물론 여러분 중에는 기억하고 싶지도 않은 가정에서 자라난 사람도 있겠지만요!) 가치관을 공유할만한 가족, 존경스러울 정도로 생활방식이 청렴한 가족, 존중할만한 신념을 지닌 건전한 가족도 많을 것입니다. 여러분은 이 가족을 사랑하며, 언제까지나 연결되어 있고 싶을 것입니다 — 예, 아무 문제없습니다. 분리는 사랑과 관계를 포기하라는 말도 아니고, 더 이상 돌보지 말라는 말도 아닙니다. 분리가 의미하는 것은 결혼생활의 기본 요소라 할 수 있는 정서적 헌신을 지키기로 작정하는 것입니다.

어떤 의미에서 우리는 절대로 친가족을 떠날 수 없습니다. 가족의 이상과 가치관, 생활양식이 우리의 인성 안에 깊숙이 뿌리박혀 있기 때문이지요. 우리도 모르는 사이에, 가족의 태도가 마음과 정신 깊숙이 영향을 미칠 수 있습니다. 그렇기 때문에 이 영향력을 제대로 파악하고, 그대로 둘 것인지 바꿀 것인지를 결정하는 일이 중요한 것입니다.

부모에게서 떠나기

우리는 결혼을 앞둔 예비부부들에게 종종 이런 말을 건넵니다: "'한 몸'인 관계는 한 번에 하나밖에 맺을 수 없어요." 배우자는 가장 기본적인 성실과 가장 심오한 나눔과 가장 강력한 성적 접촉의 대상이 되어야 마땅합니다. 하지만 친가족으로부터 분리하기 전에는 결코 이 정도로 배우자에게 헌신할 수 없습니다. 우리는 집을 떠나야 합니다. 배우자와 친밀감을 누리기 위해서는 부모를 삶의 최우선 순위에 두었던 정서적 관계를 변화시켜야 합니다. 낭만적인 차원에서만 보자면, "부모를 떠나서" "한 몸" 관계를 맺는다는 것은 무척 쉬운 일처럼 보입니다. 하지만 우리 사회에는 남편이나 아내 혹은 양쪽 모두가 여전히 부모나 그 밖의 중요한 돌봄의 손길을 "떠나지" 못해서 빚어진 문제들 때문에 정신과 치료를 받고 있는 경우가 너무나도 많습니다.

어떤 사람들은 부모와 다른 식으로 생활하거나 부모와 다른 신념을 지니는 것조차도 부모에게 순종하라고 배운 그리스도교적 양육에 위배된다고 생각합니다. 그러면 과연 어떻게 해야 할까요? 그리스도교 신앙은 확실히 가족관계를 중요하게 여기며, 부모를 공경하라고 가르칩니다. 하지만 그리스도교 신앙은 분리도 중요시합니다. 예를 들어서 창세기의 두 번째 창조이야기는 다음과 같은 문장으로 끝을 맺습니다. "그러므로 남자는 아버지와 어머니를 떠나, 아내와 결합하여 한 몸을 이루는 것이다."(창세기 2장 24절) 이 구절은 결혼생활의 첫걸음이 무엇인지를 확실히 보여줍니다 — 그것은 바로 친가족으로부터 정서적으로 분리되는 것이지요.

앤더슨과 피트는 〈결혼의 과정〉이라고 하는 저서에서, 위의 성서 본문의 옛 번역, 즉 "아버지와 어머니를 떠나 아내에게 달라붙어"에서, "달라붙다"라는 단어의 역설에 대해 지적합니다. 이 단어는, 한편으로는 뭔가에 꽉 매달리거나 혹은 들러붙는다는 의미에서 "강한 애착을 가지다"라는 뜻을 갖고 있습니다. 하지만 다른 한편으로는, 그와 정반대로, "단절하다"나 또는 "분리하다"의 의미를 지니고 있습니다. 그러니까 원래는 서로 연결되어 있었던 것을 억지로 떼어놓는 것, 또는 뭔가를 그 원천으로부터 분리하는 것을 의미하는 것이지요. 이 두 가지 의미를 통해서 우리가 알 수 있는 사실은, 배우자에게 자유로이 결합하고 새로운 요람을 만들기 위해서는 우선 친가족의 정서적 요람으로부터 분리되어야만 한다는 것입니다. 친가족을 떠난다는 의미의 분리가 먼저 이루어져야만 배우자와의 결합(친밀감 형성)이 정서적으로 가능해집니다.

딸에서 아내로, 아들에서 남편으로: 꼭 필요한 전환

분리를 설명하기 위한 또 하나의 방법은, 아들이나 딸로서의 정체성이 남편이나 아내의 정체성으로 힘겹게 전환하는 것을 지적하는 것입니다. 한 사람이 이 두 가지 역할을 통해서 서로 다른 기능을 담당합니다. 수많은 부부들이 좌절하는 이유도 바로 남편이나 아내 혹은 양쪽 모두가 부모의 집에서, 또는 부모가 방문했을 때, 둘만 있었을 때와 전혀 딴판으로 행동하기 때문입니다. 심지어는 전화까지도 부모와 통화할 때는 전혀 다른 말투를 사용하는 사람도 많습니다. 부부관계 향상을 위한 이벤트에서 우리는 종종 물어봅니다. 부모가 곁에 계실 때 배우자가 어떤 식으로 행동하느냐고 말입니다. 그러면 그들은 자기 배우자가 부모 앞에서 얼마나 다른 사람으로 돌변해버리는지에 대해서 아주 많은 이야기들을 들려줍니다. 그 이야기들은 아주 재미있기도 하고, 전혀 재미없기도 합니다.

이렇게 자녀의 정체성에서 배우자의 정체성으로 전환하는 것은 친밀한 결혼생활의 공간을 제공하는 데 아주 중요한 요소입니다. 집 떠나기가 아직 완료되지 않았다고 판단할 수 있는 단서는, 지나치게 부모를 기쁘게 해드리려고 애쓰는 것, 부모의 인정을 받을 수 있는 일들 위주로만 노력하는 것, 부모가 승낙하지 않은 일은 실행하길 꺼려하는 것, 자신이 선택한 생활방식에 대해서 부모가 뭐라고 할지 불안해하는 것입니다.

많은 부부들이 신혼 초에 갈등을 겪는 요소들 가운데 하나는, 관계를 깨뜨리지 않고서 집을 떠나는 방법을 알아내는 과정입니다. 보통 첫 시험은 휴가 기간에 닥칩니다. 대부분의 경우, "물론 우리 할머니 댁에 가서 추수감사절을 보내야지. 난 항상 그렇게 해왔으니까"라고 생각합니다. 하지만 그에 못지않게, 자기 배우자도 비슷한 기대를 품고 있다는 사실을 알게 됩니다.

특별한 날 자신의 친가족과 함께 할 수 없을 경우, 처음에는 그 상실감이 굉장합니다. 뭔가 중요한 것을 잃어버린 것 같은 슬픔, 부모가 화를 낼지도 모른다는 두려움, 그리고 특별한 의식을 놓친 것에 대한 질투심 때문에 부부는 좌절하고 괴로워합니다. 때로는 배우자에게 분노를 표현하기도 합니다: "당신하고 결혼 안 했더라면 지금 당장 우리 집에 가서 크리스마스를 보내는 건데 말이야!" 하지만 서로를 비난하기보다는, 상대방이 잃어버린 것들을 제대로 슬퍼할 수 있도록 시간을 허용해주는 것이 서로에게 더 많은 도움을 줄 수 있습니다. 그런 다음에는 두 사람이 엮어나가고 있는 부부이야기에 추가될 새로운 휴가 의식을 창안해내기 위해 노력하는 겁니다.

부모 역시 자녀가 아들이나 딸로서 관계를 맺고 있는 것에서 벗어나, 남편이나 아내라는 새로운 정체성에 헌신할 수 있도록 인정해주는 방향으로 변화해야 합니다. 어쩌면 부부는 여러 해에 걸쳐서 남편이나 아내 쪽의 부모 혹은 부모에 상응하는 가족 구성원들에 대해 새로운 헌신의 울타리를 치는 임무를 떠맡을 수도 있습니다. 그리고 결혼한 부부의 나이가 어리면 어릴수록, 자녀와 부모 모두 이 전환의 시기를 더 힘들게 보냅니다.

며느리나 사위를 전심으로 "사랑을 담아" 환영해주는
부모에게는 복이 있나니.

분리가 가장 어려운 경우는, 친가족이 떠나보내지 못하고 주저할 때입니다. 때로는 부모나 대리 부모가 여러분의 배우자 선택에, 심지어는 결혼하기로 한 결정 자체에 반대 의사를 표명할 수 있습니다.

엘레인의 어머니는 딸이 결혼하기로 결정한 것 때문에 불행했다. 그래서 자말을 사위로 인정하지 않는다는 사실을 행동으로 분명히 보여주었다. 그녀는 자말의 존재를 거의 받아들이지 않았다. 대화하는 동안에도 자말을 포함시키려는 노력을 전혀 하지 않았다. 단, 자말의 직업에 대해서 빈정거리며 비판을 할 때에는 제외하고 말이다. 결국 어머니의 집을 방문하고 올 때마다 거기서 느꼈던 긴장감 때문에 엘레인과 자말은 서로에게 화는 내는 일이 잦았다.

어쩌면 여러분의 배우자도 여러분과 결혼하기로 결정한 것 때문에 가족과 소원해졌을지 모릅니다. 그 결과 여러분은 그들의 분노와 거부감을 느꼈을 것이며, 가족 모임 때에도 환영받지 못한다는 느낌을 받았을 것이고, 특별한 일이 있을 때에도 무시당하는 것 같은 느낌을 받았을 것입니다. 가족의 축복이 없는 분리는 굉장히 힘들고 슬픈 일입니다. 심리적으로나 정서적으로 반드시 거쳐야 할 일이긴 하지만, 자기 가족이나 배우자의 가족에게서 고립된 느낌을 받게 되면 결혼생활에 스트레스가 쌓일 수 있고, 이것은 분리 과정을 제대로 완수하지 못하도록 상황을 악화시킬 수도 있습니다. 이렇게 되면 모든 게 마치 배우자의 탓인 것처럼 배우자에게 쉽사리 분노를 터뜨릴 수도 있습니다. 이것은 극복하기가 아주 어려운 일입니다. 이런 경우엔 전문가의 조언을 구하는 것이 좋습니다.

지켜야 할 것과 버려야 할 것

부부는 몇 년간의 신혼시절을 거치는 동안, 의도적이든 아니든 간에, 이 새로운 관계 속으로 통합시키고 싶은 전통과 내버리고 싶은 전통을 결정하게 됩니다.

배우자의 가족이야기 중에서 어떤 부분을 새로운 부부이야기 속으로 통합시킬 것인가, 이것을 결정하는 일은 커다란 갈등의 요인이 될 수 있습니다. 친가족에게 충실해야 한다는 이유, 또는 그저 지금 알고 있는 것들에 만족한다는 이유만으로, 여러분은 자신의 가족 전통을 결혼생활로 전부 옮겨와야 한다고 생각할 수 있습니다. 어쩌면 여러분은 가족이 가치 있게 여기는 사고방식이나 행동방식을 그대로 받아들이고 따를 정도로 끔찍하게 서로를 사랑하는 가정에서 자라났을지도 모릅니다. 그럴 경우, 가족 가치관을 인정한다면 "좋은" 자녀로 생각될 것이고, 거기서 벗어난다면 "나쁜" 자녀로 여겨질 것입니다. 하지만 신학적으로 볼 때 이것은 가족을 우상화하여 떠나는 일을 힘겹게 만드는 행동일 뿐입니다. 다른 생활방식, 다른 가치관, 다른 세계관을 선택하는 것만으로도 굉장히 불편한 느낌이 들 것입니다. 친가족에게 거절당할지도 모른다는 공포심이 너무도 크기 때문이지요.

의도적으로 결정을 내린 부부들은 어느 정도의 갈등을 결코 회피하지 않습니다. 초반부의 연습문제에서 여러분이 말한 여러 가지 이야기들을 한 번 떠올려보십시오. 이 가치관과 생활양식, 역할 기대를 받아들이고 특별한 주제에 관하여 의도적으로 하나의 부부이야기를 발달시키세요.

지나친 속박

여러분들 가운데에는 어머니와 아버지를 떠나는 것이 곧 친가족의 파괴적인 생활양식에 매인 속박으로부터 도망치는 것을 뜻하는 사람도 있을 것입니다. 건강한 성장에 전혀 기여하지 못하는 가정에서 자라났기 때문이지요. 그리하여 친밀한 관계, 특히 배우자와 친밀한 관계를 형성하고 즐길 수 있는 능력을 빼앗겨버렸습니다. 이런 의미에서 여러분은 문제가 되는 결혼생활 이해와 관계유형에 얽매여 있다고 할 수 있습니다. 이미 여러분도 알고 있겠지만, 휘말리거나 역기능적인 가족일수록, 분리 과정이 더 어렵습니다.

네 부모를 공경하라

만일 여러분이 고통스러운 분리 과정을 겪고 있는 중이라면 유대-그리스도교 이야기의 일부분을 핑계거리로 사용하고 싶을 것입니다. 사실 부부치료 상황에서 수많은 사람들이 다음과 같이 말했습니다. "성서에는 네 부모를 공경하라고 쓰여 있잖아요." 하지만 이것은 분리를 선택하지 못한 사람들의 핑계거리일 뿐입니다. 만일 여러분의 가족과 종교 공동체가 이 명령을 너무도 강조한 나머지, 여러분도 모르는 사이에, 이것이 모든 계명들 가운데 가장 중요한 것이 되어버렸다면, 그렇다면 분리는 더욱 더 골치 아파질 것입니다. 자녀의 입장에서 그동안 여러분은 "네 부모를 공경하라"는 말을 항상 순종해야 한다, 항상 부모를 행복하게 해드려야 한다, 심지어는 부모의 결점까지도 항상 존경해야 한다는 말로 받아들였습니다. 하지만 공경이라는 말은 사실 맹목적인 순종을 뜻하는 것이 아닙니다. 공경은 신실하게 돌봐드리는 것, 그리고 부모의 이해를 존중하는 것입니다. 그러므로 여러분의 신학적 임무는 이 명령을 좀 더 정확하게 이해하는 것입니다.

- 첫째, 제자들이 "선생님, 율법 가운데 어느 계명이 중요합니까?"라고 여쭈어보았을 때, 예수님이 "네 부모를 공경하라"는 말씀은 대답에 포함시키지 않았다는 사실을 주목하세요(마태복음 22장 34~40절). 오히려 예수님은 "가장 중요하고, 으뜸가는 계명"은 "네 마음을 다하고 네 목숨을 다하고 네 뜻을 다하여, 주 너의 하나님을 사랑하라"는 것이라고 대답하셨습니다. 그런 다음 두 번째 계명은 "네 이웃을 네 몸 같이 사랑하라"는 것이라고 덧붙이셨습니다. 계명의 우선순위는 예수님이 확실히 밝히셨습니다. 그 무엇보다도 하나님을 사랑하는 것이 첫째 계명이고, 그런 다음에는 다른 사람들과 우리 자신을 사랑하라는 계명으로 옮겨집니다. 하나님을 사랑하는 것에는 하나님의 형상대로 창조된 우리 자신이 되는 것, 우리의 정체성을 확립하는 것, 그리고 배우자와 친밀한 관계를 맺기 위하여(만일 여러분이 원한다면) 부모로부터 자유로이 떠나는 것도 포함됩니다.

- 둘째, 예수님은 신앙 공동체야말로 진정한 가족임을 지적함으로써 가족의 개념을 확대시켰습니다. 예수님의 어머니와 형제들이 찾아와, 바깥에 서서, 사람을 들여보내어 예수님을 불렀던 때의 일을 생각해보세요. 예수님은 대답 대신 이렇게 물었습니다. "누가 내 어머니이며, 내 형제들이냐?" 그리고 이렇게 말씀하십니다. "누구든지 하나님의 뜻을 행하는 사람이 곧 내 형제요 자매요 어머니다."(마가복음 3장 31~35절)
- 셋째, 십계명 가운데 첫째가는 두 계명은 야훼 앞에서 다른 신들을 섬기지 말고, 어떤 것이든지 그 모양을 본떠서 우상을 만들고 그것들에게 절하거나 섬기지 말라는 것입니다(출애굽기 20장 2~5절). 그런데도 부모가 여러분 삶의 중심에 오도록 허락할 수 있겠습니까? 하나님이 바라시는 것보다도 부모의 욕구에 더 주의를 기울임으로써 우상 숭배의 죄를 저지를 수 있겠습니까?

역기능적인 과거이야기로부터의 해방

여러분은 집을 떠나기 위해 성큼성큼 걸어왔습니다. 하지만 가족에게서 입은 상처는 여전히 깊숙이 남아 있습니다. 배우자를 향한 여러분의 반응에는 아직도 학대받았던 방식이 그대로 반영되어 있습니다. 이런 경우, 부모를 떠나는 것에는 파괴적인 형태의 관계와 결혼생활에 대한 부정적 인식들로부터 도망치는 것도 포함시켜야 합니다. 여러분은 "어린 시절에 부모가 저지른 죄"로부터 도망치고 싶어 합니다. 그리고 복음의 중심 주제는 이런 여러분에게 꼭 필요한 허락, 용기, 후원을 제공할 수 있습니다.

- 첫째, 유대-그리스도교 전통은 하나님이 언제나 억압당하는 자들, 학대받는 자들의 편에 서 계신다고 선포합니다. 성서의 강력한 이야기들 가운데 하나가 바로 출애굽인데, 이것은 이스라엘 백성을 이집트의 노예 생활로부터 구원시켜주시는 이야기입니다. 하나님은 우리를 옭아매고 자유를 억누르는 것들로부터 구원시켜주기를 원하십니다. 속박으로부터의 구원이라는 주제는, 여러분이 가족의 유형으로부터 벗어나 배우자와 친밀한 관계를 맺을 수 있도록 후원해주신다고 하는 사실을 비유적으로 아주 적절하게 표현한 것입니다.
- 둘째, 이 구원이라는 주제와 직접적으로 관련된 것으로서, 예수 그리스도의 사역에 관한 복음서의 복음입니다. 나사렛 회당에서 예수님은 선지자 이사야가 쓴 글을 읽습니다:

주의 영이 내게 내리셨다.
주께서 내게 기름을 부으셔서,
가난한 사람들에게 기쁜 소식을 전하게 하셨다.
주께서 나를 보내셔서, 포로 된 사람들에게 자유를,
눈먼 사람들에게 다시 보게 함을 선포하고,
억눌린 사람들을 풀어주고,
주의 은혜의 해를 선포하게 하셨다.

(누가복음 4장 18~19절)

"포로 된 사람들에게 자유를"이라는 예수님의 약속은 심리적으로 친가족에게 묶여 있는 사람들에게 희망을 줄 수 있습니다. "억눌린 사람들을 풀어주고" 싶으신 예수님의 바램은, 보호자에게 학대당해온 사람들에게도 해당됩니다. 친밀한 결혼생활의 기쁨과 소망에 참예하도록, 우리를 속박하고 있는 것들로부터 자유를 얻는 것은, 그리스도인의 여정에 매우 적절한 투쟁입니다.

생존 이야기: 부부 건강에 위협이 되다

부부는 각자 어렸을 때 친가족 속에서 살아남기 위하여 배웠던 대처 방법들을 확인할 필요가 있습니다. 여러분이 어렸을 때 배웠던 대처 방법들이 그동안 아주 많은 작용을 했습니다; 그러니까 여러분이 성장기를 참고 견디며 살아남도록 해준 것입니다. 그렇지만 바로 그 대처 방법들이, 사실은 현재이야기의 일부가 되어 결혼생활의 친밀감을 획득하지 못하도록 해로운 영향을 미치고 있는 경우도 많습니다. 만일 자기 이야기 속에 들어 있는 유형들을 파악할 수 있다면, 그리고 어떤 것이 지금은 전혀 작용하지 않는지를 알 수 있다면, 여러분은 얼마든지 변화할 수 있습니다. 하지만 만일 이러한 옛 유형들을 변화시키지 않는다면, 지금 이 순간도 계속해서 상처를 받을 수밖에 없습니다.

어렸을 적에 안나는 굉장히 바쁘고 일에만 몰두하는 부모의 관심을 끌고 싶어서 수많은 행동들을 시도하였다. 그 결과 비명을 지르고 소리치는 것이야말로 관심을 받고 싶은 안나의 욕구를 가장 효과적으로 충족시켜준다는 사실을 알게 되었다. 결혼을 하고 나서도 안나는 때때로 무시당한 것 같은 기분이 들 때마다 브래드의 관심을 끌기 위해 똑같은 행동을 취했다. 하지만 지금은 안나가 소리를 지를 때마다 브래드 쪽에서 오히려 움츠러들고 마음의 문을 닫아버리고 만다. 안나는 더더욱 무시당한 기분, 불안한 느낌을 갖게 된다. 안나의 행동은 브래드에게서 원하는 행동을 이끌어내지 못한다. 안나의 부모에게는 그 행동이 가끔씩 먹혀들어갔지만 말이다. 결국 안나는 브래드의 관심과 사랑을 끌기 위해 다른 방법, 브래드가 받아들여줄만한 방법을 찾아봐야만 했다. 그리하여 이제는 직설적으로 브래드의 관심을 요구하게 되었다.

> 우리는 정반대의 사람에게 끌린다고 알고 있습니다.
> 하지만 이건 정말 웃기는 일입니다!
> 성격의 차이를 이해하기

배우자의 이야기에는 그 사람 특유의 성격이 포함됩니다. 배우자는 여러분과 다르게 "만들어졌습니다." 여기에서 말하고자 하는 것은 성별의 차이가 아닙니다. 여러분의 배우자가 어떻게

"다른 구역"에서 움직이는지, 어떻게 "다른 행성"에서 왔는지를 논의하는 것입니다. (가족, 문화적 가치관 같은) 생물학적, 환경적 요인들의 혼합이 각자의 성격에 영향을 미칩니다. 물론 그 결과 여러분은 각자 독특하게 빚어지고, 결국은 다른 사람들과 차이가 생깁니다. 이렇게 서로 다른 성격은 똑같은 경험들을 바라볼 때에도 서로 다른 렌즈를 통해 보도록 만듭니다.

성격 차이를 확인하기

부부는 서로의 차이 때문에 좌절할 수도 있습니다. 여러분은 차이라는 게 뭔가 이해할 수 있고 변화시킬 수 있는 것이라기보다는 뭔가 그릇된 것, 신비로운 것, 또는 바꿀 수 없는 것이라고 생각할지도 모릅니다. 하지만, 첫째, 우리는 이러한 차이에 이름을 붙이고 이해해야 합니다. 둘째, 이러한 특징들이 어떻게 배우자의 심리적 욕구를 충족시켜주는지 인정할 수 있어야 합니다. 셋째, 이것이 어떤 식으로 관계에 영향을 미치는지 파악해야 합니다.

> 로니와 론다는 부부치료 상황에서 이 과정을 아주 잘 설명해주었다. 로니는 너무나도 말이 많아서, 주변에 사람이 있을 때에는 끊임없이, 쉴 새 없이 말을 하는 사람이다. 한 번은 부부관계 향상 그룹에서 "연설가"라는 별명조차 얻었다. 그래서 말로 진행 과정을 지배하려고 드는 성향을 모니터하도록 부탁받았

다. 반대로 론다는 무척 조용한 사람이다. 로니가 수다스러운 만큼이나 론다는 과묵하다. 론다는 그룹에서 거의 말을 하지 않으며, 그저 상호작용에 대한 직접적 요구에만 간신히 응답할 정도이다. 그들 부부의 치료 과정에서, 로니는 말을 많이 하는 것이 곧 자신의 부족함에 대한 강한 느낌, 무시당할 것 같은 두려움을 보상하려는 자기만의 수단임을 깨달았다. 그렇지만 동시에 말은 사람과 친해지는, 그리하여 사람들에게 호감을 사는 긍정적인 방법이기도 했다는 사실을 깨달았다. 한편 론다는 어린 시절 친가족 앞에서 말을 한다는 것이 얼마나 위험한 일이었는가를 깨달았다. 론다의 부모는 "네가 한 말은 무엇이든지 확실히 증명하라"고 말했다. 그래서 종종 론다는 "자신이 한 말로 인해 스스로 어리석다는 느낌"을 받게 되었다. 론다는 자주 조롱을 당했고, 따라서 말하기를 거부하는 것만이 무시를 당하거나 웃음거리가 될 위험을 겪지 않는 방법임을 배우게 되었다. 이제 로니와 론다는 "수다스럽다"는 것이 무엇을 뜻하는지 깨닫고, "조용한" 것이 무엇을 뜻하는 건지 깨달았다. 그리하여 좀 더 깊이 상대방을 공감할 수 있게 되었다. 사실 그들은 하나의 서약을 맺었다(제8장을 읽어보세요). 이 서약을 통해서 로니는 좀 더 자신의 개인적인 능력을 주장할 수 있도록, 그리고 론다는 조롱당할지도 모른다는 두려움을 갖지 않아도 된다는 사실을 깨달을 수 있도록, 서로를 전적으로 허용해주는 새로운 관계를 맺을 수 있게 되었다.

우리는 부부가 서로의 성격 차이를 파악하도록 돕기 위하여 치료와 관계향상 이벤트에서 사용할 수 있을만한 공식적인 연습문제를 개발했습니다. 이 도구는 점수를 매기는 것도 아니고, 그래프나 차트가 따로 있는 것도 아닙니다. 이것은 부부들이 자신에 대한 인식을 확장시킬 수 있는 방법으로서, 모두가 인정하는 차이에 관해 대화를 나눌 수 있도록 해주는 하나의 대화 창구입니다. 여러분도 하던 일을 멈추고 이 연습문제를 풀어보세요. 자, 여러분을 초대합니다.

연습문제: 성격 차이를 설명하기

다음의 연습문제는 "성격 차이"라는 제목이 붙은 바퀴 모양을 하고 있습니다. 중심축을 가로지르는 선들이 있고, 그 선들은 각각 특별한 성격적 특성 혹은 특징의 연속선을 의미합니다. 이 선들의 양쪽 끝에는 연속선을 설명해주는 단어가 쓰여 있습니다. 이 단어들을 선택한 것은, 치료나 관계향상 이벤트에서 많은 부부들이 자신의 성격에서 가장 중요한 차이점을 설명하는 데 주로 이 단어들을 사용했기 때문입니다. 여기에 여러분 자신의 선을 더 그어보세요. 그리고 여러분과 배우자의 중요한 차이점을 설명해주는 단어들을 적어 넣으세요.

이니셜을 사용해서, 각 선들의 양쪽 끝에 있는 서술적 단어들 가운데 여러분의 성격에 잘 맞는다고 생각되는 쪽에 표시를 하세요. 만일 자신이 삶에 관하여 자연스럽기보다는 오히려 체계적인 편이라고 여겨진다면, 또 "느슨하기"보다는 고도로 조직적이고 계획적인 편이라고 여겨진다면, 그 조직적 자아의 정도에 합당한 거리만큼만 원의 바깥쪽에 이니셜을 써넣으세요. 또 만일 여러분의 배우자가 정반대의 사람 같이 생각된다면, "조직적이 아닌/자발적인" 성격의 정도에 합당한 만큼 연속선의 반대쪽에 배우자의 이니셜을 적어 넣으세요. 예를 들면 우리 부부(주디와 앤디)는 특정 연속선상에 다음과 같이 표시합니다:

조 직 적 인   —   J   —   O   —   A   —   조 직 적 이   아 닌

이것으로 보아 우리 부부는 이 성격적 특성에서 완전히 정반대된다는 사실을 알 수 있습니다. 지금부터 이것에 관하여 자세히 설명해보기로 하지요.

바퀴의 중심에 있는 축은 두 가지 성격의 균형을 의미합니다. 여러분의 성격이 중심부에서 균형을 잡고 있다고 여길 경우, 중심부 가까이에 이니셜을 표시할 수도 있습니다.

명심하세요. 이건 절대로 테스트가 아닙니다. 이것은 여러분이 자신과 배우자를 얼마나 잘 알고 있는지 확인해 볼 수 있는 기회입니다. 이것은 관계의 이해를 넓혀가고자 애쓰고 있는 부부들에게 대화의 초점으로서 작용할 수 있습니다. 이 연속선에서 "표준적"이거나 "올바른" 혹은 "더 나은" 위치는 결코 없습

니다.

이 연습문제를 끝낸 다음에는 서로 비교해보세요. 여러분과 배우자는 연속선의 어딘가에, 서로 다른 위치에 이니셜을 적었을 것입니다. 자신의 위치에 대해 이야기를 나눠보세요. 그 성격적 특성에 여러분 각자가 어떤 의미를 부여할 수 있는지 논의해보세요. 각자가 그 연속선의 특정 위치에 이니셜을 표시하게끔 만든 행동이나 동작을, 특별한 예를 들어 설명해보세요. 그런 다음 서로가 상대방의 성격을 어떤 식으로 개념화하고 있는지에 대해서 과연 "의미 공유"(제3장의 대화편을 읽어보세요)에 도달할 수 있을 것인지 살펴보세요.

우리(주디와 앤디)의 경우, 그 연속선의 중요한 차이점을 알아챔으로써 체계와 의사 결정에 적합한 정도를 확인하는 게 도움이 되었다. 앤디는 연속선의 맨 끝(조직적이 아닌/자발적인)에 이니셜을 적었는데, 그것은 제약이 없고, "느슨하고" 조직적이 아닌 것을 좋아하는 사람임을 증명해준다. 앤디는 최후의 순간까지 기다렸다가 최종적인 결정을 내리는 편이다. 최대의 유동성을 원하기 때문이다. 앤디는 온갖 선택의 가능성을 고려해보고, 올바른 결정을 내리고 싶어 한다. 자연히 그는 마감시간을 굉장히 싫어한다. 아침에 잠에서 깨어나면 그 날 뭘 끝마쳐야 하는지 알 수 있다. 하지만 아마도 명확한 스케줄이나 계획을 세우지는 않을 것이다.

주디는 그 연속선의 정반대편 끝(체계적인/조직적인)에 이니설을 적었다. 그것은 곧 주디가 어떤 일들을 완성하고, 결정하고, 억제하고, 조직하길 좋아한다는 뜻이다. 주디는 언제나 미리 계획을 세우고, 목록을 작성하고, 스케줄을 작성한다. 주디는 매일 잠에서 깰 때, 스케줄을 지키기 위하여 어떤 장소에서 무엇을 해야 할지 정확하게 파악한다. 그 목록이 완성되기 전에는 절대로 잠자리에 들지 않는다. 그녀는 스케줄이 변경된다거나 방해받는 것을 제일 싫어한다. 우리(주디와 앤디)는 둘 다 가능한 한 최대로 우리의 운명을 통제하고 싶어 한다. 하지만 그것을 실행할 때에는 전혀 다른 방법을 사용한다. 이 사실을 이해함으로써 우리는 상대방의 서로 다른 생활방식을 좀 더 후원해줄 수 있게 되었다.

성격 차이

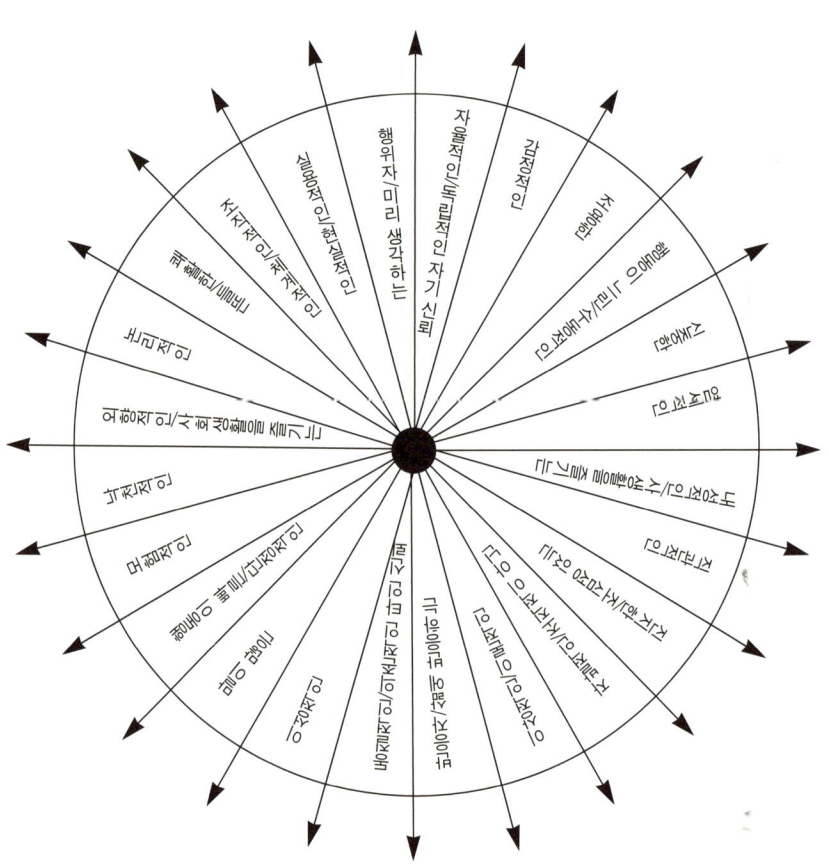

성격 차이

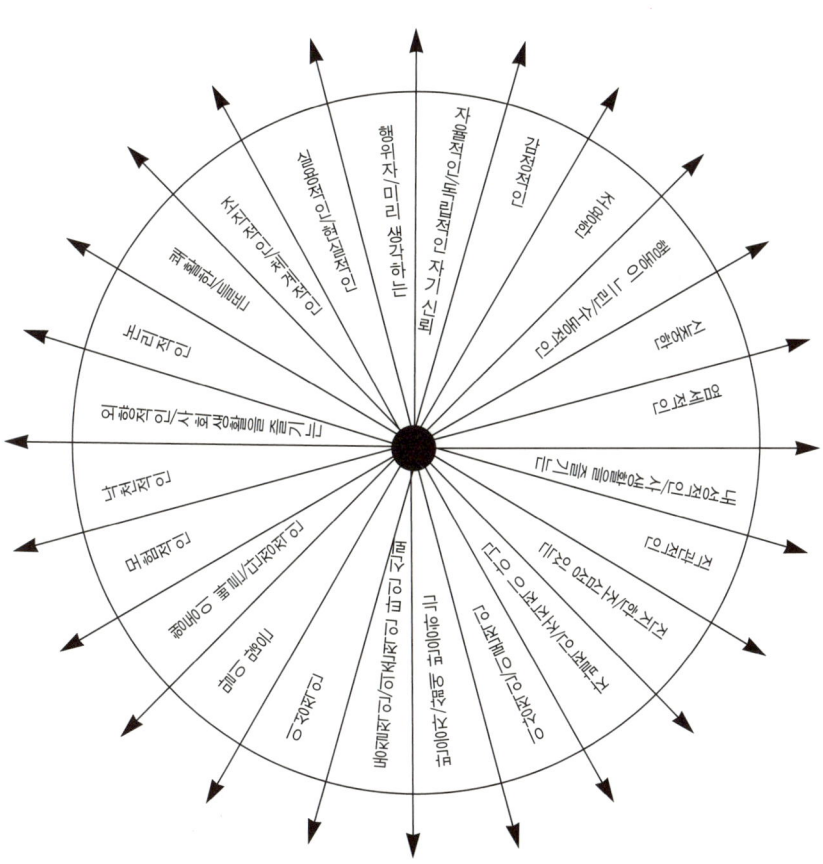

왜 정반대에 끌리는가?

처음에 우리는 정반대 사람에게 매력을 느낍니다. 왜 그럴까요? 어떤 이들은 우리가 존경하기는 하지만 정작 우리의 성격에서 완전히 발달시키지 못한 특징에 이끌리게 되어 있다고 주장합니다. 일부 심리학자들은 "상보성"에 관하여 이야기합니다. 이것은 한 사람이 결혼 상대자를 선택할 때 자신의 성격에서 발달시키지 못한 특징을 강화시켜줄만한 배우자를 선택하는 과정을 설명해주는 단어입니다.

> 산드라는 지극히 분명하고 목표지향적인 사람이다. 산드라는 성취가이며, 이러한 특성을 강점으로 여긴다. 그녀는 마이크에게 매력을 느꼈지만, 마이크가 놀고 싶어 할 때에는 굉장히 힘들었다. 하지만 결국은 느슨해질 수 있는 마이크의 능력을 인정하고 나아가 그의 도움으로 자신도 노는 방법을 배울 수 있게 되었다.

어쩌면 여러분도 상보적인 특성을 발달시킨 사람을 배우자로 선택했을 수 있습니다. 이러한 구조 속에서 볼 때, 여러분과 배우자의 성격 차이는 긍정적인 도전이라고 생각해도 좋을 것입니다. 이러한 차이는 서로 가르치고 배울 수 있는 것으로서 소중히 여겨도 좋을 것입니다. 서로의 차이를 인정하고 서로에게서 배운다면 서로의 성장 잠재력을 확대시켜줄 것입니다. 부부는 특히 갈등을 빚어내는 상호 작용 유형에 대한 새로운 통찰을 얻을 수 있습니다. 대니와 안젤라는 어떤 잡지에 다음과 같이 기고하였습니다:

> 우리는 성격 유형 영역에서 완전히 정반대다. 하지만 우리는 각자의 강점과 서로 상반되는 특징들을 발달시킴으로써 오히려 역동적인 부부가 되었다. 둘의 유형을 서로 합침으로써 우리의 결혼생활은 온전하고 건전한 양쪽의 조화를 이룰 수 있었다. 우리는 서로 다른 성격을 아름다운 통일체로 만든다 …… 우리는 서로가 다르다는 사실을 잘 알고 있으며, 이것 때문에 서로가 서로에게 끌렸다는 사실, 그리고 지금도 서로에게 끌리고 있다는 사실을 잘 안다.

갈등을 겪고 있는 성격적 특성

그렇지만 상보적으로 아주 긍정적일 수 있는 성격의 차이가 자칫 우리를 미치게 할 수도 있습니다! 기본적인 성격을 바꾸는 일은 매우 어려운 일입니다. 하지만 고맙게도 우리는 행동을 바꿀 수 있습니다. 배우자를 자극하는 행동이 뭔지를 파악하고, 그런 행동을 바꾸거나 수정하기로 결심할 수 있습니다.

목사인 마이클과 교사인 마리는 이 과정을 다음과 같이 설명해 준다. 부부관계 향상과정에서 그들은 MBTI 검사를 받았고, 그 결과 마이클은 굉장히 외향적인 반면 마리는 굉장히 내성적인 사람이라는 것을 알게 되었다. 그들은 둘 다 사람들과 함께 하는 시간을 즐겼고 사교적이었기 때문에, 마리가 기본적으로 내성적인 사람이라는 것을 알고 깜짝 놀랐다. 마이클이 사역하고 있는 지역교회는 주일 아침과 저녁에 두 번 예배를 드렸고, 그것 때문에 정서적으로 지쳐버렸다. 마리 역시 교회 일에 깊이 관여해야 했기에, 저녁예배가 끝날 때쯤이면 둘 다 파김치가 되고 말았다. 그렇지만 예배가 끝난 후 무엇을 하고 싶은가에 대해 서로의 욕구가 달랐기에 갈등은 지속되었다. 지극히 외향적인 마이클은 사람들을 한 데 모아서 근처의 피자집이나 아이스크림 가게에 가고 싶어 했다. 마이클은 주변에 사람이 있어야 편안해지고 에너지를 재충전할 수 있었다. 하지만 그와 정반대로 마리는 집으로 곧장 달려가서 욕조에 뛰어들어 혼자서 잡지를 읽었다. 내성적인 그녀는 혼자 있어야 에너지를 재충전할 수 있었다.

갈등의 시작은 마이클이 마리를 밖으로 데리고 나가려고 하는 데 있었다. 마이클은 마리가 함께 가서 "즐기려고" 하지 않는다는 사실 때문에 화가 나서, 마리가 자신을 후원해주길 원치 않는다고 비난하곤 했다. 마리는 기나 긴 하루를 보내고 개인적인 시간이 필요하다는 것, 그리고 다음 날 아침 교사의 업무를 준비할만한 여유가 필요하다는 것을 마이클이 이해해주지 않았기 때문에, 인정받지 못한다는 느낌, 자기 말이 무시당한다는 느낌을 받았다. 이제 그들은 서로의 차이를 인정하고 이해함으로써, 에너지를 재충전하는 정반대의 방법을 인정할 수 있게 되었다. 일단은 서약서를 작성해서(제8장을 읽어보세요) 외출과 귀가를 번갈아 하였다. 그러다가 두 주에 한 번씩은 둘 중 한 사람이 불행하다는 사실을 깨닫게 되었고, 그래서 예배가 끝난 후에는 반드시 함께 있을 필요가 없다는 결론을 내리게 되었다. 결국 서약을 변경시켜서, 마이클은 사람들과 밖에 나가 편안한 시간을 갖고, 마리는 집에서 혼자 편안한 시간을 가질 수 있게 되었다.

많은 부부들이 성격적 특성을 설명하고 명명하는 다양한 도구들을 통해서 자기와 배우자를 이해할 수 있는 정보원을 충분히 발견하고 있습니다. "이상해" 보이거나 갑자기 초조해 보이는 배우자의 행동양식도 모두 이해할 수 있게 됩니다.

연습문제: 성격 프로파일 도구 사용하기

MBTI 같은 자기-보고식 성격 프로파일 도구를 사용하면 배우자와의 차이를 이해하고 나아가 이 차이가 일상적인 상호 작용에 미치는 영향도 이해할 수 있는 기회가 주어질 것입니다. MBTI 같은 성격 프로파일 도구들에 대해 훈련을 받은 전문가, 심리학자, 치료사, 목회 상담가, 목사를 찾아 가세요. 많은 목사들이 여러분을 그런 사람에게로 안내해줄 수 있습니다. 이런 도구들 가운데 하나를 선택한 다음 해석을 받으세요. 이 장 끝에 실린 키슬리와 베이츠의 저서는 MBTI에 관하여 여러분에게 자세히 안내해줄 것입니다.

성별의 차이

각자의 이야기는 그 사람이 남자나 여자로서 성장한 과정에 따라 굉장히 큰 영향을 받습니다. 연구 조사에 따르면 아내와 남편이 경험을 통해서 무엇을 배우는지가 확실합니다 — 그러니까 남자와 여자가 종종 다른 관점에서 삶을 바라보며, 다른 강조점을 지니고 삶을 살아간다는 사실이지요. 여러분은 남자와 여자간의 낭만적인 관계가 힘들 수도 있다는 사실을 이미 잘 알고 있습니다. 심지어는 최고의 매력과 최상의 헌신으로 엮어진 부부라 할지라도, 서로를 이해하고 서로의 욕구를 채워주는 것이 어려울 수 있습니다.

우리 문화에서는 남자와 여자가 전통적으로 다른 성격적 특징을 지녔습니다. 마치 이런 특징이 창조 질서의 일부라도 되는 것처럼 말이죠. 사실, 남자와 여자에게 배정된 성격적 특성(감정적, 논리적, 단정적, 수동적 등등)은 양쪽 모두에게 해당되는 인간적 성격의 측면들입니다. 비록 신체적인 유산과 사회화 과정에 영향을 받았다손 치더라도, 모든 성격적 특성은 남자와 여자가 똑같이 발달시킬 수 있습니다. 여자나 남자로 성장한다는 것은 확실히 우리의 생각과 느낌에 특별한 방식으로 영향을 미칩니다. 하지만 이것은 창조 질서 내의 가능성을 문화적으로 변경시킨 것입니다. 인간은 누구나 특유의 개별적 상황이 지닌 한계 속에서 성격적 특징들을 발달시킬 수 있는 특권과 의무를 부여받았습니다.

차이를 하나의 부부이야기로 엮어 갈등을 극복하기

이러한 성격 차이를 극복하는 데 우리의 신앙이 기여할 수 있는 점은 무엇일까요? 첫째, 우리 모두가 하나님의 형상대로 창조되었다는 사실을 기억하는 것입니다. 우리의 다양한 성격 유형들은 하나님께서 창조 때 "참 좋다"(창세기 1장 31절)고 말씀하신 것들입니다. 따라서 우리를 자극하는 배우자의 성격적 특성을 "나쁘다"고 평가하고 싶은 유혹과 맞서 싸워야 합니다. 우리는 자칫 하나님께서 연속선의 반대쪽보다 내 쪽에 속한 사람들을 더 좋아하실 것이라고 생각하기가 쉽습니다! 하지만 사실 어느 쪽에도 윤리적인 우월성은 존재하지 않습니다. 하나님께서는 외향적인 사람보다 내성적인 사람을 더 선호하시지도 않고, 조직적이지 않은 사람보다 조직적인 사람을 더 선호하시지도 않습니다. 우리는 연속선의 어느 쪽에 있든지, 누구나 다 죄를 지을 수 있습니다. 어떤 성격적 특성을 지니고 있든지, 우리 모두는 죄를 지을 수 있습니다.

둘째, 우리는 신앙인으로서 하나님의 은총에 대한 경험을 갖고 있습니다. 온갖 인간적인 한계에도 불구하고 하나님께서 우리를 인정해주신 것도 바로 이 은총의 한 측면이라는 사실을 잘 알고 있습니다. 인정은 하나님께서 우리의 온갖 성벽들과 관계 맺기로 하신 것에 대해 우리가 어떤 식으로 생각하는가를 설명해주는 중요한 신학적 개념입니다. 하나님이 우리를 사랑하신 것처럼 우리도 배우자를 사랑하는 것, 이것은 하나님께서 우리를 인정하신 것과 똑같은 방식으로 우리도 배우자의 고유성을 인정하기 위해 노력해야 한다는 뜻입니다. 배우자는 괴상한 게 아니라 다를 뿐이라고, 기묘한 게 아니라 독특할 뿐이라고 생각하는 법을 익히세요.

셋째, 우리는 상보성을 은사로 생각하는 법을 배울 수 있습니다. 여러분 삶에서 성격적 연속선의 반대쪽을 발달시키는 방법을 배우자로부터 의도적으로 배우세요. 그러면 좀 더 원만하고 균형 잡힌 사람이 될 수 있을 것입니다. 사실, 어떤 이들은 그리스도인이 삶과 신앙 차원에서 좀 더 성숙해지려면 자기와 다른 측면들을 발달시키기 위해 노력해야 한다고 주장합니다. 여러분이 지금 발달시키지 못한 측면의 성격을 확장시키는 것은 결혼생활의 친밀감 형성에 크게 기여할 수 있습니다.

넷째, 스트레스를 자아내는 몇몇 차이들도 긴장과 갈등을 줄여주는 행동 변화에 관한 서약을 맺음으로써 극복해낼 수 있습니다. 이러한 갈등 유형을 파악한 다음, 방해가 되는 유형들을 변화시킬만한 서약을 맺으세요(제8장을 보세요). 물론 성격을 변화시킨다는 건 그리 쉬운 일이 아닙니다. 하지만 부부의 의지만 확고하다면 얼마든지 행동 변화에 성공할 수 있습니다.

중단된 이야기

조만간 모든 부부이야기들에 닥치게 될 위기가 친밀감에 아주 큰 위협을 가할 수 있습니다. 어떤 사람이 정신적 외상에 직면할 경우, 그 사람이 사랑하는 사람들과의 관계, 그 사람이 함께 살고 있는 사람들과의 관계 역시 스트레스를 받게 됩니다. 그러므로 이런 문제는 관계의 정서적, 정신적 건강을 유지하기 위하여 반드시 해결, 처리해야 합니다. 부부는 위기를 불러올 수 있는 좌절과 우울, 분노, 또는 죄책감으로부터 관계를 보호하기 위해 노력해야 합니다. 위기 상황에서도 서로를 보호하기 위해 의도적인 노력을 기울이는 부부는 오히려 유대감이 더 강해질 것입니다.

친밀감을 보호하기 위해서는 의도적으로 바깥세상의 역경을 이겨내고 위기에 맞서 관계를 보호할 수 있는 협동 정신을 길러야 합니다. 그럴러면 어떻게 해야 할까요? 의식적인 응답을 계속 유지하고, 그 사건들에 관하여 깊이 있는 의사소통을 지속하며, 상실과 변화에 따른 생각과 느낌에 동참할 수 있도록 배우자를 초대하면 됩니다.

루벤과 이사벨은, 이사벨 아버지가 갑작스레 돌아가신 이후 몇 달 동안 그들의 친밀감이 좀 더 깊어졌다고 믿는다. 슬픔이 물결치는 동안 루벤은 이사벨의 말에 귀를 기울여주고 이사벨을 붙잡아 줌으로써 서로 연결되어 있었다. 그들은 "몇 시간이고" 대화를 나눴다고 이사벨은 말한다. 이사벨은 엄청난 고통이 밀려올 때, 특히 늦은 밤 시간에 루벤을 신뢰할 수 있었고, 남편이 곁에 머물러 있으려고 노력한 덕분에 전보다 훨씬 더 가깝게 느껴졌다.

이와 반대로, 위기에 창조적으로 대처하지 못할 경우, 관계가 차단되거나 아예 끊어져버릴 수도 있습니다. 만일 여러분의 관계가 "막혀" 있다면(지루하거나, 거리감이 느껴지거나, 냉담하거나, 갈등에 휩싸여 있다면), 과연 이 "막힘"이 어디에서 시작되었는지를 잘 살펴보세요. 종종 어떤 사고나 실직, 건강 악화, 정신적 외상을 일으키는 상실과 같은 의미심장한 변화까지 거슬러 올라가는 경우가 있습니다. 관계가 막힌다는 것은, 위기가 아직 사라지지 않았으며 여전히 해소되지 않은 감정이 관계를 방해하고 있음을 보여주는 단서입니다. 위기와 정신적 외상을 일으키는 경험으로부터 어떻게 회복할 것인가에 관한 참고 문헌들을 읽어보세요. 미래를 향해 자유로이 나아갈 수 있도록 전문가의 도움을 받으셔도 됩니다.

연습문제: 위기에 대처하는 방법을 평가하기

과거에 겪었던 심각한 위기들 가운데 한 가지를 배우자와 함게 선택하세요. 둘이서 그 위기에 대처했던 방법을 평가해보세요.

- 서로의 관계는 어땠나요?
- 서로 다른 욕구를(제8장을 보세요) 어떻게 잘 이해했나요? 어떻게 서로를 지지해주었나요?
- 여러분의 친밀감 수준에 이 위기가 미친 영향은 무엇이었나요? 여러분은 이 위기로 인해 좀 더 가까워졌나요, 아니면 어느 정도 거리감과 실망감을 느끼게 되었나요? (혹은 해소되지 않는 분노감을 느꼈나요?)
- 만일 그 위기가 친밀감을 위태롭게 했다면, 여러분의 관계에 입힌 상처를 치유하기 위해 무슨 일을 할 수 있었나요?
- 만일 또 그런 위기가 닥친다면, 이번에는 어떤 식으로 대처할 수 있을까요?

모든 부부들의 공통적인 도전 과제 중 하나는 우리가 "상실"이라고 부르는 변화에 어떤 식으로 응답할 것인가 하는 것입니다. 상실은 기본적인 인간 경험으로서, 언제나 우리의 친밀한 관계에 영향을 미치는 경험입니다. 예를 들면, 자녀의 상실로 인해 발생하는 이혼율이 높다는 것을 우리는 잘 압니다. 왜일까요? 그것은 부부가 동일한 방식으로 슬퍼하는 경우가 드물기 때문입니다. 죄책감, 비난, 우울, 그리고 "왜?"라는 질문이 거의 언제나 슬픔을 악화시킵니다. 그러면 상실의 시기에 부부는 무의식적으로 배우자에게 그것을 투사하기 보다는 차라리 의식적으로 자기 슬픔을 배우자와 '함께' 나누는 쪽을 선택해야 합니다.

어떤 부부들은 결혼초기부터 심각한 상실, 이미 결혼예식에서 상징화되었던 상실에 처하기도 합니다.

산드라는 자신의 신앙 전통을 버리고 남편인 제프리의 신앙 전통에 합류하였다. 제프리의 부모가 "우리 교회"를 포기한다는 생각만으로도 굉장히 화를 냈기 때문에, 산드라는 기꺼이 그렇게 하였다. 그 때만 해도 자신이 떠나온 예배 전통에 대해 몹시 아쉬워하게 되리라고는 생각도 못했었다. 또한 제프리의 교회가 지닌 좀 더 엄격하고 도덕주의적인 표준을 받아들이기가 힘들 것이라는 사실을 미처 생각지 못했었다. 그래도 결혼생활 2년째에 접어들어 쌍둥이 딸을 낳을 때까지는 그리 많은 상실감을 느끼지 못했다. 하지만 쌍둥이를 낳은 후로는, 본인도 전혀 편안하게 여겨지지 않는 전통 속에서 어떻게 쌍둥이를 기를 것인가 하는 걱정이 들기 시작했다. 부부관계 향상을 위한 그룹 모임에서 산드라는 이런 상실감을 털어놓았다. 제프리는 산드라가 이런 슬픔을 안고 있다는 사실을 까맣게 모르고 있었다. 이제야말로 그가 부모의 편견에 사로잡히지 않고 스스로를 분리해야 할 시점에 놓여 있었다. 제프리는 산드라가 쌍둥이 딸을 데리고 자유롭게 예전의 교회에 가서 행사도 참여하고 예배도 드릴 수 있도록 서약을 하였다. 그들은 자녀를 두 가지 전통에 모두 노출시키는 데 동의하였다. 아이들이 두 가지 전통을 모두 배운 다음, 좀 더 자란 후에 스스로 선택할 수 있도록 말이다.

조나단은 가족의 바람을 저버리고 다문화 결혼을 하였다. 그의 가족은 결혼예식에 불참함으로써 처음부터 후아니타를 거부하였다. 그저 조나단에게 편지만 보내왔을 뿐이다. 크리스마스 가족 모임에 오라는 초대장 역시 조나단 혼자만 참석하라는 의미가 담겨 있었고, 그래서 조나단은 불참하였다. 처음에는 조나단도 그런 가족의 거부가 아무런 문제도 없다고 생각하였다; 오히려 부모와 분리될 수 있는 좋은 기회이므로 긍정적인 측면이 더 많다고 생각했다. 하지만 몇 년 후부터 그는 고립감을 느끼기 시작했고, 어머니가 암 진단을 받았을 때에는 굉장히 비통해했다. 이런 슬픔이 처음에는 아내에 대한 분노로 표출되었다. 하지만 다행히도 그는 친가족에게 느끼는 슬픔과 분노를 스스로 파악할 수 있었다. 그리고 이 감정을 부모형제에게 직접 전달하였다. 그리하여 그는 아내가 자기 가족을 단절시켰다고 비난하지 않을 수 있었다.

재혼을 한 부부들은 죽음이나 이혼으로 인한 첫 번째 결혼의 상실을 계속해서 슬퍼하는 경우가 많습니다. 죽음과 이혼에서 비롯되는 슬픔의 요인은 조금 다른 성격을 지니고 있습니다. 하지만 둘 다 상실을 처리할 수 있는 시간이 필요합니다. 그런데도 많은 사람들이 상실 후에 너무 서둘러서 재혼을 해버리며,

결국은 사별 후 처리 과정이 새로운 부부이야기 창출에 방해가 된다는 사실을 깨닫게 됩니다. 좋든 나쁘든, 그들은 첫 번째 배우자와 만든 부부이야기를 지니고 있습니다. 그 이야기의 마지막 장은 아직도 끝나지 않았습니다. 슬픔을 제대로 처리하려면 그 이야기의 결론을 천천히 "기록"할 필요가 있습니다. 그 이야기가 곧 역사가 될 수 있도록 말이죠.

이야기 변경

자동차 범퍼에 붙인 옛 광고 스티커를 바꿔보세요 — 변화가 일어납니다! 우리는 언제나 변화를 시도할 수 있습니다. 그 변화에 맞서기 위해 어떤 방법을 동원할 것인가는 중요하지 않습니다. 물론 우리는 안정성과 예측 가능성을 원합니다. 하지만 직장과 건강, 재정, 국제적 사건, 종교적 경험, 부모의 건강, 자녀의 유무에 따른 변화들이 우리의 관계를 압박합니다. 그러므로 변화를 포용하는 방법을 익혀야 하고, 변화가 친밀감에 기여할 수 있는 잠재력까지 포용할 줄 알아야 합니다.

변화는 안정된 부부이야기를 방해할 수 있는 힘이 있기에, 자칫 위협이 될 수도 있습니다. '이 새로운 직업 때문에, 혹은 다른 도시에서 사는 것 때문에, 혹은 이 새로운 정신적 요구 때문에, 그 사람이 나에 대한 마음을 바꾸게 되면 어쩌지?' 배우자는 변화의 과정에 있으면서도, 그 변화를 알리는 것을 두려워할 수 있습니다. '그 사람이 "상처"를 입거나 이해해주지 않으면 어떡하지? 혹시 비웃거나 조롱하거나 무시하지는 않을까? 위협을 받거나 거부감을 느끼지는 않을까?' 변화는 물론 파괴적인 잠재력을 지니고 있습니다. 하지만 언제까지나 단조로운 구조 속에 틀어박혀 지내는 것 역시 지루함의 위험이 도사리고 있지요.

변화에 대한 두려움은 친밀감을 형성하려는 노력을 방해할 수도 있습니다. 변화는 삶의 여정 가운데 어느 한 곳에 머물러 있는 배우자를 위협할 수도 있습니다. 하지만 변화는 성장을 위해서 반드시 필요합니다; 변화에 저항하는 것은 성장을 억누를 수도 있습니다. 우리는 삶의 변화에 부딪혔을 때 자기 자신과 배우자를 신뢰해야 합니다. 미래에 대한 기대와 개방은 부부관계에 묘미와 활력을 보태줄 수 있습니다. 유동성은 피할 수 없는 요소입니다. 과거는 물론 현재에도 묶이지 않고 자유로워지는 것이야말로 우리에게 꼭 필요한 요소입니다. 우리는 아직 보이지 않는 현실에 응답할 수 있는 자유를 강화해야 합니다. 자신의 내면에 있는 잠재력과, 배우자의 내면에 있는 잠재력까지 모두 포함해서 말이죠.

사랑은 해가 갈수록 깊어질 것입니다. 하지만 그러려면 관계를 처음 형성했던 때로부터 변화를 겪어야만 합니다. 변화는 배우자에게도 발생합니다. 결혼생활이 5년, 10년, 또는 20년 지속되고 나면 우리가 결혼한 사람은 변해버리고 맙니다. 예, 물론 그 사람은 여러 가지 측면에서 똑같은 사람입니다. 하지만 분명히 그 사람은 변했습니다 ― 신체적으로(머리가 벗겨지기 시작하고, 몸무게와 건강 상태가 변합니다), 정서적으로(좀 더 독단적이거나 좀 더 개방적인 사람으로 변합니다), 그리고 상황적으로(경력이 향상되거나 직업이 변합니다). 우리의 사랑 유형을 이러한 변화에 적응시키는 것은, 친밀감을 지속하는 데 꼭 필요한 조건입니다.

연습문제: 변경된 이야기를 이해하기 위한 원천

자기-보고식 성격 프로파일 도구들은 부부가 서로 다른 이야기를 좀 더 잘 이해할 수 있도록 도와줍니다. 그리고 논의를 통해서 자각과 공감을 좀 더 확대시키고 친밀감을 좀 더 강화시켜 줄 수 있습니다. 정기적인 건강 검진처럼 관계에 주의를 기울이면 예방 점검을 할 수 있습니다. 예를 들면, ENRICH 프로그램은 변화와 성장의 평가를 허용함으로써 결혼생활을 점검할 수 있는 자료를 제공해줍니다. 또한 PREPARE 프로그램은 결혼을 준비하고 있는 사람들이 관계를 향상시킬 수 있도록 도와줍니다. 관계가 삶의 다양한 단계들을 따라 이동할 때 발생하는 변화된 욕구를 채워주는 데에는 새로운 서약이 도움이 됩니다(제8장을 보세요).

앤 모로 린드버그는 고전적인 저서 〈바다가 준 선물〉에서 다음과 같은 결론을 내립니다. "웬일인지 우리는 부부관계를 원래대로 유지하지 못하는 것이 비극이라는 잘못된 생각을 지니고 있다." 앤은 수많은 부부들이 상실의 순간에 초기의 부부관계가 변화하는 걸 느끼며, 향수에 젖어서는 그 초기의 사랑 형태를 그리워한다는 점에 주목합니다. 이러한 태도는 현실도 변화의 잠재력도 모두 무시하는 처사입니다.

미래의 이야기를 통해 소망 다지기

행복, 기쁨, 친밀감을 맛본 부부들은 희망을 지니게 됩니다. 희망은 미래에 대한 기대와 포부로 부풀어 오릅니다. 그러므로 친밀감에 기여하는 부부이야기 역시 희망을 제공하는 미래의 구성 요소에 포함됩니다.

우리는 자신이 현재 살아가고 있는 이야기의 토대가 되는 과거이야기를 지니고 있을 뿐만 아니라, 앞으로 살아 나갈 미래의 이야기를 창조해낼 필요도 있습니다. 과거를 해석하고 나아가 미래의 자신을 상상함으로써 우리는 어떠한 순간에도 항상 "발전 중인 자아"를 만들어갑니다. 개인적인 정체감은 우리가 기억하고 있는 과거에 영향을 받을 뿐만 아니라, 우리가 기대하고 있는 미래에도 영향을 받습니다. 우리는 미래의 자신을 상상할 때에 과거이야기와 현재이야기만큼 우리에게 똑같이 중요한 미래이야기를 발달시킵니다. 이러한 미래이야기는 우리의 정체감에 아주 크게 기여합니다. 과거의 우리와 현재의 우리는 미래의 상상 속 우리와 결코 분리할 수 없습니다.

이와 똑같은 원동력이 결혼생활에도 작용합니다. 개인의 이야기와 마찬가지로, 부부의 이야기 역시 과거와 현재와 미래를 지닙니다. 우리는 결혼생활의 미래에 관한 이야기를 발달시킴으로써, 결혼한 부부로서의 우리를 미래에 투사하기도 합니다. 우리는 현재 결혼한 부부일 뿐만 아니라, 앞으로도 결혼한 부부가 될 것입니다. 그리고 우리가 만들어가는 미래의 이야기를 통해서 발전 중인 결혼생활을 꾸려 나갈 것입니다. 부부의 미래이야기는 결혼생활에 희망을 안겨주고, 또 이 희망은 의미와 목표와 꿈을 제공해줍니다.

연습문제: 미래이야기에 관한 논의

이제까지 한 번도 논의해보지 않은 미래의 몇 가지 측면들에 대해서, 이참에 30분 정도 짬을 내어 대화를 나눠보세요. 결정을 내려야 한다는 생각일랑 잊고, 미래의 몇 가지 사건들에 관하여 온갖 멋진 가능성을 탐색해 본다는 목표를 세우세요.

- 젊은 부부라면 아마도 임신 계획에 관하여 논의할 수 있겠지요. 언제가 가장 적기일까? 어떤 방을 육아실로 써야 할까? 아이들 이름은 뭐가 좋을까?
- 중년의 부부라면 은퇴 후의 삶에 관해 이야기할 수도 있을 겁니다. 은퇴하기에 가장 적절한 시기는? 어디에서 살 것인

가? 시간을 어떻게 보낼 것인가?
- 그 밖에도 꿈같은 휴가를 계획하는 것이나 직업을 변경하는 것도 화제가 될 수 있습니다.

"지금" 이후의 일을 생각하는 것은 결혼생활에 깊이와 재미를 실어주는 중요한 일입니다. 서로 일치하지 않는 미래이야기들은 결혼생활에 갈등을 초래합니다. 따라서 부부가 함께 헌신할 수 있는 미래이야기를 발달시키는 것이 친밀감에 크게 기여합니다. 결혼생활을 어떤 식으로 꾸려 나가고 싶은지에 대해서 특별한 이미지를 지니고 있을 경우, 여러분은 선택한 목표를 향해 특별한 노력을 기울일 수 있습니다. 부부는 다가올 변화에 대해 의도적으로 생각해보고, 풍요로운 삶을 향해 이야기를 구체화할 수 있습니다 — 희망과 친밀감을 유지시켜줄 수 있도록 말이죠.

미래이야기는 새로운 현실과 새로운 가능성으로 우리를 향해 돌진하고 있습니다. 미래를 향해 나아가는 동안, 우리는 자신의 이야기를 새로운 줄거리와 구성에 개방시켜 두어야만 합니다. 미래가 지금으로선 상상도 못할 정도로 다르리라는 점을 염두에 두고 있어야 합니다. 미래를 예측할 수 없다는 사실도 미래를 상상하지 못하도록 막을 수는 없습니다. 하지만 우리가 고칠 수 없는 미래이야기를 투사하지는 못하도록 막아야 합니다. 미래에 어떤 일이 벌어진다 할지라도 부부로서 처리할 수 있다는 사실을 깨닫는 것은, 하나님의 은혜로우신 임재와 관계를 신뢰하고 있다는 증거입니다. 우리는 과거에도 함께 계셨고 현재에도 함께 계시는 하나님을 믿습니다. 하지만 이보다 더 중요한 것은, 하나님께서 우리 앞에서 우리를 미래로 부르고 계신다는 사실을 깨닫는 것입니다!

추천도서

허버트 앤더슨, 로버트 피트, 〈결혼의 과정〉, Louisville, Ky.: Westminster John Knox Press, 1993.

데이비드 커시, 메릴린 베이츠, 〈날 이해해주세요〉, Del Mar, Calif.: Prometheus Nemesis Books, 1978.

제3장

대화의 **열쇠**
— 공유와 경청

대화가 통하지 않고 오해가 사라지지 않는 데 대한 좌절감을 단 한 번도 느껴보지 못한 사람이 과연 있을까요? 감정을 상하게 하고 분노와 좌절감을 불러일으키는 대화를 한 번도 안 나눠본 사람이 있을까요? 우리 부부는 37년 동안이나 결혼생활을 해왔으면서도 여전히 서로를 오해할 수 있고, 대화를 하다가도 여전히 화를 발끈 낼 수 있다는 사실에 무척 놀랐습니다.

친밀감과 대화

외로움을 극복하고 친밀감을 형성하는 것은 창조적인 대화를 통해서만 가능한 일입니다. 르우엘 하워는 〈대화의 기적〉이라는 책에서 이렇게 말합니다. "대화는 피가 육체가 되는 것을 사랑하는 것이다. 피의 흐름이 멈추는 순간 육체도 죽는다. 대화가 그치는 순간, 사랑은 죽고 원망과 증오가 태어난다." 그는 효과적인 대화를 기적이라고 말합니다. 효과적인 대화는 "관계를 형성해주고", 심지어는 "죽은 관계도 회복시켜줄" 수 있을 만큼 강력한 힘을 지니고 있기 때문입니다. 그동안 우리 부부는 놀라운 변화를 목격해 왔습니다. 부부들의 태도가 대화 지향적으로 바뀌고 새로운 기술을 발달시키는 쪽으로 변화하였던 것입니다.

어떻게 하면 친밀한 관계를 발달시킬 수 있을까요? 대화는 부부들이 관계를 형성하고 그 속에서 사랑이 넘치는 친밀감을 쌓아갈 수 있도록 연결해주는 다리입니다. 친밀감은 부부의 자아 속 가장 깊은 곳을 서로 연결해줍니다. 그렇기 때문에 부부가 서로를 잘 알고 잘 알려주기만 한다면 얼마든지 결혼생활 속에서 친밀감을 경험할 수 있습니다. 그러면 어떻게 해야 서로를 잘 알고 잘 알려줄 수 있을까요? 첫째, 우리 자신을 드러내는 것입니다. 둘째, 배우자의 비밀이야기를 적극적으로 탐구하고 귀를 기울이는 것입니다. 친밀한 대화는 배우자의 내적 존재, 성스러운 영역으로 들어가는 길입니다. 그러므로 이 대화의 단계는 잠재적으로 성스러운 것입니다.

우리의 대화 태도와 유형은 어렸을 때 우리와 함께 했던 사람들을 모델로 하여 형성되었습니다. 그런데 이러한 대화 태도와 유형은 친밀감을 형성하는 데 창조적인 영향보다는 오히려 파괴적인 영향을 미칠 수도 있습니다. 하지만 얼마든지 그것들을 변화시킬 수 있습니다. 그러므로 이 장에서는 주로 대화의 태도에 관하여 논의하고, 그 다음으로는 대화의 기술에 대하여 살펴보겠습니다.

서로 알고 알려주기: 성스러운 대화

대화의 중요성에 관한 이해를 형성하는 데 우리의 신앙이 도움이 될까요? 예, 됩니다. 배우자와 친밀한 대화를 시작해보려고 애쓰는 그리스도인들을 격려하고 지도해줄만한 그리스도교 신앙의 개념들이 몇 가지 있습니다. 그리스도교 신앙은 하나님과의 대화 가능성(묵상, 기도, 그리고 예배)에 관하여 이야기합니다. 우리는 영적인 깊이를 획득하는 과정이야말로 결혼생활에서 친밀감을 획득하기 위한 모델이 될 수 있다고 생각합니다.

자기-노출과 친밀감

우리가 하나님을 아는 것은 하나님께서 자기-노출을 통해 알려주시는 정도까지만 허용됩니다. 만일 하나님께서 우리에게 알려주시기로 작정하지 않으신다면 하나님과 친밀한 관계를 맺는 것이 불가능할 것입니다. 욥의 친구가 욥에게 이렇게 물었습니다. "네가 하나님의 깊은 뜻을 다 알아낼 수 있느냐? 전능하신 분의 무한하심을 다 측량할 수 있느냐?" (욥기 11장 7절) 물론 그 질문에 대한 대답은 '아니' 입니다 — 하나님께서 이 "깊은 뜻"을 알려주기로 작정하지 않으신다면 절대로 불가능한 일입니다. 하나님께서 그대로 감추고 계시기로 작정하신다면 신적인 사랑과 은총도 알 수 없고 구원과 치유와 용서도 경험할 수 없을 것입니다. 부부 역시 마찬가지입니다. 부부가 서로를 아는 것은 서로가 기꺼이 "개방하는" 정도만큼만 허용됩니다. 우리가 알려주기로 작정하지 않는다면 배우자가 우리의 "심중"을 헤아릴 수 없습니다.

하나님께서 대화를 시작하실 때, 우리는 이 지식을 계시라고 부릅니다 — 이 단어는 문자 그대로 "드러내다, 감추어진 것을 폭로하다"라는 뜻을 지니고 있습니다. 친밀감에 도달하기 위해서는 일상적인 대화보다 훨씬 깊은 단계의 대화가 이루어져야 합니다. 부부는 서로에게 자신을 "드러내기로", 스스로를 좀 더 완전히 알려주기로 작정할 수 있습니다.

그리스도인들은 언제나 믿어왔습니다. 계시를 통해 얻은 하나님 지식이, 은혜로우신 창조주께서 값없이 주신 선물이라고 말입니다. 결혼생활에서도, 배우자에 대한 친밀한 지식은 배우자가 좀 더 완전히 알려지기를 원했기 때문에 값없이 주어진 선물입니다.

> 결혼생활에서 자기를 "드러내기로" 작정한 배우자를
> 둔 사람은 복이 있나니.

그러면 무엇이 드러날까요? 하나님께서는 생각과 정보 이상의 것들을 주십니다; 하나님께서는 친교를 제공하십니다. 계시는 냉정하고 비개인적인 것이 아닙니다. 계시는 하나님과의 친밀한 만남이며, 창조 세계에 대한 하나님의 더 깊은 관심, 바램과의 친밀한 만남입니다. 친밀감이 형성되려면 배우자와의 대화 속에 표면상의 관찰보다 더 많은 것들이 포함되어야 합니다. 좀 더 깊이 있는 꿈과 열망과 희망이 드러나야 합니다 ― 그것들이야말로 친밀감을 불러오는 삶의 원동력이니까요.

사랑의 본질

그런데 하나님께서는 왜 우리에게 당신을 알려주기로 작정하신 걸까요? 그리스도인들은 하나님의 가장 기본적인 특징이 사랑이며, 이 사랑 때문에 하나님께서 창조 세계, 특히 인간을 존재케 하셨다고 믿습니다. 왜냐고요? 사랑은 본질적으로 친밀한 관계를 원하기 때문입니다. 친밀감은 서로를 잘 아는 사람들 사이에서만 형성될 수 있습니다. 그러므로 사랑이 많으신 하나님은 친교를 위하여 당신의 형상대로 창조하신 존재를 잘 알고자 하시며, 또 그 존재에게 당신을 알려주고자 하십니다. 사랑으로 인해 하나님의 계시가 주어졌다면, 우리의 사랑은 배우자를 잘 알고 또 배우자에게 우리를 알려주고 싶은 욕구 속에서 표출이 되어야 할 것입니다.

자기-인식의 중요성

배우자에게 우리를 알리고 싶다면 기꺼이 우리의 자기-인식을 발달시켜야만 합니다. 우리의 자기-이해가 성장하고 이 새로운 인식을 기꺼이 드러내고자 할 때, 친밀감의 잠재력은 증가합니다. 반대로 개인이 자신의 내적 자아와 전혀 접촉하지 않을 경우, 친밀감은 한계에 부딪치고 맙니다. 부부는 자기-이해의 과정에 착수함으로써, 그리고 이 새로운 자기-인식을 배우자에게 기꺼이 전달함으로써, 결혼생활을 풍요롭게 만들 수 있습니다.

> 사무엘은 학교 프로그램을 통하여, 어렸을 때 겪었던 성적 학대에 관해 새로이 인식할 수 있게 되었다. 그는 자신에 관해 좀 더 배울 수 있도록 치료를 시작하였다. 이 일로 인하여 그는 자신의 불안을 이해할 수 있게 되었고, 뉴스나 영화에서 비슷한 경험을 목격할 때마다 왜 그토록 혼자 있고 싶었는지를 이해할 수 있게 되었다. 게다가 그는 어린 아들의 기저귀를 갈아줄 때나 분유를 먹일 때조차도 아기를 편안하게 만질 수 없다는 사실을 깨달았다. 이 새로운 이해들을 그는 아내에게 알려주었고, 그들 부부는 좀 더 깊은 친밀감을 느끼게 되었다.

자기-인식의 확대를 원하는 배우자를 둔 사람은
복이 있나니.

새로운 단계의 친밀감으로 나아가길 원하는 부부는, 자기가 진짜로 생각하고 느끼는 것을 알 때까지 기꺼이 자신을 탐구하고, 또 그 과정에서 발견한 사실들을 배우자에게 전달해줄 것입니다.

친밀감과 알려주기

하나님께서는 우리에게 당신을 알려주시기로 작정하셨습니다. 그리고 우리 역시 하나님께 우리를 알려 드리고 있습니다. 우리는 그렇게 믿고 있습니다. 시편 139편의 말씀은, 하나님께 우리를 알리는 것, 그리고 하나님과의 친밀감이 지니는 관계를, 시편 기자가 느낀 대로 표현해주고 있습니다:

주님, 주께서 나를 샅샅이 살펴보셨으니, 나를 환히 알고 계십니다. 내가 앉아 있거나 서 있거나 주께서는 다 아십니다. 멀리서도 내 생각을 다 알고 계십니다. 내가 길을 가거나 누워 있거나, 주께서는 다 살피고 계시니, 내 모든 행실을 다 알고 계십니다. 내가 혀를 놀려 아무 말 하지 않아도, 주께서는 내가 그 혀로 무슨 말을 할지를 미리 다 알고 계십니다. 주께서 앞뒤를 둘러싸 막아주시고, 내게 주의 손을 얹어주셨습니다. 이 깨달음

이 내게는 너무 놀랍고 너무 높아서, 내가 감히 측량할 수조차 없습니다. (시편 139편 1~6절)

하나님께서 우리를 이토록 완벽하게 잘 알고 계신다고 하는 압도적인 인식은 하나님과 인간의 의미 깊은 만남에서 비롯되며, 동시에 그러한 만남으로 이끌어줍니다. 이 단계에서 하나님의 간섭을 느끼는 사람은 언제나 하나님과의 깊은 연결 의식을 지닙니다. 사실, 우리를 알고 싶어 하시는 하나님의 욕구를 경험하고 나면, 더더욱 기도와 예배를 통해서 우리를 알려 드리고 싶어집니다.

이와 마찬가지로, 결혼생활에서도 친밀감은 우리가 배우자에게 얼마나 잘 알려졌다고 느끼는지와 관련이 깊습니다. 배우자가 "나를 탐구하고" "내 생각을 알아차렸다"고 말할 수 있을 때 비로소 우리는 배우자와의 친밀감을 느낄 수 있습니다.

"나의 길을 탐구하고 …… 내 길을 전부 알고 싶어 하는" 배우자를 둔 사람은 복이 있나니.

배우자가 "나의 길을 전부 알고 있다"고 느끼는 것, 그리고 여전히 나를 사랑하고 있다는 사실을 깨닫는 것은, 굉장한 경외심을 불러일으킵니다.

계시의 행동적, 언어적 원천

계시는 부부 사이에서 끊임없이 발생합니다. 우리는 배우자의 신체 언어, 행동, 침묵, 표정, 시간과 에너지 사용 등을 계속해서 해석합니다. 이러한 행동적 계시는 배우자의 이야기를 들여다 볼 수 있는 중요한 창문입니다. 하지만 이것도 생각, 감정, 가치관을 완전히 파악할 수 있을 만큼 충분한 단서는 못 됩니다. 우리는 배우자의 직접적인 말을 듣고서야 그 사람의 가장 심오한 동기와 관심을 알 수 있습니다.

> 내가 아직 외출 준비를 못 마쳤는데 만일 앤디가 차고로 가서 차를 진입로로 후진시킨다면, 그것이 무엇을 뜻하는 건지 쉽게 짐작할 수 있다. 그의 행동에는 이런 뜻이 담겨 있다. "난 지금 바빠; 우리가 오늘 늦으면 다 당신 잘못이야!" 혹은 "난 외출 준비가 다 끝났는데 당신은 아직도 안 끝나서, 나 화났어!" 하지만 말을 확실히 해줘야 나도 남편이 일찍 밖에 나가서 에어컨을 켜고 차를 식히기 시작했다는 걸 알 수 있다. 행동만으론 명확하지가 않다; 직접 대화를 주고받아야만, 나도 그가 어떤 걸 요구하거나 비난하기보다는 그저 나를 걱정하고 있다는 사실을 명확히 알 수 있다.

우리가 배우자에게 "심중"을 알려주기로 작정하지 않는다면, 배우자는 우리의 행동을 통해서 덜 명확한(때로는 아예 잘못된) 인상을 받게 됩니다.

자기의 신비

어쩌면 여러분은 속으로 이런 생각을 하고 있을지도 모릅니다. "하지만 하나님께서 우리에게 모든 걸 알려주시지는 않잖아." 예, 맞습니다. 하지만 그건 모든 사람들의 본성입니다. 우리의 내적 영역, 완전한 이야기는 그 누구에게도 완벽하게 알려질 수 없습니다. 우리 자신에게도, 다른 사람들에게도 마찬가지입니다. 이런 의미에서 우리 모두는 측량할 수 없는 신비 속에 어느 정도 가려져 있습니다. 그러므로 아무리 파헤친다 할지라도, 우리 자신(self)에 관한 대화는 결코 완전해질 수 없습니다.

그래도 다행인 것은, 모든 대화가 여전히 가능성으로 가득 차 있다는 것입니다; 대화는 결코 끝나지도 않고 없어지지도 않습니다. 우리가 사용하는 모든 단어와 구들이 좀 더 깊은 의미를 지닐 수 있습니다. 배우자에게는 우리가 계속해서 탐구해야 할 깊이가 있으며, 우리 자신에게도 우리가 발견하고 알려주기로 작정할 수 있는 깊이가 남아 있습니다. 완벽한 친밀감은 결코 형성될 수 없습니다. 하지만 그것은 우리가 자기 마음과 정신의 성스러운 영역으로 배우자를 좀 더 깊이 초대함으로써 몇 년이고 계속해서 추구해야 할 목표입니다.

배우자를 알고 싶고 배우자에게 우리를 알려주고 싶을 때, 우리는 하나님의 영이 새로운 이해의 깊이를 촉진시킬 수 있도록 우리 안에서, 우리 가운데서 역사하고 계심을 믿습니다. 사도 바울은 로마서에서 다음과 같은 사실을 전해줍니다. "우리는 어떻게 기도해야 할 것도 알지 못하지만, 성령께서 친히 이루 다 말할 수 없는 탄식으로, 우리를 대신하여 간구하여주십니다."(8장 26절) 계속해서 그는 이렇게 말합니다. "사람의 마음을 꿰뚫어 보시는 하나님께서는, 성령의 생각이 어떠한지를 아십니다." 이것은 곧 우리조차도 명확히 알지 못하는 우리의 생각과 느낌을 하나님께서 다 알고 싶어 하신다는 증거입니다. 바로 그 성령께서 부부 사이, 남편과 아내 사이를 중재해주고 계십니다. 우리가 아직 이름도 못 붙이고, 의식하지도 못하고, 말하지도 못한 생각과 느낌들을 중재해주시는 것입니다. 하나님의 존재를 초청하세요. 성령님을 믿으세요. 그리고 받아들이세요.

대화를 위한 윤리적 기준

대화는 친밀감을 형성해줄 뿐만 아니라 망가진 관계를 치유해줄 수도 있습니다. 그렇지만 대화를 정반대의 목적으로 사용하는 경우도 있습니다. 드러내기보다는 감추기 위해서, 개방하기보다는 폐쇄하기 위해서, 진실을 말하기보다는 거짓을 말하기 위해서 대화를 하는 경우가 있는 것입니다. 언어를 이렇게 비윤리적으로 사용하는 것은 친밀감이 아니라 소외감을 안겨줍니다. 그러므로 그리스도인의 사랑은, 배우자와의 대화에 대해 기본적인 책임을 질 수 있도록 어떤 윤리적인 기준이 있어야만 합니다.

감추거나 움츠러들지 않고 드러내기

죄의 의미 가운데 한 가지는 하나님의 사랑을 인정하지 않으려 드는 것, 사랑의 관계에 참여하라는 하나님의 초청을 거부하는 것입니다. 우리는 대화를 하지 않고 움츠러듦으로써 — 배우자가 우리의 내적 자아와 관계 맺을 수 있는 기회를 박탈함으로써 — 죄를 지을 수 있습니다. 사사로운 만남을 통해서만 우리를 알려주거나, 혹은 우리 자신을 감추거나 왜곡하는 쪽을 선택할 수도 있습니다 — 이것은 아주 효과적으로 친밀감을 차단하는 행위입니다.

안심하고 "개방하는" 배우자를 둔 사람은
복이 있나니.

배우자가 많은 것을 감추고 알려주기를 거부할 때, 우리는 외롭고 버림받은 듯한 느낌을 받게 됩니다. 그리고 그 외로움이 점점 더 커지고 친밀감에 대한 갈망이 짙어지면, 다른 사람과의 관계에 자극을 받기가 쉬워집니다. 특히 자기를 잘 드러내줄 것 같고 심오한 단계의 친밀감을 형성할 수 있을 것처럼 보이는 사람에게 빠지기 쉽습니다.

워렌은 결혼생활에 "뭔가 변화를 주기" 위해서 치료를 받기 시작했다. 그렇다면 지금의 결혼생활이 본래 원하던 형태가 아니라는 사실을 그가 어떻게 깨달았을까? 그것은 다른 여자를 꿈꾸고 있는 자신을 발견했기 때문이었다. 관능적이고 성적인 이미지가 아니라(틀에 박힌 성 이미지와는 전혀 달리), 그저 얘기를 주고받을 수 있는 친밀한 대화 상대에 대한 환상을 지니고 있었던 것이다. 워렌과 그의 아내인 로빈은 서로의 생각이나 느낌을 대화로 나눠본 적이 거의 없었다. 워렌은 비판을 두려워했고, 로빈은 갈등을 두려워했기 때문이다. 워렌은 로빈에게 자기 자신을 좀 더 드러내는 위험을 감수하기로 결심하였다. 로빈은 워렌의 진취적인 모습에 많이 기뻐했고, 결국은 자신도 좀 더 많은 것들을 드러내는 위험을 감수하기 시작하였다. 그들은 천천히, 그러나 의미 깊게, 좀 더 친밀한 대화를 향하여 발전해 나갔다.

거짓보다는 정직

기본적인 정직은 신뢰에 가장 크게 기여하는 요소입니다. 에베소서에서 "거짓을 버리고" "참된 말을 하라"(4장 25절)는 권고는, 예수 그리스도를 따라 전혀 다른 "삶을 살기로" 약속한 사람들의 생활방식을 잘 보여줍니다. 우리 자신을 잘못 전달할 때, 그것은 곧 부정직한 기능을 수행하는 셈이며 대화를 웃음거리로 만드는 셈입니다.

재키는 여섯 달 전에 결혼예식을 올렸다. 그녀는 남편의 사랑을 확신하였으나, 남편이 진실하지 못하다는 사실을 여러 차례 발견하였다. 그리하여 현재 "초조하고 남편이 의심스러운 상태"에 있다. 그녀는 남편이 진실을 얘기하고 있는지 아니면 뭔가를 감추거나 잘못 전달하고 있는지, 끊임없이 의심하고 있다. 그로 인해 빚어진 끔찍한 결과들 중 하나는 바로 자신이 바라는 만큼 완벽하게 관계 속으로 뛰어들 수 없다고 하는 사실이다. 물론 그 결과, 그들 부부 사이에 친밀감이 형성되기는커녕, 점점 더 거리가 멀어지고 소외감을 느끼는 관계가 되고 말았다.

부정직한 사람과 친밀감을 형성한다는 것은 절대로 불가능한 일입니다.

예수님은 이렇게 말씀하셨습니다. "진리를 알게 될 것이요, 진리가 너희를 자유롭게 할 것이다."(요한복음 8장 32절) 대화는 상대방에 관한 진실을 알게 해주며, 친밀한 관계 속으로 들어갈 수 있도록 자유를 줍니다. 그러나 배우자 쪽에서 겁을 먹고 있다든가, 상처받기 쉽다고 느낀다든가, 통제하기 위해 애쓰고 있다면, 자칫 대화를 잘못 사용할 수도 있습니다. 그런 배우자는 사실을 왜곡하거나, 기만하거나, 현실을 잘못 전달하는 데 대화를 사용하게 될 것입니다.

정직하게 사실을 말하는 배우자를 둔 사람은 복이 있나니.

혼동보다는 명백

혼동을 만든 이는 하나님이 아니라고, 성서는 우리에게 가르쳐 줍니다. 우리는 마태복음 5장 37절에 나와 있는 것처럼, "예" 할 때에는 "예"라는 말만 하고, "아니오" 할 때에는 "아니오"라는 말만 하라는 예수님의 말씀을 진지하게 받아들여야 합니다. 만일 이 모델을 잘 따르기만 한다면, 우리의 대화는 단순하고 직접적인 주장이 될 것입니다. 결혼생활 속에서 우리는 배우자가 해석하기 쉽도록 명료하게 전달해야 할 책임을 지니고 있습니다.

사도 바울은 방언하는 풍습을 비판하면서, "피리나 거문고 같이 생명이 없는 악기도, 음색이 각각 다른 소리를 내지 않으면, 피리를 부는 것인지, 수금을 타는 것인지, 어떻게 알 수 있겠습니까?"(고린도전서 14장 7절)라고 지적합니다. 또한 바울은 군대의 비유를 들어서, 나팔이 분명하지 않은 소리를 내면, 누가 전투를 준비하겠느냐고 묻습니다. 암시와 풍자는 아무런 도움도 못 됩니다. 배우자에겐 우리 마음속을 미리 알아채야 할 책임이 없습니다. 직선적으로 얘기하세요. 그리고 일관된 메시지를 유지하세요.

> 대화를 통해 이해하려고 전심으로 노력하는 배우자를
> 둔 사람은 복이 있나니.

명백함이 왜 중요할까요? 바울은 고린도전서 14장 8~11절에서 좀 더 자세한 설명을 덧붙입니다. 11절을 들여다보세요. "내가 그 말소리의 뜻을 알지 못하면, 나는 그 말하는 이에게 외국인이 되고, 그도 나에게 외국인이 될 것입니다." 배우자가 언어를 사용하여 혼동을 일으키거나, 사실을 왜곡하거나, 감추려 든다면, 그 부부는 서로에게 외국인일 수밖에 없으며, 그 상태로는 친밀감도 전혀 형성할 수 없습니다.

통제보다는 상호관계

대화는 상대방을 통제하기보다는 서로 합의에 도달하는 것을 목표로 합니다. 부부는 서로 새로운 관점을 권하되, 자신의 견해를 배우자에게 강요하려고 들어서는 안 됩니다. 대화는 배우자의 관점을 끊임없이 존중해주는 가운데 이루어져야 합니다. 조종이나 착취는 결코 부부간의 대화의 목적이 될 수 없습니다.

워렌은 아내 로빈과의 거리가 너무도 멀어서 다가갈 수가 없었다. 그래서 그는 혼자서 치료를 받으러 왔다(앞에서도 얘기했듯이). 그는 아내와의 거리감 때문에 만족스럽지가 못했고, 갈등은 점점 더 커져만 갔다. 워렌이 발견한 사실들 가운데 가장 중요한 것 하나는, 로빈의 기분을 언제나 자신이 원하는 대로 만들려고 애쓴다는 것이었다. 뭔가에 대해서 느낌을 물었을 때 로빈의 대답이 자기 생각과 다를 경우, 그는 어떤 식으로 대답해야 하는지를 일일이 로빈에게 지적하였다. 물론 로빈은 화를 내다가, 조용해지고, 움츠러들었다. 로빈은 자신의 느낌을 스스로 인식하고, 또 그 느낌을 워렌이 존중해주기를 원했다. 그래서 그녀는 워렌에게 말했다. 자기 생각과 감정도 알 수 없을 정도로 멍청하진 않다고. 워렌은 마침내 깨달았다. "아내가 왜 '난 절대 이길 수 없어' 라는 말을 입에 달고 사는지, 그동안 전혀 이해하지 못한 게 당연해요." 그는 로빈이 자신의 이야기를 드러낼 수 있도록 초청하고, 그녀의 생각을 귀담아 들은 뒤, 그것을 받아들이고 존중해주기 시작하였다.

하나님께서 부부관계를 위해 계획하신 상호관계와 파트너십의 원칙에 관해서는 제5장에서 설명하겠습니다.

친밀한 대화의 조건

자기-노출은 결코 쉬운 일이 아닙니다. 우리는 진정한 자아를 숨겨야만 하는 경우가 많은 문화 속에서 살고 있습니다 — 때로는 잘못 전달해야만 하는 경우도 있지요. 직장과 이웃, 교회, 심지어는 확대가족 속에서도, 일상적인 생활을 협상하기 위하여 "적절한" 내용과 "수용할만한" 말투에 관심을 기울여야 합니다. 누군가가 "안녕하세요?" 하고 물었을 때, 우리는 솔직하게 대답을 할 수가 없습니다. 신뢰와 비밀의 문제가 명확하지 않기 때문이지요. 우리는 다른 사람에게 얼마나 상처받기 쉬운지를 언제나 염두에 두고 있어야 합니다.

그렇지만 결혼생활은 자신을 좀 더 완전하게 개방할 수 있는 가능성을 지니고 있습니다. 결혼생활은 가장 깊숙한 기쁨과 슬픔, 두려움과 꿈을 염려 없이 드러내는 안전한 장소가 될 수 있습니다. 하지만 결혼생활이 그런 성역이 될 수 있으려면, 우선 몇 가지 조건이 충족되어야만 합니다.

신뢰

내적인 자아를 남에게 드러낸다는 것은 상처받기 쉬운 일입니다. 그런 부분을 배우자에게 털어놓았을 때 배우자의 반응은 어떨까요? 우리는 자신이 드러낸 것을 배우자가 애정과 존중으로 다루어줄 것이라고 믿어야 합니다. 조롱하거나 비판하거나 거부할지도 모른다는 의심이 생길 경우, 피상적인 관계를 맺거나, 사실을 왜곡하거나, 함께 대화를 나누는 것을 그만두게 될 것입니다. 우리 자신을 보호하기 위해서 말이죠. 바로 이 안전하지 못하다는 느낌 때문에 많은 부부들이 결혼생활 속에서 배우자에게 보이지 않는 장벽을 쌓게 되는 것입니다.

밥과 수잔은 부부 상담사를 찾아가보기로 결심했다. 결혼한 지 겨우 11개월밖에 안 되었는데 왜 그토록 서로가 멀게 느껴지는지를 알아보기 위해서였다. 그리고 그들은 중요한 사실 한 가지를 발견하였다. 밥은 원래 감수성이 아주 예민한 사람인데,

어렸을 때부터 자신의 감정을 드러내지 않는 터프가이 모델을 가지고 성장하였다. 그래서 언제나 감정을 억제해왔다. 수잔과 결혼하면서 그는 드디어 개방적인 생활을 할 수 있으리라 기대하였다. 신혼시절, 그는 영화를 보다가 눈물을 흘렸다. 수잔은 그런 밥이 불편했고, 어떻게 해야 할지 몰라서 그만 웃어버리고 말았다. 그 순간 밥은 너무도 당황했고, 자신이 완전히 노출된 느낌, 조롱당한 느낌을 받았다. 그 후로 그는 "문을 닫아버렸다." 이제 그들 부부는 좀 더 개방적인 대화를 나누기 위해 치료를 받고 있다. 밥은 수잔이 자신의 감정적 자아를 비웃지 않을 것이라고 믿으려 애쓰고 있다. 수잔 역시 밥을 좀 더 친밀하게 알고 싶은 마음을 제대로 전달하지 못했다는 사실을 깨달았다. 그녀는 이제 밥이 스스로를 보여주고 확실히 개방할 수 있도록 권유하고 있다.

과거에 부모나 다른 중요한 인물에게 신뢰를 침해당한 사람의 경우, 이러한 신뢰의 발달이 더더욱 필요합니다.

완전히 믿을 수 있는 배우자를 둔 사람은
복이 있나니.

비밀 유지

우리의 내적 자아에 관해 새로운 지식을 소유하게 된 배우자는 이제 어떤 행동을 취할까요? 우리는 배우자가 부부간의 파트너십이 허용하는 범위의 울타리를 지켜줄 것이라 믿어야 합니다. 여기에서 울타리라 함은, 사생활과 안전이 보장될 정도의 특별한 관계를 형성해주는 눈에 보이지 않는 방어막을 뜻합니다. 우리는 이 관계가 다른 어떤 관계들보다 우선순위에 있다고 여겨야 합니다. 배우자가 우리의 내적 자아나 관계의 원동력을 허락 없이 함부로 외부 사람에게 유출하지 않으리라고 믿어야 합니다. 배우자가 우리를 노출시키지 않으리라고 믿어야 합니다.

이러한 울타리를 치는 것이 언제나 쉬운 일은 아닙니다. 비밀을 유지해야 할 울타리에 관하여, 사람마다 각각 다른 생각을 지니고 있기 때문입니다.

배리는 아내 코니에게 자신의 생각을 털어놓지 않으려고 얼마나 애쓰고 있는지를 설명하였다. 코니는 "금세 자매나 단짝 친구들에게 전화를 걸어서 얘기해버리는" 사람이기 때문이다. 배리는 좀 더 "은둔적인" 사람이었다. 그렇기 때문에 자신의 생각이나 느낌을 코니가 다른 사람들에게 말해버릴 때마다 "벌거벗은" 느낌이 들었다. 하지만 코니는 "자신을 이해해주고 공감해줄만한 사람들에게 느낌을 털어놓는" 것이 중요하다고 말했다. 그녀는 부부의 삶을 자매나 단짝 친구들에게 "공개하는" 것에 대해서 전혀 당황해하지 않았다. 그녀가 보기에는, 배리가 공개를 두려워하는 것이야말로 자신이 원하는 친밀감을 형성하지 못하는 최대 원인인 것 같았다. 몇 주 동안 그녀는 배리의 요구를 거절하였다. 하지만 결국에는 배리의 울타리를 존중해주겠노라고 동의하였다. 다른 사람들에게는 그녀 자신의 내적 자아만을 공개하겠노라고, 배리에 관해서는 얘기하지 않겠노라고. 배리의 내적 자아와 결혼생활 가운데 어떤 측면들을 비밀로 유지해야 하고 어떤 측면들을 공개해야 하는지, 배리에게 먼저 확인하겠노라고 약속했다. 이러한 결정을 내린 후로 배리는 코니에게 좀 더 개방적인 사람이 되었고, 이로 인해 그들의 친밀감이 놀라보게 강해졌다.

여기에서 우리가 주목해야 할 것은 성별의 차이입니다. 대부분의 남자들과 마찬가지로, 배리는 자기 내면의 생각이나 느낌을 친구들에게 거의 털어놓지 않습니다. 자신이 상처 입을 수도 있는 감정들은 더더욱 공개하지 못하지요. 하지만 대부분의 여자들처럼, 코니는 가깝다고 여기는 사람들에게 자신의 생각과 느낌을 자유롭게 털어놓습니다.

알고 싶은 욕구

우리는 배우자가 진심으로 우리 이야기를 좀 더 완전하게 알고 싶어 한다고, 우리의 자아를 좀 더 깊이 알고 싶어 한다고 믿어야 합니다. 배우자가 우릴 사랑한다면 우리가 공유해야 할 이야기에도 관심을 기울여줄 것입니다. 배우자가 정말로 우리에 관해 알고 싶어 하는지를 의심할 경우, 우리는 자기 자신을 드러내기보다는 오히려 숨기려 들 것입니다. 마찬가지로, 우리는 배우자의 내적인 자아에도 관심을 보여야 합니다. 배우자가 자기 이야기를 공개할 수 있도록 권유해야 합니다 — 우리가 배우자의 이야기를 좀 더 알고 싶어 한다는 사실을 말로나 행동으로 입증해야 하는 것입니다.

주의 깊은 경청

배우자가 주의 깊게 들어준다면, 그리고 우리를 진지하게 받아들이고 있다는 사실을 확신한다면, 좀 더 깊이 있는 생각과 느낌을 솔직하게 털어놓을 수 있을 것입니다. 반대로, 배우자가 만일 지루해하는 것처럼 보인다거나, 솔직히 털어놓는 게 시간 낭비인 것 같은 메시지를 전달한다거나, 얼른 서둘러서 얘기를 끝마치라고 요구한다면, 결코 더 깊이 있는 곳으로 자유롭게 나아가지 못할 것입니다. 주의 깊고, 훈련이 잘 되고, 공감을 잘 해주는 경청은 친밀감을 형성하는 데 굉장한 기여를 합니다. 그렇기 때문에 상대방이 텔레비전을 보고 있다든가, 책을 읽고 있다든가, 다른 활동을 하고 있을 때에는, 솔직한 공개가 이루어질 수 없습니다. 결혼생활에서 가장 진귀한 선물들 가운데 하나는, 부부가 서로 주의 깊게, 집중해서, 관심을 기울인 채로, 상대방이 자기 이야기에 온전히 귀를 기울이고 있다고 느낄 수 있을 만큼 경청할 때에 주어집니다.

시간과 끈기

우리는 배우자가 시간을 내서 우리의 이야기에 귀를 기울여 줄 것이라고 확신해야 합니다. 자신의 이야기를 완전히 공개하는 데에는 많은 시간이 걸립니다. 이것은 출근하기 전 5분 동안이나 잠자리에 들기 전 5분 동안에 할 수 있는 이야기가 결코 못 됩니다. 그러면 왜 나를 공개하는 데 많은 시간이 필요한 걸까요? 그것은 나 자신도 어떤 사건에 대한 생각이나 느낌을 확실히 파악하지 못하고 있을 수 있기 때문입니다. 예를 들면 배우자가 이렇게 물어봅니다. "그 영화(혹은 책, 사고, 뉴스, 연극)에 대해 당신은 어떻게 생각해?" 그런 경우 아직 대답할 준비가 안 되어 있을 수도 있습니다. 감정은 격해지고, 생각은 뒤죽박죽 엉킬 수도 있습니다. 대답을 준비하는 데에는 어느 정도의 시간이 필요합니다. 어쩌면 몇 시간이나 며칠을 생각해야 할 경우도 있습니다. 또 생각을 마친 후라도, 그것을 개념화하고 적당한 말을 찾으면서, 서서히 대답을 만들어갈 수 있습니다. 친밀감을 원하는 부부는 서로가 자신의 생각과 느낌을 인식하고 그것을 상대방에게 전달하는 데 시간을 쏟아야만 합니다.

시간을 들여서 주의 깊게 경청해주는 배우자를 둔 사람은 복이 있나니.

이런 부부는 좀 더 공유하기 위한 두 번째 대화에도 적극적인 자세를 취할 것입니다. 다음 날 저녁 식사 시간에, 이런 질문이 다시금 대두될 것입니다. "그 영화(책, 사고, 뉴스, 연극)에 대해서 뭔가 좀 더 생각해봤어?" 우리의 대답을 삶의 정황에 맞게 공유하는 것은 연설을 준비하는 것과도 같습니다; 몇 차례의 초고를 작성해야만 하는 것입니다. 친밀한 부부는 각자의 초안에 귀 기울여줄 시간을 투자하고, 최종 원고가 나오면 처음보다 더 진지하게 귀를 기울여줍니다.

연습문제: 친밀한 대화를 위한 여러분의 조건을 살펴보세요.

친밀한 대화에 필요한 기본적인 요건들(신뢰, 비밀 유지, 알고 싶은 욕구, 주의 깊은 경청, 그리고 시간과 끈기)에 관하여 서로 논의해보세요. 이것들 가운데 어떤 것이 여러분에게는 가장 좋은가요? 어떤 것이 여러분의 경우 좀 더 친밀한 대화를 가능하게 만들어주나요? 상황을 변화시킬만한 행동 수정 계획을 세워보세요(서약서 작성에 관해서는 제8장을 읽어보세요).

알려주는 데 대한 두려움

하지만, 이 모든 조건들이 다 갖추어져 있는데도 여전히 두려움을 느끼는 사람이 있습니다. 그 사람은 자신을 명확하게 전달하지 않았다거나, 배우자에게 자신을 드러내놓길 거부하고 있다는 사실을 스스로 잘 알고 있을 것입니다. 왜 자신을 명확하게, 정직하게 공개하지 못하는 걸까요? 여러 가지 이유 때문에 여러분은 대화가 고통스럽고, 갈등을 일으키고, 절망적이고, 당황스러울 것이라고 지레짐작합니다. 그래서 위험을 감수하기보다는 차라리 텔레비전을 보거나, 야근을 한다거나, 일찍 잠자리에 들거나, 자녀들에게 집중하거나, 신문을 읽게 됩니다. 그러면 상황이 어떻게 돌아갈까요? 여러분이 왜 저항하게 되는지, 왜 여러분을 깊이 있게 표현하려고 할 때마다 재빨리 두려움이 스며들어 차단해버리는지, 알고 싶습니까? 그러려면 예전에 여러분이 자기를 공개했던 경험들을 다시금 되돌아볼 필요가 있습니다.

　어린 시절 자신을 표현하려고 할 때마다 혹시 갈등에 휩싸인 것은 아닌가요? 어떤 요구나 견해를 표현할 때마다 사람들이 조롱한 적은요? 어린 시절 가족과 친구들은 여러분의 생각과 감정을 비웃으면서, 어리석고 무식하다고 조롱하지 않았습니까? 여러분이 감정을 설명할 때마다 잔인하게 비판하고 거부하지는 않았습니까? 여러분은 가족이나 친구, 전남편, 전부인의 배신을 경험한 적이 있습니까? 자신을 다른 사람에게 공개했는데, 그 사람이 이 정보를 이용하여 상처 입힌 적이 있습니까? 상대방에게 자신의 솔직한 느낌과 생각을 털어놓았다가 혹시 발가벗겨진 듯한 느낌, 당황스럽고 불안한 느낌, 상처 입은 느낌을 받은 적이 있습니까? 만일 위의 질문들 가운데 하나라도 그렇다는 대답을 했을 경우, 여러분은 어린 시절에, 혹은 그 이후에, 중요한 사람과의 관계에서 내면의 영혼을 솔직하게 알려주는 것은 너무나도 위험한 짓이라는 결론을 내리게 된 것이 틀림없습니다.

올리버는 어린 시절과 첫 번째 결혼생활에서 너무나도 깊은 상처를 입었다. 그 결과 그는 재혼한 달린에게 자신을 개방하는 데에도 큰 어려움을 겪고 있다. 그는 자기를 숨기려 드는 편이다. 아내가 비난하고 조롱할까봐 겁이 나기 때문이다. 이 경우, 치료의 관건은 올리버 자신이 옛날의 상처를 치유하려는 노력, 달린은 좀 더 믿을 만한 사람이라고 — 달린이 올리버를 상처입히기보다는 좋은 느낌을 갖고 싶어 한다고 — 믿으려는 노력을 기울이는 것이다. 그들은 부부관계 향상그룹에 들어가 정기적으로 모임에 참석하였다. 거기서 올리버는 다른 부부들을 지켜보면서, 얼마든지 신뢰가 깃든 관계 속에서 안전하게 자신을 공개할 수 있다는 사실을 깨닫게 되었다.

우리를 공개하는 순간, 실제로 조롱을 당하거나, 반박에 부딪치거나, 거부를 당하거나, 비난을 당하거나, 갈등에 부딪칠 수 있습니다. 그렇기 때문에 신뢰가 더더욱 중요한 것입니다. 뭣보다 중요한 것은 진실입니다: 진정한 자아를 드러내지 않고서는, 자신을 알려주는 위험을 감수하지 않고서는, 절대로 친밀감을 형성할 수 없습니다. 앞에서 언급했던 신학적인 개념들, 그리고 배우자에 대한 새로운 신뢰와 더불어, 자신을 알려주기 위해 한 발짝 전진할 수 있습니다. 상담사를 만나보는 것도 두려움을 극복하는 데 도움이 될 것입니다.

성별의 차이

　남자와 여자는 사회화 과정부터가 서로 다릅니다. 그러기에, 남자와 여자가 서로 다른 목적을 가지고 대화에 임하는 것, 서로 다른 방식으로 자기를 표현하는 것도 어찌 보면 당연한 일입니다. 결국 대화는 세상과 소통하기 위한 방법입니다. 세상이 우리 성별에 적합한 행동 양식 모델을 제시해주면, 우리의 대화 형태는 자연히 그 모델을 반영하게 되어 있습니다. 심지어, 남자와 여자간의 대화는 그 목적과 의미가 너무 달라서 서로 다른 문화 간의 경험이라고 해도 과언이 아니라고 주장하는 학자들이 있습니다.
　우리는 이런 대화 유형들이 "선천적인" 것이라든가 생물학적인 조건에 근거한 것이라고 생각하지 않도록 조심해야 합니다. 대부분의 남자들은 여자에게 좀 더 일상적인 형태로 대화하고, 또 대부분의 여자들은 남자에게 좀 더 일상적인 형태로 대화하기 때문입니다. 부부관계 향상과정에서 우리가 성별의 차이에 관해 설명하면, 대부분의 부부들은 자신의 대화 형태가 성별에 따른 여러 가지 특징들과 일치한다고 얘기합니다. 그렇지만 사실 남편들의 대화는 아내에게 좀 더 익숙한 특징을 지니며, 반대로 아내들의 대화는 남편에게 좀 더 익숙한 형태의 특징을 지닙니다. 다음에 설명해놓은 차이점들을 읽어보고, 여러분은 어느 정도 해당되는지 살펴보세요. 특유의 성장 환경이나 경험들로 인해 어쩌면 여러분은 반대의 성에 더 가까운 대화 유형에 길들여졌을지도 모릅니다.

여자들의 대화:
목적과 유형

여자들은 평등과 관계를 중요시합니다. 그러므로 대부분의 여자들이 대화를 나누는 주된 목적이 관계를 형성하고, 관계를 발전시키고, 관계를 길러나가는 것이라고 해도 과언이 아닙니다. 여자들은 대화를 통해서 지지 의사를 밝히고, 친밀감을 경험하며, 유대감을 강화시킵니다. 여자들의 대화는 다음과 같은 몇 가지 특징을 지닙니다:

후원적. 대부분의 여자들은 돌보는 사람, 다른 이들을 기분 좋게 해줄 책임을 지닌 사람으로 사회화됩니다. 그러기에 여자들이 대화를 이용하여 남을 후원하고, 공감을 표현하고, 격려의 메시지를 전달하는 것은 전혀 이상할 게 없습니다. 여자들은 종종 이런 식으로 의견을 이야기하곤 합니다: "나도 그렇게 느낀 적이 있어. 네가 지금 어떤 느낌인지 알아." 여자들의 대화 형태는 호응도가 높다는 평을 받아왔습니다. 이야기를 듣고서 상대방이 중요한 인물, 소중한 인물이라는 느낌을 갖도록 반응을 보일 줄 알기 때문입니다. ("그거 놀라운데!" 혹은 "너 때문에 정말 흥분했어!" 혹은 "어떻게 그런 일을 견뎌냈니? 상상도 안 된다.")

협동적. 여자들은 대체로 경쟁적이기보다는 협동적인 기능을 수행하도록 사회화됩니다. 여자들의 대화는 좀 더 마음을 끌며, 상대방이 여유를 갖고서 대화에 뛰어들어 느낌과 생각을 표현할 수 있도록, 상대방의 생각에 대해 전혀 반대하거나 경쟁하지 않습니다. 여자들은 대화를 하면서 서로 논쟁하는 일이 거의 없습니다; 오히려 여자들은 어떤 관점에 대해 상대방을 "이겨야만" 한다는 느낌이 전혀 없이 여러 가지 견해들을 계속해서 공유하는 편입니다.

참여적. 여자들의 대화는 다른 사람의 참여를 이끌어내는 방식으로 이루어지는 경향이 짙습니다. 종종 기권의 표현을 동반하는 경우가 많으며("확실히는 모르겠지만, 내 생각에는 ……"), 주장의 말미에 질문을 붙여 넣는 것도 하나의 특징입니다("이제 냉장고를 바꿀 때가 된 것 같은데, 당신은 어떻게 생각해요?"). 주고받기 형식으로 경험을 동일시하는 것도 상대방이 서로 동등하다는 느낌, 서로 연결되어 있다는 느낌을 갖게 해 주는 방법입니다.

감정적. 남자에 비해, 여자들은 감정을 두려워하지 않습니다.

여자들은 자신이 처한 삶의 상황들에 대하여 자유롭게 감정을 공유합니다. 여자들은 삶에 대한 감정적 반응이 대화에 포함되어야만 관계가 발전할 수 있다고 생각합니다. 느낌을 공유하는 것 역시 다른 사람과의 동일시를 허용해주고 "이 점에서 우리는 모두 하나다"라는 생각을 강화시켜줍니다. 정서적 공유는 여자들 간의 관계를 돈독히 해주고 친밀감과 우정도 키워줍니다.

남자들의 대화: 목적과 유형

대부분의 남자들은 의존이나 상호의존보다는 독립을 중요하게 여기고, 통제당하기보다는 통제하고픈 욕구를 지니며, (더 높고, 더 낮고, 더 성공적인) 지위를 차지하는 것을 최고의 목표로 삼고, 독립과 통제권과 지위를 획득하는 데 있어서도 서로 협력하기보다는 경쟁적인 기능을 수행하도록 가르치는 사회 속에서 살고 있습니다. 그러므로 남성적인 대화 형태는 이러한 가치와 목적에 맞게 좌우되는 경우가 많습니다.

독립적. 남자들은 독립을 유지하기 위해서 대화를 이용할 수 있습니다. 그렇기 때문에 참여를 이끌어내기가 어렵습니다. 참여는 곧 상호의존을 의미하는 것이니까요. 남자들은 자신의 의견이 시험적이기보다는 최종적인 것처럼 말하는 경향이 있습니다. 그러니까 반응이나 비평을 이끌어내는 일이 거의 없습니다.

물론 남자들도 후원적인 대화를 할 수는 있습니다. 그러나 보통은 상대방의 사생활을 침범하지 않는 방식을 취합니다. 남자들의 대화는 상대방에게 공감을 이끌어내지 않는 게 보통입니다. 남자들은 질문을 하기보다는 주장을 펼치는 경우가 더 많습니다. 명령을 내리고 어떤 행동이나 생각을 지시하는 경향도 있지요.

통제적. 남자들은 통제하려 드는 성향 때문에 협력을 이끌어내는 방식의 대화를 나누기가 어렵습니다. 보통은 충고를 던지거나, 어떤 것을 고치는 방법을 제안하거나, 지식을 전달하는 방식의 대화를 할 때 좀 더 자유로움을 느끼지요. 남자들은 자신의 견해를 "관철시키기" 위하여 논쟁적인 형태의 대화를 자주 즐깁니다.

지위 의식적. 남자들은 대화를 통해서 경쟁을 펼칩니다. 견해를 피력하거나, 정보를 전달하거나, 자기 직관의 상대적 장점들에 관하여 논의할 때 그렇지요. 한 남자가 대화를 통해 지위를 얻고자 할 경우, 좀 더 많은 지식과 좀 더 탁월한 논쟁 기술을 증명해야만 합니다. 남성적인 대화 형태는 좀 더 단정적으로 자기 견해를 피력하는 경우가 많습니다.

반감정적. 남자들은 폭넓은 감정을 전달하는 일이 좀처럼 드뭅니다. 상처 입든가 조롱당할 수 있다는 두려움 때문에 부드러움, 불확실함, 열정, 슬픔 등의 감정을 보여주지 못하고 주저합니다. 남자들은 저돌적인 감정을 전달하는 데 좀 더 편안함을 느낍니다.

목적과 과정의 갈등

이렇게 남자와 여자의 대화는 그 목적과 형태가 서로 다릅니다. 그러니 생산적인 대화를 나누기가 그토록 힘든 것도 어찌 보면 당연한 일이지요. 남편과 아내의 대화는 지뢰밭을 걷는 것과도 같습니다. 어디가 위험한 지역인지 전혀 표시가 안 되어 있으며, 어느 순간 갑자기 터져버릴 수도 있습니다. 건강한 대화를 가로막는 잠재적 위험 요소들을 파악함으로써, 이 지뢰밭을 통과할만한 지도를 완성해보세요.

여보, 문제가 뭐예요?

남자와 여자는 종종 서로 다른 방식으로 후원을 표시합니다. 남자에게 대화란 목적을 이루기 위한 수단입니다. 그리고 보통은 도와주려는 노력을 통해서 후원을 표시합니다. 그런데 그들이 도와주는 방식은 상황을 고치려는 노력이지요 — 그래서 그렇게 충고를 하려고 드는 것입니다. 남자들은 어떤 문제에 관하여 논의할 때, 제안과 해결책을 제시하는 것이 보통입니다.

여자에게 대화란 그 자체가 의미 있는 과정입니다. 여자들은

상대방의 문제나 걱정거리에 공감함으로써 후원을 표시합니다
— 그래서 상대방의 느낌을 인정하고 관심을 표현하는 공감적
인 반응을 보여주는 것입니다. 여자들은 문제를 설명할 때 딱히
어떤 대답을 필요로 하거나 상황을 고쳐주길 바라거나 하지 않
습니다. 그저 자기를 이해해주고 공감해줄만한 사람과 관계 맺
기를 기대할 뿐이지요.

　어떤 아내에게 걱정거리가 있습니다. 그것을 남편과 의논해보
고 싶습니다. 다행히도 남편은 민감한 사람이어서 "여보, 문제가
뭐야?" 하고 물어봐주었습니다. 그녀는 "오, 아무 것도 아니에
요" 하고 대답하지만, 남편이 좀 더 자발적으로 대화를 이끌어주
기를 내심 기대하고 있습니다. 사건에 대해 설명하면서, 남편이
공감적으로 귀 기울여 들어주고 자신의 걱정거리를 이해하게 되
었음을 증명해주길 바랍니다 — 보통 여자 친구들은 그런 반응을
보여주었으니까요. 하지만 남성적인 양육 환경에서 자란 남편은
아내의 걱정거리를 바로 잡을 수 있는 방법을 제시하려 듭니다.

　아내는 남편의 "해결방안" 제시에 저항할 것입니다. 아니, 어
쩌면 화를 낼지도 모릅니다. 그러면서 남편이 자신에게 관심이
없다거나 무딘 사람이라고 생각하겠지요. 한편 남편은 아내가
충고해줄 사람이 필요해서 걱정거리를 털어놓았다고 생각합니
다. 남자들의 세계에서 살고 있는 그는 아내를 도와주어야 한다
고 생각합니다. 따라서 아내의 실망감을 결코 이해할 수 없습니
다. 오히려 자신의 충고를 따르지 않는 걸 보고 아내에게 무시
당했다는 느낌을 갖게 됩니다.

대부분의 남자들은 강한 힘을 최고로 강조하는 환경에서 자라납니다. 자급자족도 강한 힘에 포함되지요. 도움을 요청하는 것은 "나약한" 것으로 여겨집니다. 그러므로 남자들은 어떤 문제에 부딪칠 경우 그것에 대해 털어놓지 않습니다. 스스로 수치스럽게 여겨지거나, 남들의 눈에 의존적이고 부족한 사람으로 비칠까봐 두렵기 때문입니다. 아내가 "여보, 문제가 뭐예요? 오늘밤은 너무 조용하네요" 하고 물었을 때, 남편은 "아무 것도 아냐" 하고 대답합니다. 이 말을 남자들의 언어로 통역하자면 다음과 같습니다. "내 힘으로 해결할 수 있는 건 아무 것도 없어. 그 문제에 대해 당신에게 말하면, 내가 약한 남자로 느껴질 테고, 그러면 상처받기 쉬운 내 상태가 더욱 악화될 거야." 남자 친구들은 이 말을 금방 알아듣고 더 이상 질문을 던지지 않습니다. 곧바로 정치나 스포츠 얘기로 넘어가버리지요.

그렇지만, 관계를 중요시하는 아내는 후원의 의사를 표시하기 위해 좀 더 밀어붙일 수가 있습니다("나한테 말해 봐요, 도와줄게요." 혹은 "자, 어서요, 뭔가 당신을 괴롭히는 일이 분명히 있잖아요.") 여자 친구들에게는 이런 게 관심의 표현이자 심오한 대화로의 초대로 여겨지겠지만, 남편에게는 오히려 침범처럼 여겨질 수가 있습니다. 그래서 자신의 취약한 부분을 밀어붙이는 아내에게 화를 버럭 내게 되는 거지요("아무 문제없다고 말했잖아!"). 이로 인해 아내는 상처를 입게 되고, 소속감보다는 소외감을 느끼게 됩니다. 한편 남편은 아내의 침범에 대해 분노를 느끼고, 또 어쨌든 아내를 상처 입히고 만 데 대해서 죄책감을 느끼게 됩니다. 이후로 둘은 좀 더 거리감을 두고 침묵을 지키든가 다른 문제까지 논쟁을 벌임으로써, 서로의 분노와 공포, 상처를 표출하고 좀 더 큰 갈등을 겪게 됩니다.

"요점만 간단히!" 대 "그 밖에 무슨 일이?"

그 외에도 남자와 여자의 대화 형태가 서로 다른 점 한 가지는 상세함과 관련이 있습니다. 남자들은 하나의 이야기를 일목요연하게 하며, 상세한 이야기는 잘 곁들이지 않는 편입니다. 반대로 여자들은 주변이야기들을 좀 더 자세히 곁들이길 좋아하며, 특히 자신과 연루된 사람들의 이야기는 더더욱 그렇습니다. 또 남자들이 곁들이는 세부적인 이야기들은 개인과 상관없는 일반적인 정보 교환의 성격을 띠는 반면, 여자들이 곁들이는 세부적인 이야기는 좀 더 개인적이고 해설적인 성격을 띱니다. 남자들은 친구의 새 직장에 관해 이야기할 때 그 일의 성격에 관한 정보를 곁들이지, 그 친구의 느낌을 곁들이진 않습니다. 사실 그 친구의 느낌은 대화에 별로 중요한 요소가 아닐 수 있습니다. 하지만 여자들은 친구가 새로운 직업에 관해 이야기할 때, 그 친구의 느낌을 가장 중요한 요소로 삼을 수 있습니다. 그래서 남편에게 그 친구에 관한 이야기를 전달할 때, 친구의 느낌에 대한 자신의 해석을 자연히 덧붙일 수 있는 것이죠.

한동안 서로 만나지 못했던 여자 친구들이 개인적인 삶에 관한 대화로 주말을 몽땅 바칠 수 있다는 데 대해서 남자들은 기이하게 생각합니다. 남자들은 보통 직업이나 재정 같은 대외적인 사항들로 넘어가기 전에 한 시간 정도면 충분히 친구들과 개인적인 문제들에 관한 대화를 나눌 수 있기 때문이죠.

나(앤디)는 최근에 아들과 하루를 함께 보낼 수 있는 기회를 얻었다. 마침 같은 주간에 둘 다 시카고에 머물게 되었던 것이다. 일부러 일찍 도착한 우리는 하루를 함께 보냈다. 마침 아들은 우리 부부가 아직 못 만나본 아가씨와 특별한 관계를 맺기 시작한 참이었고, 나는 그 아가씨에 관해 좀 더 알아오라는 주디의 부탁을 받았다. 그리고 스콧이 지금까지 만났던 여자 친구들보다 좀 더 특별한 관계를 맺고 있다는 사실을 알게 되었다. 스콧은 그 아가씨가 누구인지, 어떻게 만났는지에 대해서 약간의 정보만 주었을 뿐, 자기 느낌에 대해서는 별다른 얘기를 안 했다. 물론 나도 그런 질문은 하지 않았다. 집에 돌아와서 들은 대로 전해주었더니, 주디가 놀라면서 이렇게 물었다. "그러니까 스콧과 하루 온종일 함께 지내면서 알아낸 게 고작 그것뿐이라는 거예요?"

감정의 중요성

부부간의 친밀감은 서로 얼마만큼 감정을 공유할 수 있느냐에 따라 그 발달 정도가 달라집니다. 대부분의 남자들은 부드럽게 애정 어린 감정을 표현하는 게 어렵다고 말합니다. 아마도 그들은 돌봄과 양육의 느낌을 표현하는 온화한 남성 역할의 모델을 거의 보지 못하고 자랐을 것입니다. 남자들은 자신을 연약하고 취약하게 여기도록 만드는 느낌 — 공포나 의심, 불안, 수치심 등등 — 을 표현하는 데에도 많은 어려움을 겪습니다. 남자가 그런 감정을 표현한다는 것은 많은 이들의 눈살을 찌푸리게 하는 일입니다. 강인함과 공격성이 칭찬받는 우리 문화에서 남자들은 그런 감정을 표출함으로써 혹시나 자신이 연약하고 덜 남자다운 사람으로 비칠까봐 두려워합니다.

이러한 두려움은 부부간의 대화 — 알고 알려주기 — 를 가로막는 커다란 장벽이 될 수 있습니다. 남자들에게 부드러운 감정이란 위협적인 것이므로 이런 긍정적인 감정들을 관계 안으로 끌어들이지 않으려 애쓰는 경우가 많으니까요.

> 마크는 4형제 중 하나다. 그의 가족은 강해지는 것, 감정을 드러내지 않는 것을 매우 중요하게 평가했다. 그래서 마크는 아내가 자신의 취약한 부분을 볼 수 없도록 조심했다. 인력 감축으로 인해 직장을 잃었을 때, 신체적 스트레스 증상이 나타나기 시작할 때까지도 그는 아내에게 걱정을 털어놓지 않았다. 게다가 아내가 못마땅해 할 때마다 위압감을 느꼈다. 아내가 자신의 실직과 신체적 증상에 관해 불안감을 표시해도 전혀 들으려 하지 않았다. 마크는 우는 게 연약한 것이라고 생각했다. 아내가 울면 당장 그치라고 지시했다. 그래도 아내가 "울음을 그치지" 않으면 방에서 나가겠다고 위협했다. 결국 여러 달에

걸쳐서 부부관계 향상 그룹에 참여한 그는 감정에 대한 자신의 부정적인 생각들을 재평가할 수 있게 되었고, 자신의 "연약한" 감정을 좀 더 많이 나눌 수 있게 되었다.

감정을 평가절하하고 위험하게 여기는 남자가 자신의 감정을 인식하고 그 감정을 배우자에게 알려주는 건 무척이나 어려운 일입니다. 감정을 드러내지 않는 사내다운 남자의 모델을 보면서 성장한 남자라면 강인함과 공격성 말고는 그 어떤 감정도 인정하기 어려울 것이며 그것을 배우자와 나누기란 더더욱 어려울 것입니다.

"여보, …… 해도 될까요?"

지위를 부여해주고 특별함을 인정해주는 뭔가를 부탁할 때 ("여보, 저 무거운 의자들 좀 식당으로 옮겨줄래요?") 남편들은 긍정적인 대답을 곧잘 합니다. 하지만 아내나 가족 중 누군가도 충분히 할 수 있는 일을 부탁할 경우에는("여보, 엄마 비행기 도착 시간이 언젠지 공항에 전화해서 좀 알아봐줄래요?") 거부하는 경우가 더 많지요. 왜 그럴까요? 그런 말을 들었을 때 남자는 자신의 지위와 독립이 상실되는 것처럼 느낄 수가 있기 때문입니다. 실제로 공항에 전화를 할 경우, 두 사람의 반응은 상당히 다를 수 있습니다. 아내는 남편이 자신과 삶을 공유하고 돌보는 쪽을 선택했다고 믿는 반면, 남편은 자신의 지위를 박탈당했다고 느끼면서 화가 날 수 있습니다. 또 반대로 전화를 하지 않을 경우, 남편은 "그 누구도 뭘 하라고 시킬 수 없기 때문에" 공항에 전화하기를 거부하고 자신의 독립성을 지켜냈다는 사실에 만족하는 반면, 아내는 남편이 자신을 도와줄 정도로 관심을 기울이지 않았다는 것 때문에 상처를 입을 수 있습니다.

남편이 평소에 남자답지 못한 일이라고 생각했던 것을 아내가 부탁할 경우에는 문제가 훨씬 더 심각해집니다("여보, 사라가 먹을 샌드위치 좀 만들어줄래요?" 혹은 "찰리, 엘로이즈 기저귀 좀 갈아야 하는데요"). 이런 경우 남편은 여자의 일이라고 생각해온 일을 해야 할 정도로 자신의 지위가 박탈당했다고 느낄 수 있습니다. 그러니 독립성을 포기한다는 느낌 없이는 결코 긍정적인 대답이 안 나오겠지요.

바로 이런 이유 때문에 단순한 일을 요구하는 아내는 "위세를 부리는" 것처럼 여겨지는 반면, 직선적인 요구를 하는 남편은 "분명한" 사람처럼 여겨지는 것입니다. 우리 문화에서는 "분명해질" 수 있는 특권이 남자들에게 주어집니다. 분명한 여자는 "남편에게 마구 명령한다"고 여기는 남자들에 의해 유죄판결을 받게 됩니다.

신혼 초에 앤디에게 "금요일 저녁식사를 어디에서 하고 싶어요?" 하고 물은 적이 있었다. 사실 가고 싶은 레스토랑이 따로 있었지만, 원하는 걸 곧바로 이야기하는 게 좀 공격적인 것 같다는 생각이 들어서였다. 서로 의사를 주고받으면서 자연스레

내가 원하는 것을 알려주고 싶었다. 그리고 내가 좋아하는 곳을 남편이 선택해주기를, 내가 원한 곳으로 가자고 찬성해주기를 바랐다. 그런데 앤디는 남자의 입장에서, 내 질문이 먼저 결정을 내려달라는 부탁이라고 생각했다. 그래서 혼자 결정을 내렸고, 그 일로 내가 기뻐할 것이라고 믿었다. 물론 나는 무시당한 느낌을 받았다.

이 경우 남자들은 여자를 비난합니다. 자기 의사를 "분명히" 전달하지 않는다고 말이죠("왜 분명하게 얘기하지 않았어?").

의사 결정

이렇게 독립 대 연결의 차이를 잘 보여주는 예를 한 가지 더 들자면 바로 의사 결정입니다. 남편은 아내의 의견을 묻는 것 자체가 독립성의 상실이라고 여기기 때문에 아내와 한 마디 상의도 없이 결정을 내려버리는 경우가 많습니다. 그 사실을 인정하지 않는 남자는 심지어 자신이 더 많이 알고 더 주의 깊게 결정할 수 있는 사람이라고 생각하기조차 합니다. 그러면 아내는 남편과 연결되어 있다는 느낌보다도 버려졌다는 느낌을 받게 되며, 남편은 이런 아내의 상처를 결코 이해할 수 없습니다.

윌리엄은 끊임없이 뭔가를 요구하는 지배적인 어머니 밑에서 자랐다. 결혼 후 그는 자주 바바라를 의사 결정 과정에서 제외시켰다. 급기야는 아무 상의도 없이 차를 구입하였고, 그 일로 인해 두 사람은 상담을 받게 되었다. 윌리엄은 아내가 왜 화를 내는지 처음에는 전혀 이해하지 못했다. 하지만 결국에는 "소외되었다"는 아내의 느낌에 "귀를 기울였고", 마치 "벙어리"가 된 것 같다는 아내의 기분을 인정할 수 있게 되었다. 그는 자기 행동이 주로 "아내도 엄마처럼 지배할" 것이라는 공포심에서 비롯된 것임을 깨닫게 되었다. 바바라가 의사 결정 과정에 참여할 경우 자율성을 상실하게 될까봐 두려웠던 것이다.

여자들은 서로 상의하는 걸 좋아합니다. 협의 과정에서 최선의 결론에 도달할 수 있다고 생각하기 때문입니다. 남자들은 자기 의견을 제시하는 걸 좀 더 좋아하며, 자신이 지위가 가장 높은 사람이 되어 결정을 내린다고 생각합니다. 여자들은 행여 공격적이라고 여겨질까 봐 자신이 좋아하는 걸 드러내지 못하고 주저하는 반면, 남자들은 무능하게 보일 것 같은 의견은 밖으로 드러내질 않으려 합니다.

이중 언어를 사용하기: 친밀감을 향한 여정

왜 부부간의 대화가 그렇게 어려운지를 알고 싶다면 우선 이러한 차이점부터 생각해 보아야 합니다. "도대체 우리 아내가 정말로 원하는 게 뭐지?" 하는 남자의 질문과 "왜 우리 남편은 그렇게 무딘 걸까?" 하는 여자의 질문에 대한 해답은 남자와 여자가 말하고 듣는 목적을 서로 이해해줄 때에 발견할 수 있습니다.

이 차이점들이 타고난 게 아니라 오히려 사회화 과정과 연관되어 있다는 사실을 인정하고 나면 서로 상대방의 방식을 존중해줄 수 있게 됩니다. 여러분은 그동안 한 가지 스타일만 가치 있게 여기고 나머지 하나는 무시하도록 배워왔습니다. 생물학은 운명이 아닙니다. 따라서 남자와 여자로서 훈련받아온 우리의 행동양식은 얼마든지 변할 수 있습니다. 우리는 자신의 대화방식 포트폴리오를 확장시킬만한 능력을 지니고 있습니다. 배우자의 말에 귀 기울이는 방법을 배울 수 있을 뿐만 아니라, 이해를 넓히기 위하여 조금 다른 대화방식을 사용하는 방법도 익힐 수 있습니다.

> 자신의 대화방식을 배우고 싶어 하는 배우자를
> 둔 사람은 복이 있나니.

성별에 따른 대화방식에 집착하면 할수록 배우자와 창의적으로 대화하려는 노력은 점점 더 난항을 겪게 됩니다. 이중 언어를 사용하는 부부, 양성의 방식을 사용하고 이해하는 방법을 익히는 부부만이 친밀감 형성에 필요한 상호 이해 단계에 도달할 수 있습니다.

연습문제: 어떤 유형이 여러분에게 해당됩니까?

위에서 설명한 것과 같이 양성의 대화 형태에 나타나는 전통적인 차이점에 관하여 배우자와 논의해보세요. 그리고 다음의 질문들에 답해보세요:

1. 이 형태들은 여러분에게 얼마나 적합한가요?
2. 차이점은 무엇인가요?
3. 어떻게 해야 이중 언어를 좀 더 잘 구사하고, 서로의 대화 형태를 좀 더 완벽하게 이해할 수 있을까요?

이 모든 사항들을 좀 더 자세히 알고 싶다면, 이 장 마지막에 실어놓은 타넨의 저서를 읽어보세요.

대화의 기술

대화는 자연스러워야 한다고요? 그냥 말하면 되는 것 아니냐고요? 아닙니다. 대화 형태는 학습된 행동입니다. 여러분은 진술 형태와 대화 자세를 학습했습니다. 도움이 되건 안 되건, 성장기에 함께 했던 사람들과 주변의 문화로부터 학습한 것입니다. 이런 형태와 자세는 배우자와의 대화가 결렬되는 데에도 영향을 미칩니다. 상담을 하러 오는 부부들 가운데에는 이런 문제를 제기하는 경우가 아주 많습니다. "도대체가 대화가 안 돼요!" 이 말은 보통 "우린 서로를 이해할 수가 없어요"라는 의미를 담고 있지요.

　대화를 잘 하기 위해서는 우리 주변에서 일어나는 사건들을 바라보고 이해하는 방식의 차이점부터 극복해야 합니다. 앞장에서 이미 말한 것처럼, 우리 모두는 삶을 서로 다른 식으로 해석합니다. 자신의 고유한 역사와 성격에 입각하여 세계관을 형성하고, 이것은 사건을 해석하는 방법에도 영향을 미칩니다. 부부는 똑같은 상황을 서로 다른 식으로 바라보며, 실제로 일어난 일들에 대해서까지도 서로 다른 식으로 자각합니다. 부부는 특유의 가치관, 신념, 세계관에 입각하여 서로 다른 식으로 상황을 해석합니다. 또한 부부는 서로 다른 욕구, 바람, 기대들을 품고 있습니다. 간단히 말해서, 아주 똑같은 상황도 완전히 다른 견해에 비추어 이해할 수가 있는 것입니다.

　언어적 대화와 비언어적 대화가 둘 다 중요하지만, 여기에서는 말을 이용한 대화에 초점을 맞출 것입니다. 대화이론가들은 남자와 여자의 대화 형태를 좀 더 효과적으로 만들어줄 수 있는 여러 가지 개념과 기술들을 개발해 왔습니다. 부부대화 프로그램을 개발한 이론가들(쉐로드 밀러, 다니엘 웨이크만, 엘람 누널리, 필리스 밀러)은 대화에 관한 연구 및 저술 분야의 선각자들입니다. 지금부터 그들의 저서 〈연결〉(이 장 끝에 있는 "추천도서"를 읽어보세요) 가운데서, 좀 더 강력한 친밀감을 경험하고자 애쓰는 부부들에게 도움이 될 만한 두 가지 개념을 골라 논의하겠습니다.

자각의 바퀴

부부간의 오해는 상황에 대한 반응의 기초가 되는 생각이나 느낌, 욕구, 의도를 배우자가 자각하지 못하거나 오해하는 데서 비롯되는 경우가 많습니다. 대화 형태가 완전한 의사소통을 가로막을 경우, 배우자는 완전하지 않은 메시지에 반응하는 셈입니다. 그럴 때 우리는 이렇게 묻습니다. "어떻게 그런 생각을 한 거야?" "대체 무슨 생각을 하는 거야?" "왜 그렇게 했어?" 대화가 가장 잘 통하는 경우는 상호 정보수집의 시기로 들어가는 순간입니다. 〈연결〉의 저자들은 이른바 "자각의 바퀴"라고 하는 개념을 좀 더 발전시킵니다. 이것은 어떤 특정 문제에 관하여 대화를 나눌 때 부부가 다섯 가지 차원을 제대로 밝히도록 지시하는 개념입니다.

자료. 사실이 무엇인가? 우리는 감각, 특히 눈과 귀를 통해서 끊임없이 정보를 받아들입니다. 이 정보들은 우리의 생각과 느낌에 영향을 미칩니다. 그러므로 배우자도 우리가 보고 들은 것, 우리의 생각과 느낌과 행동을 야기한 것들에 대해서 알아야 합니다. 우리는 모두 직관이라고 불리는 "제6의 감각"을 지니고 있는데, 이것은 지나간 경험들(개인적인 이야기)로부터 오는 통찰과 예감, 기억, 그리고 연상입니다. 따라서 배우자와 대화를 나눌 때에는 이러한 자료를 첨부하는 것이 중요합니다.

생각. 생각에는 분석적, 논리적, 이성적 과정이 포함됩니다. 이것들을 통해서 우리는 정보를 해석하고 이해합니다. 생각은 감각 자료에 대한 해석과 현재의 신념에 따라 형성됩니다 — 우리가 이미 지니고 있는, 그리고 어떤 상황에 대한 해석에 영향을 미치는 가치와 의미, 그리고 우리가 기대하는 일이 다음에 이루어질 것이라고 하는 미래에 대한 기대. 생각은 견해, 이념, 가정, 판단이라고도 말할 수 있습니다.

느낌. 느낌은 어떤 상황에 대한 감정적 반응입니다. 즐거울 수도 있고(행복하거나, 섹시하거나, 만족스럽거나, 흥분되거나, 기쁘거나, 낭만적이거나, 통쾌하거나) 혹은 불쾌할 수도 있습니다(불안하거나, 화가 나거나, 우울하거나, 슬프거나, 실망스럽거나, 당황스럽거나, 외롭거나, 두렵거나). 느낌은 그 자체가 중요한 정보입니다. 생각과 행동에 영향을 미칠 수도 있고, 반대로 그 영향을 받을 수도 있기 때문입니다. 우리 문화권에서는 아주 많은 사람들이 감정을 의심합니다. 그렇기 때문에 감정을 알아채거나 표현하지 못하고 지나쳐버리기 십상입니다. 우리 배우자는 어떤 식으로든 항상 느낌을 지닙니다. 그러나 자신의 역사에 비추어 그 느낌들을 무시해버리거나, 아니면 우리 메시지의 중요한 감정적 요소를 오해하고 말지요. 대화를 제대로 하기 위해서는 느낌을 정확히 파악하는 게 중요합니다.

바램. 이것은 우리 스스로를 위해, 배우자를 위해, 그리고 관계를 위해 원하는 것입니다. 여기에는 우리의 관계가 충족시켜주기를 바라는 신체적, 사회적, 심리적 욕구가 포함됩니다. 의도, 욕구, 꿈, 희망, 목표, 목적과 같은 단어들은 미래를 향해 나아가고픈 충동을 전해줍니다. 바램은 우리가 바라는 상태(행복, 건강, 인정)와 행동(독서, 임무 완성, 직업 전환), 소유(재정적 계획, 휴가, 좀 더 나은 관계)를 의미합니다.

행동. 행동은 우리가 하는 일, 행하는 방식입니다. 행동은 과거(언젠가 이미 행한 일)일 수도 있고, 현재(지금 하고 있는 일)일 수도 있고, 미래(계획하고 있는 일)일 수도 있습니다. 미래지향적인 행동은 특히나 부부관계를 향상시켜주는 중요요소입니다. 미래의 차원에서 행동은 친밀감을 가로막는 행동들을 변화시키고 좀 더 친밀감을 강화시켜줄만한 행동들을 취하려는 선택입니다. 그러므로 배우자에게 행동 계획을 알려주는 것은 완전한 대화의 중요요소입니다.

중요한 문제에 대해 논의할 때 부부는 의도적으로 자각의 바퀴의 다섯 가지 차원을 대화에 포함시킬 수 있습니다. 이 다섯 가지 차원은 현안에 대한 우리의 응답을 완전하게 공유함으로써 지침을 제공해줄 수 있습니다. 말하는 당사자는 각각의 차원에서 이야기할 수 있으며, 이야기가 끝나면 어떤 차원이 남아있는지 물어볼 수 있습니다. "이 모든 걸 이해하기 위해서 당신이 알아야 할 게 또 뭐가 있지요?" 듣는 쪽에서는 각각의 차원에서 들은 정보에 대해 질문을 던짐으로써 도와줄 수가 있습니다. "당신 생각은 들었어요. 하지만 당신 느낌에 대해서는 아직 잘 모르겠어요." 앞에서 말한 것처럼, 부부가 이 사건 경험에 대한 각자의 자기 인식을 심화시킬 경우 각 차원의 내용은 변경하거나 확장할 수 있습니다.

연습문제: 자각의 바퀴를 실천하기

남편이나 아내 혹은 둘 다 연루되어 있는 중요한 문제를 선정하세요(심사숙고중인 결정, 자녀 문제나 노부모 문제, 직장이나 교회의 상황, 철학적 혹은 신학적 문제, 그밖에도 여러분에게 중요한 문제들). 집에서, 혹은 공원이나 레스토랑에서, 조용한 분위기 속에 마주 앉아 시간을 보내세요(텔레비전을 켜면 안 돼요!). 그리고 자각의 바퀴의 다섯 가지 차원을 이용하여 그 문제에 대한 응답을 의도적으로 최대한 공유해보세요.

그 다음에는 두 가지 질문을 던지세요: 대화하기 전까지 알지 못했던 것에 대해서 새로 알게 된 것은 무엇인가요? 이런 지식이 여러분의 상황을 어떻게 변화시켰나요?

이 과정에 익숙해지기 전까지는 딱딱하고 인위적인 느낌을 받을 수도 있습니다. 하지만 분명 서로의 이해를 좀 더 의도적인 방식으로 탐험하는 데 재미를 느끼게 될 것입니다. 나(주디)는 내담자들에게 운전을 처음 배우던 때를 떠올려보라고 권합니다. 지금은 눈 감고도 할 수 있는 그 과정을, 처음에는 하나하나 집중하기 위해 얼마나 공들였던가요.

각자의 특유한 성격과 대화방식 때문에 부부는 자각의 바퀴의 한두 가지 차원만 강조하려는 경향이 있습니다. 혹은 몇 가지 차원을 간과하거나 대충 생략해버리는 경향도 있지요.

> 로이는 보통 해석과 분석에서부터 출발한다. 그런 해석을 가져온 관찰에 대해서는 아무런 언급도 없이 말이다. 그런 다음엔 대체로 의도의 진술로 넘어간다. 아내가 묻지 않는 한 자신의 느낌을 표현하는 일은 거의 없다.
>
> 셰럴은 남편이 그녀의 의도를 파악하기도 전에 먼저 행동부터 하고 보는 경향이 있다 — 문을 쾅 닫는다든지, 전화를 건다든지, TV 가이드에서 정보를 찾는다든지, 옷을 입는다든지, 특정 부분의 음악을 튼다든지. 남편은 직접 물어보지 않는 한 그녀의 생각이나 느낌을 결코 알 수 없다.
>
> 조나단은 감정을 재빨리 표현한 다음, 어떤 자료 때문에 그런 반응을 보이는지, 그 자료를 어떻게 해석하는지, 배우자가 분명히 알기도 전에 의도나 행동으로 넘어가버리는 경향이 있다.

자각의 바퀴의 어디에서 출발하느냐는 그리 중요하지 않습니다. 그보다 더 중요한 것은 다섯 가지 차원을 모두 제대로 언급하는 것입니다. 자각의 바퀴의 한두 가지 차원만 사용하고 나머지를 무시해버릴 경우 문제가 발생할 수 있습니다. 특정 상황에 대한 우리의 반응이 어디서 비롯된 건지, 어떻게 진행될 건지, 배우자에게 전혀 알려주지 않기 때문입니다.

물론 대부분의 상호작용("소금 좀 건네 줘요")은 이런 식의 계획성과 철저함을 요구하지 않습니다. 하지만 가끔씩은 어떤 상황에 대해 좀 더 완전하게 대화할 수 있는 특별한 시간이 필요하다는 사실을 알리고, 배우자에게 "약속"을 받아내야 합니다.

의미 공유

대화의 두 번째 중요요소는 우리가 똑같은 것에 관하여 이야기하고 있다는 사실을 확인하는 과정입니다. 부부 치료 상황에서는, 갈등을 겪고 있는 부부가 치료사의 도움을 받아 서로 오해하고 있다는 사실을 갑자기 깨닫는 일이 흔히 일어납니다. 우리는 각자 다른 세계관을 지니고 있습니다(성별의 차이, 양육 환경의 차이, 성격의 차이 등등 때문이지요). 그리하여 배우자의 생각이나 느낌에 대해 성급하게 결론을 내려버리기기 쉽습니다. 다시 말해서, 정확하지 않은 어떤 의미나 함의, 비난, 느낌, 혹은 결정을 "듣고" 난 후 자신의 인식과 투사에 따라서 빈칸을 채워버리지요. 이렇게 오해가 생기고 나면 나머지 대화도 빗나가게 됩니다. 본질적으로 서로 다른 것에 관하여 이야기하는 셈이니까요.

모든 대화이론은 피드백 과정 혹은 〈연결〉의 저자들이 "의미 공유"라고 부르는 것을 포함합니다. 우선 메시지를 받은 사람이 자신이 들은 것을 요약합니다(자료, 생각, 느낌, 의도, 어쩌면 행동까지도 포함해서요). 그러면 메시지를 전한 사람은 정확성을 기하기 위해 그 요약 내용을 점검합니다. 만일 상대방이 정확하게 들었다고 판단되면 그 다음으로 넘어갈 수 있겠죠. 하지만 메시지가 제대로, 정확하게 전달되지 않았다고 여겨진다면, 메시지를 다시 전달하거나 오해를 바로잡거나 혹은 요점이 좀 더 확실해지도록 메시지를 확장할 수 있습니다.

이것은 두 사람 중 누구나 시작할 수 있습니다. 만일 여러분이 메시지를 전달받은 입장이라면 이런 식으로 이야기할 수 있습니다. "내가 제대로 이해하고 있는지 점검해 볼게요. 그러니까 당신은 지금 ~ 이라고 얘기하고 있는 거지요?" 그런 다음 자신의 말로 그 메시지를 요약하는 것입니다. 들은 메시지를 해석하거나 평가하고 싶은 유혹이 따르겠지만, 그것은 그 과정을 왜곡할 뿐입니다. 아니면 메시지를 전달하는 쪽에서 잠깐 멈추고 배우자에게 지금까지 들은 내용을 요약해보라고 부탁할 수 있습니다: "내 얘기는 충분히 했으니까, 당신이 지금까지 들은 내용을 나에게 말해줄래요?"

메시지를 확인하고 나면, 듣는 쪽에서 배우자에게 확인이라는 선물을 줄 수 있습니다. 확인은 다음과 같이 간단히 말해도 됩니다. "당신이 그런 식으로 느끼고 있다는 걸 알았어요." 혹은 "이제 당신이 무슨 생각을 하고 있는지 알겠어요." 느낌의 확인은 친밀감을 형성해줍니다. 그 느낌에 동의하지 않을 때 조차도요.

메시지를 명료하게 하기 위해 시간을 투자한 부부는 이제 사고방식이 같기 때문에 대화의 충돌을 줄일 수 있습니다. 대화의 과정을 한 단계씩 올라갈 때마다 부부는 서로에게 전달된 메시지를 똑같이 이해하고 있다는 사실을 점검해야 합니다. 자신이 하는 말을 정확히 듣기 위하여 배우자가 노력하고 있다는 사실을 알면 친밀감이 형성됩니다.

우리는 배우자가 경험하고 있는 것을 이해하지 못할 경우, 그러니까 배우자의 경험에 공감하지 못할 경우 창의적인 대화를 나눌 수 없습니다. 공감은 동의가 아니라, 배우자의 말에 충분히, 기꺼이 "귀를 기울임으로써" 배우자의 생각과 느낌을 잘 파악할 수 있게 되는 것입니다. 이제 우리는 배우자의 결론이 어디에서 비롯된 것인지를 압니다. 우리가 배우자의 결론에 동의하느냐 안 하느냐는 별개의 문제입니다. 친밀한 대화는 서로를 잘 알고자 노력하는 부부의 특징입니다. 그런 부부는 대화가 배우자에게 의미하는 바를 제대로 이해하려고 노력합니다.

의사소통의 여러 가지 방법들

대화는 기본입니다. 하지만 중요한 생각과 사상을 배우자에게 전달하는 다른 방법들도 있습니다.

편지

배우자에게 편지를 쓰는 것은 (여러분의 마음을 담담하게 이야기할 수 있으므로) 상당한 효과를 발휘할 수 있습니다. 그렇다면 편지가 대화보다 덜 개인적인 걸까요? 반드시 그렇지만도 않습니다. 전화가 발명되기 전에는 편지를 쓰는 게 매우 사사로운 일이었습니다. 유명한 사람들의 편지 모음집을 읽는다거나, 어떤 사람의 개인적인 일기를 읽을 경우, 문자 언어가 얼마나 개인적일 수 있는가를 실감하게 될 것입니다. 배우자에게 편지를 쓸 경우 조심스럽게 선택된 단어와 문장들을 가지고 어떤 중요한 주제나 관심사에 대해 여러분의 생각을 좀 더 제대로 표현할 수 있습니다. 생각과 결정, 의도와 행동, 둘 다 이 방법을 통해서 주의 깊게 전달할 수 있습니다. 배우자는 여러분의 완전한 설명과 요점을 읽고, 몇 시간 혹은 며칠 후에 반응을 보여도 됩니다. 그러므로 여러분은 비망록 같은 문자 언어의 도움을 받아 대화를 나눌 수 있습니다.

다른 글들

책이나 잡지, 신문 등에서 여러분의 인식을 대변해줄만한 글을 발견할 수도 있습니다. 거기에는 좀 더 완전한 개념과 관심사들에 대한 느낌이 들어 있을 수 있습니다. 이것들을 배우자에게 보여주고, 어떤 기사나 어느 부분을 읽어보도록 유도하는 것도 자신을 드러내는 좋은 방법일 수 있습니다. 물론 문자언어로 표현된 생각이나 느낌에 대하여 후속적인 대화가 뒤따를 때 좀 더 큰 친밀감이 형성되겠죠. 어떤 부부들은 자신들이나 관계에 매우 중요한 뭔가를 전달해주는 영화나 연극을 배우자에게 보여준 다음 대화를 재개하기도 합니다.

친밀한 대화는 매우 어려운 일입니다. 좀 더 깊이 있게 서로를 알고 알려주기 위한 과정은 예기치 않은 갈등을 불러일으킬 수도 있습니다. 만일 그런 일이 생기더라도 결코 포기하지 마세요. 다음 제4장에서 갈등을 해소할 수 있도록 우리가 도와드리겠습니다.

추천도서

존 그레이, 〈화성에서 온 남자, 금성에서 온 여자〉, New York: Harper Collins, 1992.

쉐로드 밀러, 다니엘 웨이크만, 엘람 누널리, 필리스 밀러, 〈연결: 자기와의 연결, 타인과의 연결〉, Littleton, Colo.: Interpersonal Communication Programs, Inc., 1992.

마이클 니콜스, 〈잃어버린 청취 기술〉, New York: The Guilford Press, 1995.

데보라 태넌, 〈당신은 이해 못해요〉, New York: William Morrow and Company, Inc., 1990.

제4장 살인이라고 썼다
― 분노와 갈등 직면하기

　결혼초기에 분노가 표면화되기 시작하자 우리는 너무나도 놀랐습니다. 그도 그럴 것이, 서로 사랑하기에 서로에 대한 분노에서 보호받을 수 있으리라 믿고 있었으니까요. 연애시절엔 진지한 갈등 상황을 그냥 회피했습니다. 우리는 결혼예식 때 맹세한 "완벽한 사랑"이 평생토록 서로에 대한 낭만적인 감정으로 가득 찬 행복한 삶을 보장해줄 것이라고 생각했습니다. 하지만 그것은 천진난만한 생각이었습니다. 다른 모든 부부들처럼 우리 역시 따스하고 솜털 같은 애정이 분노와 실망이라는 차갑고 따끔거리는 감정으로 변할 수 있다는 사실을 깨달았습니다.
　훨씬 더 심각한 문제는 이런 분노를 창의적으로 해결할 수 있는 방법을 전혀 모르고 있었다는 겁니다. 둘 다 큰 소리 지르거나 함부로 욕설을 내뱉는 일이 전혀 없이 결혼에 뛰어들었으니까요. 우리는 서로에게 상처를 주고 싶지 않았습니다. 그렇지만 창의적으로 분노를 해결할 수 있는 방법에 대해서 전혀 몰랐기에, 우리 힘으로는 결코 분노를 해결할 수가 없었습니다. 그저 소리 지르고 싸우면서 분노를 표출하는 방법을 거부하고, 침묵과 움츠림을 통해 간접적으로 분노를 처리할 뿐이었습니다. 하지만 그것 역시 고통스러운 일이었습니다.

> 나(주디)는 입을 다물어버렸다. "절대로 그 이유를 말하지 않을 테니까, 어디 당신 혼자서 알아내보세요!"라는 뜻이 분명히 드러나도록 말이다. 나의 침묵은 칼로 벨 수도 있을 정도였다. 나(앤디)는 움츠러들었다. 대화에서 움츠러들었을 뿐만 아니라 말 그대로 아예 다른 곳으로 도망쳐버렸다 — 보통은 도서관으로 도망쳤지만 결코 공부를 할 수는 없었다. 위경련을 일으키면서 속이 들끓었기 때문이다. 아니면 체육관에 갔는데, 거기서는 농구를 통해 분노를 표출할 수 있었다.

이런 행동으로 인해 우리 부부 사이에는 신체적, 정서적 거리가 생겼습니다. 그 결과 우리는 소원해지고 말았습니다. 그리고 분명한 것은 그런 경험을 하는 동안 친밀감을 유지할 수 없었다는 것입니다.

우리는 분노와 그 분노를 창의적으로 처리할 수 없다는 사실에 놀랐을 뿐만 아니라, 무섭기까지 했습니다. 시간이 흐를수록 분노가 자제력 상실, 상처 입히는 언어, 소외, 폭력, 그 밖의 파괴적인 행동으로 치달을 수 있다는 사실을 경험상 알게 되었습니다. 주디는 판단, 거부, 포기, 안전감 상실의 가능성 때문에 위협감을 느꼈습니다. 앤디는 인정의 상실, 그리고 다시는 모든 것을 정상적으로 되살릴 수 없을 것이라는 결핍감 때문에 위협을 받았습니다. 게다가 분노와 그로 인한 소외가 결국 둘이 서로를 사랑하지 않으며 애초부터 둘은 결혼하지 말았어야 했다는 것을 의미한다고 해석했기 때문에, 더더욱 두려웠습니다. 우리는 분노가 나쁘다고 생각했습니다. 분노는 사랑 대신에 혐오감을 표출하는 것이라고 생각했습니다. 그러니 우리가 문제에 빠졌다고 생각할 수밖에 없었던 것이지요.

정확히 말하자면, 우리의 문제는 자신의 분노를 회피하고 나아가 부인하기까지 한 행동에 있었습니다. 우리는 이 감정을 지나치게 억제하고 있었습니다. 어쩌면 이와 정반대되는 문제로 씨름하고 있는 사람도 있을 것입니다 — 너무도 재빨리 거칠게 분노를 표출해버리는 것이죠. 그런 사람은 분노를 지나치게 표출합니다. 상처 입히는 말과 행동으로 상대방을 몰아세웁니다. 어떤 경우든지, 분노를 좀 더 창의적으로 처리하는 것이야말로 친밀한 부부관계를 형성하기 위한 열쇠입니다.

결혼과 갈등

어떤 친밀한 관계도 갈등 없이는 형성될 수 없다는 사실을 우리는 깨달았습니다. 배우자를 아무리 사랑해도, 의사소통을 아무리 잘 해도, 아무리 주의 깊게 서로의 필요를 충족시켜주어도, 두 사람의 성격이 아무리 비슷해도 소용없습니다. 갈등은 반드시 생기고 맙니다. 사랑도 분노를 피해갈 수 없습니다! 아담과 이브조차도 에덴동산에서 쫓겨날 때 서로를 향하여 분노의 말들을 중얼거리면서, 실패의 원인에 대해 서로를 비난하였습니다.

아담: (나무라는 투로) 당신이 한 일을 좀 봐. 당신 때문에 둘 다 동산에서 쫓겨 났잖아.

이브: (방어적으로) 뱀이 속일 줄 누가 알았겠어요?

아담: (비난조로) 속임수라는 걸 알았어야지.

이브: (비꼬는 투로) 그렇게 똑똑한 당신은 왜 한 입 먹었어요? 나만 어리석다고 하지 말아요. 당신도 선과 악에 대한 지식을 갖고 싶어서 애썼잖아요?

아담: (방어적으로) 내가 언제! 뱀이 한 말을 좀 더 분명하게 설명해줬더라면 절대로 그런 바보짓을 안 했을 거라고.

이브: (신랄하게) 하나님께선 당신 변명에 별로 감동을 안 받으신 것 같더군요.

시간이 많이 흘렀지만, 여전히 마찬가지입니다. 서로 다른 성격과 역사를 지닌 두 사람이 다양한 삶의 경험과 가치와 세계관을 가지고 밀접한 관계를 맺게 될 때, 갈등은 자연히 생겨나게 되어 있습니다. 두 사람의 세계관이 똑같을 수는 없습니다. 두 사람의 욕구도 똑같을 수 없습니다. 두 사람의 생활 "방식" 도 똑같을 수 없습니다. 그 어떤 것도 우리를 실망과 변화와 스트레스와 그 밖의 갈등 요인들로부터 지켜줄 수 없습니다. 부부로서 우리가 선택해야 할 길은 분노와 갈등을 회피하는 것이 아니라, 분노와 갈등을 원숙하게 창의적으로 처리하는 것입니다. 이 장은 갈등을 좀 더 줄여나갈 수 있도록, 그리고 남아 있는 갈등을 좀 더 창의적으로 처리할 수 있도록 도와줄만한 여러 가지 생각들을 제공해줄 것입니다.

분노는 파괴적일 수 있다

〈삶의 스트레스〉에서 한스 셀리는 우리 문화권의 대다수 사람들이 "마모병"으로 인해 죽어가고 있다고 말합니다. 분노, 그 중에서도 특히 해소되지 않은 분노나 만성적인 분노야말로, 건강한 결혼생활을 방해하는 "마모병" 이라고 말할 수 있습니다. 분노는 결혼생활을 고통스럽게 만들 수 있으며, 관계의 수명을 단축시킬 수 있습니다. 부부간의 전쟁은 (차가운 전쟁이든 뜨거운 전쟁이든) 오랜 기간 동안 친밀감을 가로막습니다. 그리하여 결혼생활이 다시는 고치기 힘들 정도로 "닳아 없어질" 수도 있지요. 에베소서의 저자는 해소되지 않은 분노의 결과로 쓰라림, 격정, 소란, 욕설을 지적합니다(4장 31절).

데이비드 메이스는 이렇게 말합니다. "사랑과 친밀감 획득의 실패는 거의 언제나 분노를 창의적으로 처리하지 못하는 데서 비롯된다." 분노를 창의적으로 처리하지 못하는 것은 좀 더 심오한 단계의 친밀감을 획득하지 못하는 관계의 주된 요인입니다. 해소되지 않은 분노, 혹은 한 쪽에게 부당한 방법이나 무신경한 방법으로 처리된 분노는 친밀감의 형성을 가로막는 벽이 됩니다. 분노가 파괴적인 힘을 갖지 못하게 하는 것은 부부생활의 친밀감을 형성하기 위한 중요한 열쇠입니다.

하지만 분노는 친밀감으로 이끌어 줄 수 있다

갈등은 결혼생활을 파괴하는 망치라기보다는 성장의 수단이라고 할 수 있습니다. 사랑과 분노는 서로 모순된 게 결코 아닙니다! 분노는 성장의 기회라고 볼 수 있습니다. 분노는 고통이 존재하므로 관심이 필요하다는 신호입니다. 좀 더 자세히 말하자면 "분노사건"은 "암시적 창문"의 역할을 할 수 있습니다. 이 창문을 통해서 부부는 자신과 관계에 대하여 새로운 통찰을 얻을 수 있습니다. 위협을 파악하는 것은 (아래에서 다시 설명하겠지만) 개인도 부부도 자기 인식을 확장할 수 있도록 이끌어주는 지식을 제공합니다.

우리는 부부가 함께 분노에 대한 해결책을 모색하기 위해 노력하는 것이야말로 사랑과 관심과 헌신을 표현하는 하나의 방법이라는 사실을 깨달았습니다. 갈등의 상황에서 새로운 통찰을 얻기 위해 기꺼이 노력하는 것이야말로 좀 더 친밀한 단계로 들어갈 수 있는 열쇠입니다. 분노의 경험을 협상 테이블에 올려놓는 것, 이것은 결혼생활이 최우선 문제라는 사실, 그리고 친밀감을 감소시킬 수 있는 모든 위협 요소들을 즉시 직면하고자 한다는 사실을 전달해줍니다.

여러분은 성장 과정에서 분노의 표출이 나쁜 짓이라고 배웠을지도 모릅니다. 죄스럽고 무례하고 미숙하고 비이성적이고 비그리스도교적인 행위라고 말이죠. 그런 경우 분노가 친밀감 형성에 기여한다는 생각을 갖기가 무척 어려울 것입니다. 분노가 사라질 때까지 무시해야만 "좋은 사람"이라고 배웠다면, 친밀감에 대한 분노의 잠재력을 파악하기가 무척 어려울 것입니다.

우리 부부는 결혼할 당시 철썩 같이 믿고 있었습니다. 서로가 분노를 공개적으로 인정하고 표현한다면 결혼생활은 결국 위험에 빠지고 말 것이라고요. 그러다가 끝내 분노를 직선적으로 표출하는 위험을 감수하게 되었을 때 아무런 대혼란도 발생하지 않는 것을 보고 깜짝 놀랐습니다. 오히려 예전에는 결코 알지 못했던 새로운 단계의 존중감과 친밀감에 이르렀습니다. 놀랍고도 기쁜 일이었습니다. 우리는 그동안 긴장과 갈등을 불러일으킬까 봐 두려워했던 문제나 관점들을 수정하지 않고도 얼마든지 자유롭게 어떤 주제에 관해 논의할 수 있다는 사실에 흥분하였습니다. 우리 부부는 좀 더 정직한 단계에 도달하였습니다.

> 공개적으로 정직하게 분노의 감정을 처리하는 일에
> 열중하는 배우자를 둔 사람은 복이 있나니.

분노와 갈등을 효과적으로 처리할 수 있는 방법은 친밀한 결혼생활을 원하는 부부에게 꼭 필요한 것입니다. 창의적인 방향으로 나아가기 위해서는 먼저 분노가 무엇인지, 어디에서 비롯된 것인지를 파악하려는 마음가짐이 필요합니다. 친밀한 부부는 현재의 문제해결과 화해, 그리고 미래의 예방을 향해 나아가는 일에 열중합니다.

왜 화가 나는 걸까요?

만일 누군가가 아담에게 왜 화를 내냐고 묻는다면 그는 이렇게 대답할 것입니다. "그야 이브 때문에 우리가 에덴동산에서 쫓겨났잖아요." 그러면 이브는 이렇게 말할 것입니다. "아담도 열매를 먹었잖아요. 그런데 모든 문제를 내 탓으로만 돌리는 거예요." 화가 날 때 우리가 가장 쉽게 할 수 있는 일은 배우자의 말과 행동을 비난하는 것, 배우자가 화를 돋우었다고 생각하는 것입니다. 물론 분노를 이해하려면 좀 더 깊은 연구가 필요합니다. 분노는 어디에서 비롯되는 것인가? 왜 화를 내는 것일까? 이 문제들은 수세기동안 인간 상황을 연구하는 관찰자들의 호기심을 자극해왔습니다. 우리 안에서 팽팽한 분노가 솟구치는 것을 느낄 때에 어떤 일이 벌어지고 있는 걸까? 이가 악물어지고, 턱이 굳고, 위가 뭉칠 때에는 무슨 일이 벌어지고 있을까? 아래층에서 "제발 좀 제시간에 준비를 끝마칠 수 없어?"라고 소리 지를 때에는? 혹은 불끈하여 뒤돌아서서 가버릴 때에는?

사회학자들, 특히 심리학자들은 분노와 대인 관계의 갈등 문제에 대해 아주 다양한 견해들을 발달시켰습니다. 그 모든 해석과 설명들을 요약하면 이렇습니다: 분노는 위협을 느낄 때에 발생하는 것입니다. 어떤 사람이나 삶의 정황이 우리를 위협한다고 느낄 때 우리는 화가 납니다. 우리는 어떤 행동, 말, 혹은 사건이 위험한 것이라고 해석합니다. 신체적, 사회적, 혹은 심리적으로 우리의 자아가 위협을 받고 있다고 상상합니다. 기본적인 가치, 신념, 혹은 기대가 공격을 받는 것처럼 말이죠.

부부란 모름지기 서로의 느낌을 완전히 공유해야 한다고 멜리사는 확신했다. 새로운 결혼생활에 대해 그녀는 커다란 기대를 품고 있었다. 브랜든과 여러 시간을 함께 하면서 다양한 경험과 삶에서 벌어지고 있는 일들에 대해 얘기를 나눌 것이라고 말이다. 브랜든은 짧았던 연애시절, 매우 조용했다. 하지만 멜리사는 일단 결혼을 하고 나면 자유롭게 공유하는 시간이 많아질 것이라고 기대했다. 결혼한 지 2년 만에 그들은 상담을 받으러 왔다. 브랜든이 관계 속에서 의사소통을 하지 않기 때문에 멜리사가 분노와 쓰라림을 느꼈던 것이다. 멜리사는 "남편이 침묵하는 건 나를 사랑하지 않기 때문에 나와 이야기하고 공유하길 원치 않는다는 증거예요!"라고 해석하였다. 멜리사의 분노는 자신의 공유 가치에 대해 느끼는 위협과 결혼생활이 위태로워질지도 모른다는 불안감에 대한 반응으로 생겨난 것이었다.

자아가 감지하는 위협은 공격을 당하고 있음을 알려주는 내부 경고시스템을 만들어냅니다. 이러한 "경종"에 대한 반응으로 우리의 전존재는 자연히 "경계 태세"를 갖추게 됩니다. 감지된 위험에 대한 반응으로 전시 체제에 돌입하는 것입니다. 이러한 각성의 상태는 복잡한 신체 변화를 동반합니다. 혈압 상승, 심장 박동 증가, 근육 긴장, 땀 증가, 그리고 혈액 반응의 변화를 불러일으킵니다. 가장 원초적인 생리적 반응들 가운데 하나로서, 우리의 몸은 순간적으로 싸움 혹은 투쟁에 대비하고 있습니다. 이렇게 자동적인 생물학적, 심리학적 과정은 위험에 맞서 싸울 준비를 갖추게 하든지 아니면 감지된 위험으로부터 도망치게 만듭니다. 그리고 이러한 각성 형태의 정서적 내용은 분노와 공포라는 두 가지 감정을 동시에 내포합니다.

한밤중에 누군가가 여러분의 집으로 침입한 것 같은 소리를 듣고 놀란 적이 있나요? 고속도로에서 누군가가 막아섰던 적은요? 그 때 여러분의 신체가 어떻게 순간적으로 준비 태세를 갖추었는지 떠올려보세요 — 심장이 마구 뛰고, 손바닥에 땀이 차고, 턱 근육이 긴장되었을 것입니다. 혼란스러웠던 감정도 떠올려보세요 — 상처 입을지도 모른다는 공포심과, 누군가가 감히 개인적인 공간을 침범하거나 길을 막아섰다는 데 대한 분노심이 일었을 것입니다. 간단히 말하자면, 우리는 자신이나 혹은 중요한 어떤 사물, 사람이 위협을 받을 때에 분노를 느끼게 되는 것이죠.

어떤 특정한 위협에 대한 반응으로 느끼는 분노의 강도는, 그 위험을 어느 정도의 크기로 인식하느냐에 따라 달라집니다 — 위협의 수준이 강할수록 정서적 반응도 강해지는 것입니다. 만일 위협이 아주 약한 정도라면 짜증이나 좌절감도 약하게 느껴질 것이고, 어쩌면 각성의 형태를 알아채지도 못할 것입니다. 하지만 위협의 수준이 최고치에 이른다면, 정서적 반응도 강렬해질 것입니다. 결혼생활에는 위험이 아주 많이 존재합니다. 그러므로 이 관계는 극도로 많은 위협을 생성할 수 있습니다. 자아의식은 이 관계에서 좀 더 상처받기 쉽습니다. 그리고 우리는 좀 더 높은 기대를 품습니다.

분노의 잠재력은 보편적입니다. 모든 문화권에서 모든 사람들이 분노를 경험합니다. 인간으로 산다는 것 자체가 여러 가지 신체적, 사회적, 심리적 위협에 부딪히는 것이기 때문이지요. 문화와 성격에 따라 사람들은 각기 고유한 방식으로 위협을 경험하며, 문화적 규범에 따라 분노를 표출합니다. 똑같은 상황에서도 한 사람은 위협을 느끼고 한 사람은 느끼지 않는다고 생각해봅시다. 왜 다를까요? 그것은 서로가 다른 가치관과 신념을 지니고 있기 때문입니다. 어떤 행동이 한 사람에게는 위협으로 느껴질 수 있지만 다른 사람에게는 그렇지 않을 수 있는 것입니다.

공동생활에 관한 가치관, 그리고 혼자가 된다는 것에 대한 두려움 때문에, 나(주디)는 결혼생활을 시작할 당시, 남편이 아내를 사랑한다면 긴급한 상황을 제외하고선 절대로 집을 떠나지 않을 것이라는 신념을 지니고 있었다. 그렇기 때문에 앤디가 전문가 회의와 강연회 참석을 위해 여행을 떠난다고 했을 때 그의 선택에 대해 위협감을 느꼈고 화가 났다. 여러 친구들이 내 느낌에 공감해주긴 했지만, 결국 나는 배우자가 여행을 떠난다고 해서 위협을 느끼지는 않는, 아주 다른 신념 체계를 지닌 남자와 여자도 많다는 사실을 알게 되었다.

성서에는 뭐라고 기록되어 있나요?

위협이 닥칠 경우 분노를 경험할 수 있는 능력의 보편성을 감안해 볼 때, 이러한 능력은 창조 질서의 일부라는 결론을 내려야 할 것입니다. 일부 그리스도인들은 분노가 마치 악의 결과라도 되는 양, 하나님의 목적에 따라 살고자 하는 사람이라면 분노를 회피해야 한다고 생각합니다. 하지만 분노의 능력은 죄가 아니라 하나님의 창조에 뿌리를 내리고 있습니다. 분노는 처음부터 인간 존재의 일부였으며, 우리의 생존에 반드시 필요합니다. 위협을 감지할 경우 걱정하거나, 화를 내거나, 두려워하는 등의 자연스러운 반응은 창세기 1장 31절에서 하나님께서 보시기에 "좋다"고 축복하셨던 바로 그 인간의 실재에 속합니다.

성장 과정에서 분노는 죄스러운 것이라고 배운 사람은, 선한 그리스도인은 분노를 표출하지 않으며 "가장 선한" 그리스도인은 아예 분노를 느끼지도 않는다는 주장을 성서가 지지할 것이라고 믿을 것입니다. 하지만 사실 성서는 분노의 경험이 인간 조건의 일부임을 당연하게 받아들입니다. 예를 들면 예수님도 아주 여러 번 화를 내셨습니다. 그 중에서도 가장 잘 알려진 경우는 성전에서의 축출사건일 것입니다: "노끈으로 채찍을 만드셔서, 양과 소와 함께 그들을 모두 성전에서 내쫓으시고, 돈을 바꾸어주는 사람들의 돈을 쏟아버리시고, 상을 둘러 엎으셨다." (요한복음 2장 15절) 십자가 위에서도 예수님은 하나님께 버림받은 느낌을 받았고, 버림받은 데 대한 분노 때문에 이렇게 부르짖으셨습니다: "나의 하나님, 나의 하나님, 어찌하여 나를 버리셨습니까?"(마가복음 15장 34절) 그리고 마가복음에서 예수님은 정작 자신들의 동정심 부족에는 눈이 먼 종교 지도자들의 율법주의에 "노하셔서 그들을 둘러보셨습니다."(3장 5절) 예수님은 그리스도교적 삶의 모범입니다. 그러므로 그의 예화를 통해서 분노가 반드시 사랑의 방법과 반대되는 것이 아니라는 사실을 확인할 수 있습니다.

성서에는 하나님께서 분노하신 일에 관한 이야기가 많이 실려 있습니다. 우리는 하나님의 형상대로 창조되었기 때문에 하나님과 마찬가지로 분노의 잠재력을 지니고 있습니다. 한편 성서는 분노가 죄로 이어질 수 있음도 분명히 보여주며, 화를 낼 때에 우리가 좀 더 파괴적일 수 있음을 경고합니다. 예를 들면

에베소서의 저자는 다음과 같은 구절로 분노에 대한 평가를 시작합니다. "화를 내더라도 죄는 짓지 마십시오."(4장 26절) 이 문장 속에 들어 있는 가정은 누구나 다 화를 낸다는 것입니다. 저자는 분노로 인해 죄를 짓지 않도록 지도하는 데 관심을 쏟고 있습니다. 화가 나 있을 때 좀 더 죄를 짓기가 쉽기 때문입니다. 간단히 말해서, 분노의 경험은 죄가 아니지만 분노의 표출은 확실히 죄가 될 수도 있습니다.

최초의 본보기는 창세기 4장 3~7절에 실린 가인과 아벨 이야기에서 찾아볼 수 있습니다. 우리는 가인의 죄가 분노에 있다고 생각하기 쉽습니다. 하지만 그 이야기는 분명히 전혀 다른 사실을 보여줍니다. 하나님께서는 가인이 "몹시 화가 나 있다"는 사실을 분명히 알고 계셨으며, "어찌하여 네가 화를 내느냐?"고 물어보시기까지 했습니다. 하나님께서는 가인이 화를 낸 게 죄라고 꾸짖으신 게 아니라, 가인이 죄를 짓기 쉬운 상태임을 경고하십니다: "죄가 너의 문에 도사리고 앉아서, 너를 지배하려고 하니, 너는 그 죄를 잘 다스려야 한다." 우리가 주목해야 할 점은 바로 이것입니다. 하나님께서 죄라고 여기신 것은 가인이 분노를 경험했다는 것이 아니라, 그 분노를 창의적으로 처리해야 할 책임을 저버리고 오히려 파괴적으로 처리했다는 것입니다. 결혼생활 역시 마찬가지입니다 — 우리는 화가 나 있을 때 배우자에게 죄를 저지르기 쉽습니다. 가인이 동생 아벨을 죽이기로 작정했던 것처럼, 우리도 자신의 분노를 창의적으로 처리해야 할 책임을 인정하지 않을 경우 서로를 상처 입히고 결혼생활을 파괴할 것입니다.

여러분은 분노의 잠재력이 인간의 죄스러운 본성이 아니라 하나님의 창조 질서에 속하는 것이라는 성서의 관점을 발견할 수 있습니다. 위협에 맞닥뜨렸을 때 화를 낼 수 있는 능력이 우리에게는 처음부터 있었습니다. 죄가 이 세상에 온 후에 생긴 것이 결코 아닙니다. 사실 분노의 능력은 하나님께서 두 가지 목적 때문에 우리에게 주신 선물입니다. 하나는 우리가 위험에 처해 있다는 사실을 자각하도록 하기 위해서고, 또 하나는 싸움이나 투쟁을 통해 살아남을 수 있도록 생리적인 준비와 심리적인 동기를 부여해주기 위해서입니다.

결혼생활 속에서도 분노는 관계를 위협하는 파괴적인 요인들을 파악하고 거기에 대항하도록 만들어주는 경종의 역할을 수행할 수 있습니다. 긍정적인 면에서 분노를 바라보세요. 그러면 그것을 승인하고, 인정하고, 축하할 수 있게 될 것입니다. 분노는 생명을 줄 수도 있고 파괴를 일으킬 수도 있으며, 관계를 형성할 수도 있고 파괴할 수도 있습니다. 이러한 능력을 어떻게 사용할 것인지는 우리에게 달려 있습니다.

분노와 갈등을 통전적으로 직면하기

부부관계 향상 이벤트에 참여하거나 상담을 하러 온 부부들은 대개 기초적인 질문을 던집니다. "어떻게 하면 좀 더 창의적으로 분노와 갈등을 처리할 수 있을까요?" 신앙인의 경우 그 질문에 대한 응답은 윤리적인 관점까지 포함해야만 합니다. 왜냐고요? 분노의 경험(각성의 증상들)을 통제하는 것이 아니라, 각성의 상태에서 우리의 행동을 통제해야 하기 때문입니다. 우리는 사랑을 좀먹고 관계를 파괴하는 방식으로 행동할 수도 있습니다(격분하거나, 냉담하거나, 적대하거나, 움츠러들거나, 욕설을 퍼부을 수 있습니다). 반대로 새로운 단계의 친밀감으로 이끌어주는 방식으로 반응할 수도 있습니다.

우리는 예수님이 우리의 평화며, 에베소서 2장 14절에 기록된 것처럼 예수께서 적대감의 담을 허무셨다는 복음을 믿는 그리스도인입니다. 그러므로 화해를 위해 헌신해야만 합니다. 우리는 "화해의 사명"을 완수하도록 부름 받았습니다(고린도후서 5장 18절). 그러므로 소원해진 사이를 이어주는 방식으로 분노와 갈등에 대해 반응해야만 합니다. 우리는 신앙의 관점에서 사랑을 표현하고 친밀감을 강화시켜줄 수 있는 창의적인 방식으로 분노를 처리하는 일에 전념해야 합니다. 그러면 지금부터 그리스도교 윤리의 맥락에서 통전적으로 분노를 처리하기 위한 몇 가지 기본적인 원칙들을 살펴보도록 하지요.

안전한 장소 마련하기

공개적, 창의적으로 분노를 직면하는 데 방해가 되는 요소들 가운데 하나는 자신의 분노와 배우자의 분노로 인해 생성되는 공포 — 판단과 거절, 포기, 관계 상실, 심지어는 신체적 상해에 대한 공포 — 입니다. 이 공포에 맞서기 위해서 우리가 할 수 있는 일은 무엇일까요? 최선의 출발점은 사랑이 공포를 없애준다고 하는 사실을 기억하는 것입니다.

> 사랑에는 두려움이 없습니다. 완전한 사랑은 두려움을 내쫓습니다. 두려움은 형벌과 맞물려 있습니다. 두려워하는 사람은 아직 사랑을 완성하지 못한 것입니다. (요한일서 4장 18절)

이와 같이 현명한 통찰을 통해서 우리는 "사랑 가운데 완전해지기" 위한 성장이 곧 갈등으로부터 두려움을 제거하기로 결심하는 것을 의미한다는 사실을 배우게 됩니다. 우리는 사랑 가운데 성숙하기를 원합니다. 그렇기 때문에 갈등과 분노를 처리할 수 있는 상황을 확실히 제공해줄 수 있는 기본적인 규칙을 세워두어야 합니다. 일단은 배우자에게 공포심을 안겨줄 수도 있는 행동들을 의도적으로 피하세요. 두려움을 일으키는 두 가지 주요요인은 신체적 위협(움켜쥐기, 흔들기, 구타하기, 밀기, 혹은 더 포괄적인 폭력)과 해로운 결과(이혼, 버림받음)에 관한 언어적 위협입니다.

어떻게 하면 우리의 분노가 상처를 입히거나 파괴할지도 모른다는 배우자의 두려움을 제거할 수 있을까요? 먼저 해를 입히지 않겠노라고 약속하세요. 화를 내지 않겠다는 맹세는 비현실적이고 터무니없는 것입니다(제8장의 서약 부분을 읽어보세요). 해를 입히지 않겠노라고 약속하고 나면 분노로 인한 행동을 통제할 수 있습니다. 그러므로 분노에 대해 좀 더 창의적으로 반응하게 해주는 안전한 상황, 안전한 장소가 제공됩니다. 사랑과 정의에 관한 약속은 개방적으로 정직하게 분노에 대처할 수 있도록 만들어줍니다. 무슨 일이 벌어지더라도 배우자에게 거절당하거나 버림받거나 신체적, 감정적 폭력으로 손해를 입을 일은 결코 없으리라는 신뢰가 있기 때문입니다. 무엇보다도 성서는 "완전한 사랑은 분노를 없앤다"가 아니라 "완전한 사랑은 두려움을 없앤다"고 말합니다.

폭력을 행사하지 않으리라고 확신할 수 있는 배우자를
둔 사람은 복이 있나니.

초기의 경고 시스템 발달시키기

분노에 책임을 지기 위해서는 먼저 분노가 어디에서 비롯된 것인지를 알아야 합니다. 하지만 대부분은 비난을 퍼붓거나 분개하여 움츠러든 후에야 비로소 분노를 자각하는 경우가 많습니다. 화가 날 것이라는 사실을 일찍 자각하면 할수록 (하나님께서 가인에게 명령하셨던 것처럼) "분노를 다스릴" 기회도 잘 포착할 수 있으며, 나아가 그 분노를 건설적으로 처리할 수 있는 이성적, 정신적 출처까지 발견할 수 있습니다. 윤리적으로 분노한다는 것은 곧 분노를 느끼고 있다는 사실을 스스로 자각하는 것입니다. 이러한 자각을 통해서 분노가 파괴적인 상태로 치닫기 전에 배우자와 함께 그 분노를 확실히 다스릴 수 있습니다. 예를 들어, 배우자가 이른 초기의 신호를 파악하고 다른 쪽을 선택한다면 짜증을 낼 필요가 전혀 없겠지요.

어쩌면 여러분은 이렇게 생각할지도 모릅니다. "보통은 갑자기 분노가 치미는데, 어떻게 미리 알 수 있지?" 만일 갑작스럽게 분노를 표출하는 사람이라면 신체적 각성 형태에 대한 자각을 민감하게 훈련할 필요가 있습니다. 분노가 일기 시작하는 걸 몇 분 만에 자각할 수 있도록 말이죠. 그렇게 하면 분노가 여러분을 통제하는 게 아니라 오히려 여러분이 분노를 통제할 수 있습니다. 만일 천천히 분노를 표출하는 사람이라면 암시적인 신호 — 신체적, 감정적, 행동적 단서 — 없이는 결코 분노가 생겨나지 않는다는 점을 명심하세요. 특유의 증상들을 파악해둠으로써 자기만의 초기 경고시스템을 발달시킬 수 있습니다.

연습문제: 분노의 증상 파악하기

잘 관찰해보고, 여러분이 화가 났다는 사실을 빨리 알아챌 수 있는 특유의 단서들을 찾아내세요. 배우자에게 도움을 청하고 이 연습문제를 함께 풀어보세요.

1. 신체적 증상부터 시작하세요. 여러분의 몸은 화가 났다는 사실을 어떤 식으로 알려주나요? 일반적인 신호에는 근육

긴장(앙다문 이, 팽팽해진 위, 오므린 입술, 벌름거리는 콧구멍), 심장 혈관의 불규칙적 변화(심장 박동 증가, 홍조를 띤 얼굴, 땀, 두통, 인후염이나 편도선염), 위장 장애(방귀, 가슴 앓이, 소화 불량, 설사) 등이 있습니다.

2. 감정적 단서도 살펴보세요. 기분은 어떤가요? 아마도 불안정하거나, 절망스럽거나, 실망스럽거나, 시무룩하거나, 안달이 나거나, 까다로워질 때 어느 정도의 분노를 경험할 것입니다.

3. 화났을 때의 행동방식을 확인하세요: 비꼬는 투로 말하거나, 움츠러들거나, 문을 쾅 닫거나, 애정을 보류하거나, 배고프지도 않은데 냉장고 문을 연다던가 하지요. 분노의 신호들 가운데에는 배우자와 관련된 것들도 있습니다. 배우자에게 요구한다거나, 배우자를 경시한다거나, 수치스럽게 한다거나, 비난한다거나, 조종한다거나, 비웃는다거나, 배우자에게서 움츠러드는 식으로 행동하는 것도 모두 분노의 신호입니다. 또한 배우자를 상처 입히거나, 품위를 떨어뜨리거나, 방해하는 행동들도 분노에서 비롯된 것임을 알 수 있을 것입니다.

분노를 공개적으로 드러내기

갈등으로부터 도망만 치고 직면하길 거부하는 것은 분노에 대한 두려움과 공포 때문에 일어나는 일반적인 현상입니다. 그렇지만 회피는 문제를 일으킬 뿐입니다. 분노를 무시하거나 감출 경우 대개가 파괴적인 방식으로 드러나기 때문이지요. 에베소서에는 다음과 같은 훈계가 실려 있습니다. "화를 내더라도 죄는 짓지 마십시오. 해가 지도록 노여움을 품고 있지 마십시오. 악마에게 틈을 주지 마십시오."(4장 26~27절) 이것은 분노를 감추고 억압할 경우 분노의 악마적인 힘에 상처입기 쉽다는 에베소서 저자의 인식을 드러내줍니다. 분노를 마음 속 깊은 곳에 꽁꽁 숨겨놓기만 한다면, 그것은 곧 파괴적인 힘을 갖게 됩니다. 왜냐고요? 분노를 창의적이고 애정 어린 방향으로 이끌어줄만한 이성적, 의지적, 정신적 능력을 상실하고 말기 때문입니다. 뿐만 아니라 "분노사건"을 우리 자신과 부부관계에 대해 새로운 것들을 배울 수 있는 "암시적 창문"으로 사용할 수 있는 기회도 상실하고 맙니다.

대부분의 경우, 알아채지 못하고, 표출하지 못하고, 해소하지 못한 분노의 감정은 다음번에 분노를 경험할 때 훨씬 더 격렬해진 각성으로 인해 상처를 입히고 맙니다.

조이는 여러 번 결혼하여 많은 부부관계를 맺어온 미숙한 어머니의 손에 자라났다. 엄마가 미숙한 청년기에 있을 때, 맏딸인 조이는 어린 동생들에게 가정주부 겸 엄마의 역할을 해주어야만 했다. 이것이 바로 조이가 10대 후반의 청소년시절 내내 유지해야만 했던 관계유형이었다. 조이는 단 한 번도 자신이 부당하게 짊어진 무거운 짐들에 대한 만성적 분노를 처리하지 못했다. 부정적인 느낌을 조금이라도 표현할라치면 엄마가 비이성적인 반응을 보였기 때문이다. 결국은 가정의 평화를 지키기 위해 분노의 느낌을 "감추는" 데 전문가가 되어야만 했다.

결혼하고 나서도 이런 관계유형은 계속되었다. 남편인 웨인에게 화가 났을 때에도 조이는 분노를 감추고 억압했다. 자신을 괴롭히는 어떤 문제에 대해 일언반구도 없이 한참동안 참았다가, 어느 순간 갑자기, 별로 심한 일도 아닌데 "발작적으로" 흥분을 하곤 했다. 그 결과 웨인은 움츠러들었고 좀 더 자주 집을 비우게 되었다. 그들 부부가 치료를 하러 왔을 때, 우선은 분노를 쌓아두려고만 하는 성향부터 처리해야 했다. 조이는 화가 날 때 그 사실을 확인하고, 웨인에게 전달한 다음, 자기가 원하는 것을 명확하게 이야기하는 방법을 배우게 되었다. 그리고 그 결과 웨인은 좀 더 창의적으로 반응할 수 있는 기회를 얻게 되었다.

돌보지 않고 내버려둔 분노는 마음 속 "창고"에 들어 있다가, 시간이 지나면 마치 냉장고 문을 열어둔 음식처럼 "변질되어" 버립니다. 분노는 쓰라림, 질투, 적대감, 그리고 증오로 변질됩니다. 이것들은 또 파괴적인 말과 행동을 낳습니다. 예수님은 산상수훈에서 이와 같은 분노의 파괴적 표출에 대해 경고하십니다.

옛 사람들에게 이르기를 '살인하지 말아라. 누구든지 살인하는 사람은 재판을 받을 것이다' 한 것을 너희가 들었다. 그러나

> 나는 너희에게 말한다. 자기 형제나 자매에게 성내는 사람은, 누구나 심판을 받는다 …… (마태복음 5장 21~22절)

이 구절은 분노를 느끼는 게 살인을 저지르는 것과 똑같다는 사실을 가르치기 위해 자주 인용되었습니다. 하지만 여기에서 "성내다"로 번역된 그리스어 동사는 현재분사로서, 지속적인 행동을 가리키는 말입니다. 좀 더 정확한 번역은 찰스 윌리엄스의 번역입니다: "자기 형제나 자매에게 악의를 품은 사람은 누구나 다 심판을 받는다." 또한 뉴 잉글리시 바이블은 "자기 형제나 자매에게 분노를 품은 사람은 누구나 다 심판을 받는다"고 해석합니다. 이렇게 볼 때 예수님은 일반적인 분노의 경험을 얘기하고 계신 게 아님이 분명합니다. 오히려 여기에서 예수님이 말씀하시고 있는 것은, 해소되지 않은 분노 때문에 마음이 곪아 결국에는 파괴적인 행동을 저지르고 마는 경우입니다. 22절 후반부에서 예수님은 이러한 파괴적인 행동의 예를 들어주십니다 ─ "자기 형제나 자매를 모욕하는 사람은, 누구든지 의회에 불려 갈 것이요, 자기 형제나 자매를 바보라고 하는 사람은, 누구든지 지옥 불 속에 던짐을 받을 것이다."

분노를 쌓아두지 않는 것은 중요한 일입니다. 그래야만 분노의 경험을 남에게 감염시키지 않을 수 있습니다. 분노 위에 분노가 쌓이면 긴장이 너무 커져서, 통제를 벗어나고 맙니다. 분노를 쌓아두지 않는 부부는 똑같은 사건이 불러일으키는 문제도 감소시킬 수 있습니다. "분노를 거명하고, 분노를 주장하고,

분노를 재구성하고, 분노를 길들이겠다"고 약속하세요. 그러면 분노의 경험을 마음 속 깊은 곳에 묻어버리는 일이 없을 것이고, 그것이 나중에 우리 행동에 영향을 미치는 일도 없을 것입니다. 그런 식으로 부부는 분노의 사건들로부터 뭔가를 배울 수 있습니다. 분노의 경험은, 드러내고 해소할 필요가 있는 심각한 위협에 비하면, 그야말로 "빙산의 일각"일 뿐이기 때문입니다.

> 알과 스텔라는 돈을 어떻게 지출할 것인지에 대해서 끊임없이 논쟁을 벌였다. 하지만 알에게 좀 더 큰 위협은 경제적 안전에 대한 욕구와, 자신들의 소비 형태가 미래를 위태롭게 할지도 모른다는 두려움이었다.
> 케리는 남편이 밤늦게까지 자지 않는 바람에 자주 좌절감을 느꼈다. 헤이즐은 케리 없이 혼자 잠자리에 드는 게 힘들다고 했다. 하지만 헤이즐의 진짜 관심사는 아내가 성생활에 관심을 두지 않는다는 데 있었다.

손님이 들이닥치기 직전에 분노가 발생하는 경우도 많습니다. 출근 직전이나 약속 장소로 이동하는 도중에도요. 그런 경우엔 분노의 사건을 완전히 처리한다는 게 불가능합니다. 이것은 매우 위험합니다. 둘 다 이 사건을 잊어버려 "망각될" 수도 있고, 기억하고 있더라도 굳이 불편한 감정을 다시 불러일으켜 갈등을 야기하고 싶지 않을 것이기 때문입니다. 좀 더 효과적인 선택은, 분노의 감정을 파악한 사람이 부부비망록에 기록해 두고 나중에 대화를 나눌 수 있도록 요청하는 것입니다.

정직해지기

에베소서의 저자는 이렇게 말합니다. "우리는 사랑 안에서 진리를 말하면서, 모든 면에서 자라나서, 머리이신 그리스도에게까지 이르러야 합니다."(4장 15절) 부부는 기꺼이 진실을 이야기해야 합니다. 이것은 사랑을 유지하기 위한 중요한 약속입니다. 배우자를 사랑하는 것과 대면하는 것은 깊은 연관이 있습니다. 정직한 대면에 따라 사랑의 깊이를 측정할 수 있는 것입니다. 예수님은 대면할 수 있을 만큼 사랑하셨습니다; 정직하지 못한 채로 우리가 과연 사랑을 할 수 있을까요?

미소의 가면을 쓰고서 화나지 않은 척 한다거나, 진짜 감정과 모순된 말을 하는 것은 부정직한 행동입니다. 배우자를 속이는 것은 거짓말이며, 친밀감의 토대가 되는 신뢰를 위협하는 것입니다. 우리는 자료를 오해하거나("문이 우연히 쾅 닫혔어요.") 잘못 해석하거나("당신이 화를 낼 줄은 몰랐어요.") 감정을 숨긴다거나(찌푸린 얼굴 대신 억지웃음을 짓는 것) 함으로써 상대방을 속입니다. 말하자면 제3장에서 논의했던 대화의 신성한 계시적 과정이 왜곡되고, 배우자는 속은 채로 잘못된 실재에 대해 반응을 보여주게 되는 셈입니다.

에베소서의 저자는 "화를 내더라도 죄는 짓지 말라"고 경고하면서 이렇게 말합니다. "그러므로 여러분은 거짓을 버리고,

각각 자기 이웃과 더불어 참된 말을 하십시오."(4장 25절) 배우자가 바로 그 이웃이라고 생각해보세요(확실히 그렇긴 합니다!) 그러면 우리는 분노를 포함한 모든 정서적 생활에 대해 정직하게 처리해야 할 윤리적 책임을 지게 됩니다. 배우자는 우리 마음속에 무엇이 있는지 알 권리가 있습니다. 특히 감정적인 내용물을 말이죠. 분노를 숨기려는 노력은 우리의 통전성을 무너뜨리고 맙니다.

책임을 인정하기

분노를 책임진다고 하는 것은 배우자 쪽에서 우리가 분노할 만한 사건을 일으킴으로써 화나게 한 게 아니라는 사실을 인정하는 것입니다. 우리가 화난 것은 배우자의 어떤 행동이나 말이 (아니면 배우자가 어떤 행동이나 말을 하지 않은 것이) 우리를 위협했기 때문입니다. 통전적으로 분노를 처리한다는 것은 분노가 우리의 문제에서 출발한다는 사실, 그러니까 우리 자신이 위협받는 당사자라고 하는 사실을 인정하는 것입니다.

분노에 대해 이렇게 책임을 인정하고 나면, 이 상황에서 위협을 느끼는 게 적절한지 안 한지, 필요한지 안 한지를 결정하는 문제로 넘어가야 합니다. 배우자의 말이나 행동이 문제인가요? 부당하게 위협을 당했나요? 무시당하거나, 조롱당하거나, 거부당하거나, 조종당했나요? 아니면 배우자의 말이나 행동을 위협으로 해석한 것이 기본적으로 여러분 탓인가요? 상황을 점검해

보고 위협을 느낀 것이 자신의 미숙함 때문인지, 예민함 때문인지, 아니면 충족되지 않은 욕구 때문인지를 파악하세요.

각자의 분노에 대한 책임을 인정하는
부부는 복이 있나니.

창의적인 대면

산상수훈에서 "평화를 이루는 사람은 복이 있다. 그들이 하나님의 자녀라고 불릴 것이다"(마태복음 5장 9절)라는 예수님의 말씀은 부부가 평화와 화해를 위해 솔선수범할 것을 명합니다. 그리스도교의 사랑은 공동체를 보호합니다. 분노가 평화를 혼란에 빠뜨릴 것 같은 경우에는, 수동적이 아니라 혁신적으로 공동체를 보호합니다. 결혼생활에도 그런 상황이 분명히 존재합니다. 분노를 빨리 공개하면 할수록 피해를 최소화하고 화해할 수 있습니다. (배우자 때문에 화가 났을 때, 혹은 배우자가 화났다는 사실을 감지했을 때) 재빨리 창의적으로 행동할 수 있는 것은 성령님이 화해와 친밀감으로 다시금 인도해주실 것이라는 믿음 때문입니다. 정직하게, 혁신적으로 대면하겠노라고 작정하세요. 그리고 다음 질문으로 넘어가세요: 화가 났다는 사실을 배우자에게 창의적으로 전달할 수 있는 방법은 무엇인가요?

자신의 분노에 관하여 대화하기

심호흡을 한 번 하고 대화의 문을 여세요. 자신의 언어와 스타일로 대화를 시작하세요. "내가 지금 분노를 느끼고 있는 데 대해서 당신과 얘기를 나누고 싶어요." 분노를 제대로 확인하거나 설명하면(절대로 분노를 "내뱉거나" "내던지지" 마세요) 배우자도 비난이나 공격을 당한다는 느낌을 갖지 않을 것입니다. 더불어 "해를 입히지 않겠다는 약속"까지 한다면, 배우자가 두려움을 느낄 필요도 없겠지요. 만일 배우자가 방어적인 태도를 취하거나 여러분의 말을 제대로 들어보기도 전에 반응을 보인다고 생각되면, 먼저 충분히 들어달라고 부탁하세요 ─ "내 표현이 서툴지도 몰라요. 10분만 내 말을 들어주고 나서 당신 얘기를 해줘요."

배우자의 관심을 집중시킨 다음, 몇 분 동안 아무런 방해 없이 이야기를 털어놓을 수 있다면, 상황을 상세하게 설명할 수 있을 것입니다. 여러분이 무슨 일을 겪었는지, 그 상황을 어떻게 인식했는지, 어떤 느낌이 들었는지, 무엇을 원하는지 설명하세요(제3장에서 논의했던 자각의 바퀴를 이용하세요). "……때문에 화가 났어요." 이렇게 말을 꺼내면서 대화를 시작하면 됩니다. 물론 여러분이 분노의 경험에 대해 모든 걸 다 알 수는 없겠지요. 하지만 그 순간 여러분이 알고 있는 것에 대해서는 전달할 수 있습니다.

**분노의 감정을 점검하는 배우자를 둔 사람은
복이 있나니.**

만일 부부간에 분노가 발생했는데(분노의 말이나 행동을 주고받았는데) 아무런 해결책도 주어지지 않았다면, 나중에 먼저 대화를 꺼내보세요. "어제 사건에 대해 내 느낌을 설명하고 싶어요. 나를 화나게 만든 원인에 대해 아는 대로 얘기해 볼게요. 몇 분 동안만 내 얘기를 들어줄래요?"

배우자가 관여하게 만들기

화가 난 당사자도 여러분이고, 그 분노의 감정을 이해하고 해결해야 할 기본적인 책임을 진 사람도 여러분임을 인정한다 할지라도, 그 분노가 관계를 위협할 수 있다는 사실을 명심하세요. 분노를 전달하고 난 다음에는, 또 다른 위협 요인이 있는지를 점검해볼 수 있도록 배우자를 초청하세요. 분노에 대해 책임져야 할 사람은 여러분이지만, 배우자가 함께 그 원인(위협)을 발견하고 친밀감 형성에 기여할만한 해결책을 모색해주길 원한다는 사실을 전달하세요. 그러면 결국 배우자도 분노를 넘어 해결로 나아가는 일, 용서와 화해의 길로 나아가는 일에 앞장서게 될 것입니다(제7장을 읽어보세요).

배우자는 그 누구보다도 여러분을 잘 압니다. 그러므로 여러분의 분노를 부채질하는 복합적인 위협을 발견할 수 있도록 소중한 도움을 제공할 것입니다. 물론 잠재적인 해결책을 확인하는 것 역시 배우자의 도움이 필요합니다. 위협을 감소시킬 수 있는 변화에 배우자가 동의해주어야만 하니까요.

서약하기

이제 분노를 점검하고 위협을 확인했으니, 행동을 바꾸고 해결과 화해를 향해 나아갈 수 있습니다. 여러분이 알아낸 것들을 요구와 행동으로 정리해서, 제8장에 설명해놓은 것처럼, 서약서를 작성하세요.

연습문제: 좌절감을 줄이기 위한 서약

서약의 행동 수정 과정은 제8장 마지막 부분에서 소개할 것입니다. 현재의 좌절 요인을 선정하고, 위협을 확인하세요. 그런 다음 서약 절차에 따라, 위협을 줄여주는 행동 변화를 실천하세요.

참고. 만일 자신의 분노를 이해할 수 없다거나, 서약을 지속적으로 지킬 수 없다면, 전문 상담자와 몇 회기 상담할 수 있는 기회를 스스로에게 선사하세요. 소원한 관계가 다시 이어지도록, 분노를 일으키는 심각한 문제들을 발견하고 해결하는 데 전념하세요. 분노와 갈등 때문에 고통스럽다면, 그 과정을 책임지고 도와줄 수 있는 제3의 인물을 찾아보세요. 분노가 이미 심각한 상태에 이르렀나요? 그렇다면 지금 당장 상담자를 만나보세요. 좀 더 파괴적인 상태로 치닫기 전에 말입니다.

배우자가 화났을 때 여러분이 할 수 있는 일은 무엇인가요?

부부관계에서 분노가 발생할 경우, 그 분노를 확인하는 방법을 익히고 자기 인식을 증가시켜야 할 책임은 두 사람 모두에게 있습니다. 우리는 배우자의 감정 상태를 알 수 있을만한 언어적, 비언어적 신호들을 볼 수 있습니다. 굳이 말하지 않더라도 배우자가 화나 있다는 사실을 알 수 있습니다. 배우자가 화났을 때, 우리는 자신의 성격과 가족이야기에 입각하여 다음과 같이 반응하고 싶은 유혹을 느끼게 됩니다.

방어적인 태도 취하기

배우자가 화를 낼 때 여러분은 공격당한 느낌을 받을 수도 있습니다. 그래서 즉각 그 분노가 부당하다고 생각하고(사실 부당한 것일 수도 있지만) 방어적인 자세를 취하게 되는 것입니다.

그 다음에는 합리화하거나, 발뺌하거나, 아니면 저항하지요. 수많은 언어적, 비언어적 방법을 동원해서 문제는 배우자에게 있다고 주장하고, 그로써 좀 더 큰 갈등을 불러일으키게 됩니다.

죄책감 느끼기

자신에게 뭔가 잘못이 있다고 생각하고 죄책감을 느낄 수도 있습니다. 자존감이 낮은 사람이나 수치심을 바탕으로 한 가정에서 자란 사람이라면, 자연히 자신에게 잘못이 있으며 비난을 받는 게 마땅하다고 생각할 것입니다. 이런 자세는 부부간에 상하관계를 확고히 하고, 여러분을 하위에 배치합니다. 그리하여 여러분을 죄책감을 느껴야 할 당사자로 만들고, 부정에 취약한 존재로 만듭니다.

반격하기

배우자가 해로운 방식으로 분노를 표출할 경우, 제일 먼저 느낄 수 있는 것은 배우자에게 벌을 내리고 싶은 충동입니다. 이렇게 반격을 할 경우("나도 화가 났다는 걸 보여줄 거야!") 우리의 동기는 사랑받고 싶은 마음에서 이기고 싶은 마음으로 변해버립니다. 배우자가 포기하게 만들고 싶어집니다. 배우자가 틀렸다는 사실을 증명하고, 죄책감을 느끼게 만들고 싶어집니다. 승부욕 때문에 친밀감에 대한 욕구는 사라져버리고, 배우자가 항복하고 패배를 인정하게 만들 만한 온갖 방법을 동원하여 싸우게 됩니다. 이런 과정에서 벗어나기란 결코 쉬운 일이 아닙니다. 중요한 것은 소리 지르고 비명을 지르거나, 침묵하고 움츠러드는 승패의 순환 고리를 끊어버리는 것입니다. 상처를 주는 말과 행동은 극복하기가 어렵습니다.

귀 기울여 듣고 창의적으로 응답하기

가장 이상적인 방법은 배우자가 화를 낸다고 느껴질 때 그러한 인식을 배우자에게 알려주는 것입니다. 어떻게 하면 방어적인 자세를 취하거나 죄책감을 느끼거나 반격하는 일이 없이, 창의적인 반응을 보여줄 수 있을까요? 배우자가 화가 난 것은 어떤 말이나 행동으로 인해 위협을 느꼈기 때문이라는 사실을 명심하세요. 무엇이 문제인지를 합심하여 밝혀내고 싶다는 점을 배우자에게 확실히 전달하세요.

"뭐가 문제야?" 하는 식의 상투적인 질문은 던지지 마세요. 그런 질문에는 애매한 대답 밖에 돌아오지 않습니다. "아무 일도 아니에요" 하든가, 조금 더 발끈해서 "그것도 몰라!"라고 대답할 것입니다. 좀 더 나은 방법은 제3장에서 살펴보았던 대화의 기술을 사용하는 것입니다. 사건에 대한 인식을 전달하고, 그 분노를 창의적으로 해결하기 위해 변화시켜야 할 것들을 밝혀내는 과정에 동참하고 싶다는 의지를 전달하는 것이지요. 여러분은 자진해서 위협을 밝혀내고 해소하는 과정에 참여할 수 있습니다.

먼저 휴전을 맺으려고 애쓰는 배우자를 둔 사람은
복이 있나니.

배우자의 분노가 부적절한 방식으로 표출된다면 여러분은 상처를 입거나 거부감을 느끼게 될 것입니다. 그럴 땐 어떻게 해야 할까요? 마태복음 18장 15~17절에 실린 예수님의 말씀에 따르면, 잘못되었다고 느끼거나 부당한 대우를 받았다고 느낀 사람 쪽에서 먼저 화해의 과정을 시작해야 합니다: "신도가 너에게 죄를 짓거든, 가서, 단 둘이 있는 자리에서 그에게 충고하여라."(18장 15절; 마태복음 5장 23~24절도 읽어보세요) 배우자의 분노 때문에 겪고 있는 상처, 슬픔, 거부당한 느낌을 먼저 이야기하세요. 자각의 바퀴를 사용하여 여러분의 반응을 최대한 자세히 설명해보세요.

남편과 아내는 어떻게 다른가요?

남자와 여자의 분노에 대해서 밝혀낸 첫 번째 사실은 바로 양성이 똑같은 양의 분노를 지니고 있다는 점입니다. 대개는 남자가 여자보다 자주 분노를 경험한다고들 알고 있습니다. 하지만 그것은 잘못된 생각입니다. 연구 결과에 따르면, 유사한 상황에서 여자와 남자가 보여주는 분노의 수준은 똑같다고 합니다. 물론 다들 잘못 알고 있는 데에도 그만한 이유가 있습니다: 일반적으로, 남자와 여자가 서로 다른 식으로 분노를 경험하고 표출하도록 사회화되기 때문이죠.

여성의 사회화

여자들은 분노를 자극하는 요인도 참아내도록 사회화됩니다. 그렇게 교육받아왔기 때문에 "분노를 감수하는" 것도 당연하게 여겨집니다. 분노에 반응을 보이는 것은 여성적이지 못하다는 평가를 받습니다. 여자가 화를 내면서 말하면, "고약한 여자"나 유머 감각이 전혀 없는 여자라고 비난받거나, "너무 예민한 사람", 성급한 페미니스트라는 딱지가 붙습니다.

여자들은 분노와 공격을 이기심과 혼란에 연결 짓는 경우가 많습니다. 가족의 안정에 중요한 인물이거나 가정의 평온을 책임지고 있는 사람이라면, 공격적으로 행동하거나 분노를 표현하도록 스스로를 허용하는 게 더 어려울 것입니다. 그들에게는 그런 감정과 행동이 가족을 방해하고, 나아가 자신이 무책임하다는 느낌을 받게 되는 게 더 심각한 문제입니다. 또 여자들은 평화와 조화를 위해 헌신하느냐, 분노를 표출하느냐 사이에서 자주 긴장감을 느낍니다. 그들은 최대한 오랫동안 분노를 억압할 수 있습니다. 심지어는 분노를 표출하는 동안에도 자신이 잘못했다는 죄책감을 느낄 수 있습니다. 분노를 표출하고서 해방감을 느끼는 게 아니라 오히려 수치심과 죄책감을 느끼게 되는 것입니다.

이런 식의 교육을 받으며 성장한 아내들은 이런 사회화 과정이 부부관계에 미칠 수 있는 악영향을 조심해야 합니다. 겉보기에는 모든 게 고요하고 차분하게 유지되면서도 정작 분노가 쌓이는 일이 없도록 조심해야 합니다. 아내는 모든 걸 희생하면서까지 평화를 유지해야 할 책임이 없습니다. 그런 억압은 자칫 신체적, 정서적 스트레스나 우울증, 불필요한 폭발, 혹은 친밀감을 떨어뜨리는 간접적인 분노표출 방법들(침묵하기, 다른 친구들에게 불평을 털어놓기, 자녀에게 뒤집어씌우기, 성적으로 움츠러들기, 어리석게 돈 낭비하기)로 이어질 수 있습니다. 부부치료와 부부관계 향상 이벤트에 참가한 여자들은 대부분 결혼생활의 어떤 측면들에 대해서 강렬한 분노를 표출합니다. 그러면서도 정작 자신에게는 현 상황을 변화시킬 수 있는 힘이 전혀 없다고 생각하지요. 앞에서 설명한 것처럼, 좀 더 직접적으로 접근하려는 마음가짐이 상황을 바꿀 수 있습니다. 아무쪼록 분노를 표출하고 난 다음에는, 죄책감이나 수치심 때문에 너무 빨리 사과를 하거나 감정을 억압하는 일이 없도록 조심하세요.

남성의 사회화

일반적으로 남자들은 분노가 삶의 필수 요소요 공격이 적절한 반응이라는 식의 좀 더 긍정적인 생각을 하도록 사회화됩니다. 그들은 분노를 느껴도 되고 말이나 행동으로 분노를 표출해도 되게 허용되어 있습니다. 심지어는 공격을 칭찬받기도 하고, 거칠게 반격함으로써 좀 더 높은 지위를 차지하기도 합니다. 그들은 분노에 대해 공격적으로 대응하는 것이 "남자다운" 행동이라고 배웁니다.

> 앤디 아버지는 싸움을 피할 수 있다면 모든 방법을 다 동원해서 피하라고 가르쳤다. 하지만 명예를 지키기 위해서는 "주변에 있는 막대기 중에서 가장 큰 걸 집어 들고 싸우고, 무슨 일이 있어도 이겨야 한다"고 가르쳤다. 과연 그의 누이들도 그런 충고를 듣고 자랐을까?

계집애 같거나 겁쟁이처럼 보일 경우, 자칫 동료나 남자 멘토(아버지, 코치, 상사, 사장 등)에게 존중을 받지 못할 수도 있습니다. 남자는 종종 공격적으로 분노를 표출할 필요가 있습니다. 말(비난, 위협, 허풍)로든지 행동(싸움, 상처를 주려는 의도로 펼치는 운동 경기)으로든지, 자존감을 유지하기 위해서는 그래야만 하는 것이지요.

남자들은 지배하기 위한 도구로서 공격을 이용하라고 배웁니다. 이성이나 매력으로도 뜻을 이룰 수 없을 경우, 남자들은 공격적인 분노를 표출할 수 있습니다. 자존감을 강화시키거나 회복하기 위해서는 복종하게 만들라고 배워왔기 때문입니다(특히 아내와 자녀의 경우).

이런 식의 교육을 받으며 성장한 남편들은 협박의 언어로 분노를 표출하거나 권력을 차지하고 싶은 유혹에 지지 않도록 조심해야 합니다. 그런 태도는 두려움과 소외감을 안겨줄 뿐이며, 이런 감정은 극복하기가 어렵습니다. 남자들은 말 그대로 아내를 상처 입히는 신체적 수단을 사용하지 않도록 주의해야만 합니다. 제아무리 평등한 부부관계를 위해 의식적으로 헌신하고 있다 할지라도, 남자는 이미 가족의 머리라는 전통적 지위를 차지하도록 사회화되었음을 잊지 마세요. 마음 속 깊은 곳에는 여러분이 아내와 자녀에 대한 권리를 쥐고 있다는 생각이 숨어 있을 수 있습니다.

두려움

남자와 여자가 각각 분노를 두려워하는 이유는 따로 있습니다. 여자들은 분노를 직선적으로 처리할 경우 관계가 깨질까 봐, 남자가 떠나버릴까 봐 더 두려워하는 것 같습니다. 사랑과 인정을 주지 않았던 부모(혹은 화가 났을 때 신체적으로 분리시켰던 부모) 밑에서 자란 여자들은 이런 위협에 훨씬 더 취약할 것입니다. 분노 때문에 결혼생활이 와해될까 봐 두렵기 때문이죠.

> 러셀은 서부 텍사스 목장 마을의 전통적인 가정과 공동체 속에서 자라났다. 그는 자신이 "성주"라고 굳게 믿었으며, 가정 내의 결정과 판단은 모두 자기가 내려야 한다고 믿었다. 그의 아내 패트리샤도 처음엔 똑같은 생각을 갖고서 결혼생활을 시작

하였다. 하지만 시간이 흐를수록 자신도 결정을 내릴 권리가 있다고 믿게 되었다. 특히 자신에게 영향을 미치는 문제에 대해서는 더더욱 그러했다. 남편이 자꾸 말을 끊어버리거나 의견을 무시하자, 그녀는 성장 중인 자아의식이 위협을 당할 때마다 분노의 목소리를 높이기 시작했다. 그녀는 하나님께서 창조하실 때 지능을 주시고 자기 견해를 피력할 수 있는 권리를 부여해주셨음을 깨달았다. 그리하여 러셀과 다른 생각들을 말하기 시작했고, 의사 결정 과정에 끼어들기 시작했다. 이 일로 남성적 자존감에 위협을 느끼게 된 러셀의 첫 번째 반응은 입을 다물어버리는 것이었다. 그러다가 수차례 같은 일이 반복되자 공격적인 말을 내뱉기 시작했다.

남자들이 무엇보다도 두려워하는 것은 자신의 분노가 더 이상 효과를 발휘하지 못하는 것입니다. 갈등에서 지고 나면 지위와 자존감을 상실할 수 있기 때문입니다. 이렇게 분노를 표출해도 자기가 통제하고 싶은 사람에게 별로 효과가 없다고 여겨질 경우, 남자들은 상대방을 압도하고 묵종을 얻어내기 위해 분노의 표출을 좀 더 강화시킬 수 있습니다.

러셀은 패트리샤의 행동에 위협을 느끼자 화를 내면서 협박하기 시작했다. 그는 패트리샤가 부족한 아내라고, 남편의 역할을 약화시키는 아내라고, "자기가 남편보다 낫다"고 생각하는 아내라고 공격하였다. 그는 아내에게 욕설을 퍼붓고 언어적인 폭력을 행사하였다.

분노가 이렇게 강렬한 단계에 이르면, 남자들은 자신이 자칫 자제력을 잃고 정서적으로나 신체적으로 해로운 격노의 단계로 치달을까봐 두려워하게 됩니다.

러셀은 패트리샤를 "신체적으로 학대하게" 될까 봐 두려워서 몇 시간씩 집을 나가버렸다. 패트리샤가 상담을 받아보자고 제안했을 때 그가 (주저하면서도) 동의했던 것은, 무엇보다도 자신이 신체적으로 폭력을 행사하여 결혼생활을 깨뜨릴 수도 있다는 두려움 때문이었다.

여자들도 그러한 가능성에 대해 똑같은 두려움을 느낍니다. 신체적으로 몸집이 작고 힘이 약하기 때문에 폭행을 당하기 쉽다는 사실을 잘 알고 있습니다. 사실 많은 여자들이 개인적으로 남자에게 신체적 폭행을 당하거나, 가정 내에서 혹은 친구들 사이에서 그런 일을 목격해 왔습니다. 물론 여자도 폭력적으로 분노를 표출할 수 있습니다. 하지만 이런 일로 남자가 두려움을 느끼는 경우는 거의 없습니다. 여자들이 느끼는 신체적 두려움 너머에는 버림받을 수도 있다는 불안감이 도사리고 있습니다.

패트리샤는 분노가 언어폭력으로 확대되자 무서워졌다. "남편이 나에게 손을 댄 적은 한 번도 없었지만," 자제력을 상실하는 순간 "생각할 수도 없는 일들"이 벌어질까 봐 매우 두려웠다.

그녀는 한참동안 자신의 분노를 억압하였다. 그것은 순전히 남편이 떠날지도 모른다는 두려움 때문이었다. 바로 이 시점에서 그녀는 남편에게 부부 상담을 받아보자고 제안하였다.

울음

여자들은 화가 날 때 보통 울음을 터뜨림으로써 좌절감을 표출하는 경우가 많습니다. 그것은 울음이 분노의 표출을 둔화시키기 때문입니다. 한참동안 분노를 삼키고만 있다가 엄청난 긴장이 축적되어 결국 그 분노를 표출하고자 할 때, 눈물은 이러한 긴장을 덜 위협적으로 배출할 수 있습니다. 한 여자는 다음과 같이 말합니다.

> 나에게 분노란 우는 것과 아주 밀접한 관계가 있어요. 화가 날 때마다 결국은 울고 말지요. 아마도 무력감 같은 데서 비롯되는 것 같아요. 처음에는 분노를 느끼는 것에 대해 죄책감이 들어요 …… 그리곤 언제나 눈물을 흘리게 되요. 분노에 압도당하는 느낌이 들지만, 그걸 어떻게 표출해야 할지 모르겠어요. 적절하게 화낼 수 있는 방법을 모르겠어요 …… 너무나도 절망스러워서, 그래서 우는 거예요(이 장 마지막의 "추천도서" 목록에 소개해놓은 캠벨의 저서 46쪽을 읽어보세요).

남편들은 눈물을 아내의 연약함이나 후회로 해석하고픈 유혹에 빠지지 말아야 합니다. 분노의 표출인 울음소리에 귀를 기울이세요. 남자의 분노 표출만큼이나 심각하게 아내의 눈물을 받아들이세요. 아내가 화를 낼 때 웃거나 귀엽다고 말하지 마세요. 아내는 결코 귀엽지 않습니다: 아내는 미쳤고, 지금은 전혀 우스운 상황이 아닙니다. 아내의 눈물을 위로하려고 들지 마세요: 분노를 몰라주는 여러분의 둔감함 때문에 아내는 오히려 더 화를 내게 됩니다. 눈물을 보고서 죄책감을 느낀 남편들은 두려워하거나 위협을 느낄 수 있습니다. 하지만 눈물을 조종으로 해석하고픈 유혹에 맞서세요. 대신에, 귀를 '기울이세요'! 아내의 내부에서 일어나고 있는 일을 이야기해 달라고 요청하세요.

또 아내들은 울음을 터뜨렸다는 사실에 당황한 나머지 직접적인 분노 표출 방법을 못 찾아내는 일이 없도록 조심해야 합니다. 울고 나서 사과할 필요도 없습니다. 다 지나가고 이야기를 다시 시작할 수 있을 때까지 남편에게 기다려 달라고 요청하든가, 아니면 눈물을 흘리면서 계속 이야기하세요.

끝까지 대화하기

또 다른 문제의 원인은 남자와 여자가 서로 다른 식으로 분노를 처리하도록 사회화된 것에 있습니다. 여자는 보통 해결책이 주어질 때까지 끝까지 대화하라고 배웁니다. 앞의 대화 부분에서 설명한 것처럼, 여자들은 대화를 사용하여 관계를 형성하고 유지하도록, 그리고 대화를 갈등 해소의 주요방편으로 삼도록 배웠습니다. 하지만 남자들은 대화를 이용하여 정보를 처리하고 계급을 형성하며 관계를 조종하도록 배웁니다. 그래서 아내가 화를 낼 때 남편은 좀 더 복잡한 감정 단계에 관심을 기울이지 않고 그저 사실만을 따집니다. 심지어는 "문제"에 관하여 이야기를 나누는 것조차 거부할 수 있습니다. 문제가 없다고 여기거나 혹은 그 문제로 인해 위협을 당한다고 느끼기 때문이죠. 이런 태도는 아내를 훨씬 더 좌절하게 만듭니다. 대화하려는 마음이 전혀 없고 "감정적으로 무능한" 남편 때문에 더욱 더 화가 나게 됩니다. 남편들은 자기 깊숙이 있는 감정을 확인하기 위해 위험을 무릅써야 합니다. 그리고 아내를 화나게 만드는 것들에 대해 의미 있는 대화를 나눌 수 있도록 계속해서 노력해야 합니다.

남편에게 중요한 것은, 아내가 화를 낼 경우 도전하려는 의도가 전혀 없다는 사실을 깨닫는 것입니다. 남자와 달리, 아내는 승부를 가리려는 마음이 전혀 없습니다. 아내가 원하는 것은 진지하게 받아들여주는 것, 감정과 경험을 인정해주는 것, 자신을 괴롭히는 문제에 관심을 보여주는 것, 그리고 남편이 부부관계를 중요하게 여기고 있다는 사실을 확인하는 것입니다. 화를 내서 남편을 멀리 내쫓고 싶은 게 아닙니다. 오히려 남편과 더 가까이 연결되기를 원합니다. 아내가 통제력이나 지위에 도전이라도 한 것처럼, 아니면 비난이라도 한 것처럼 대응하지 않도록 주의하세요. 싸워야 한다는 마음의 소리에 저항하세요. 그리고 아내에게 알려주세요. 아내가 화를 내는 것은 분명 해결해야 할

문제가 있기 때문이며, 그 문제를 밝혀내는 일에 여러분도 전념하고 있다는 사실을 말입니다. 뒤로 물러앉아 아내의 이야기에 귀를 기울이세요. 그 결과로 생겨나는 친밀감이야말로 아내가 원하는 선물이며, 그것은 여러분 자신에게도 의미 있는 선물이 될 것입니다.

아내들은 자신의 감정적 반응이 남편에게 위협을 가할 경우, 의도적으로 자신을 표현할 수 있는 방법을 모색해보세요. 제3장에서 설명한 자각의 바퀴를 사용하여 10여분 동안 자신의 반응을 설명해보세요. 먼저 이야기를 들어달라고 남편에게 부탁하세요. 편지로도 그 사건에 대한 반응을 설명할 수 있을 겁니다.

여러분은 왜 화가 났나요?
위협 이해하기

분노를 확인하고 그 분노를 해결하는 일에 둘 다 전념할 수 있게 되면, 그 다음 단계는 바로 위협의 요소를 밝히는 것입니다. 하나님은 가인의 분노를 알아채신 다음에 이렇게 물으셨습니다. "어찌하여 네가 화를 내느냐?"(창세기 4장 6절) 이것은 화가 난 사람이 (원컨대 그 배우자도 함께) 반드시 고심해야 할 가장 기본적인 질문입니다. 무슨 일이 벌어졌는가? 왜 화가 났는가? 이것은 화가 난 이유에 관해 자기-이해를 얻을 수 있는 "암시적 창문"입니다. 이 질문에 대한 응답은 좀 더 심오한 자기-인식으로 이끌어줄 수 있으며, 바로 이곳에서 성장과 화해의 과정이 시작됩니다.

남편과 아내는 지금까지 서로 다른 길을, 서로 다른 속도로, 서로 다른 신발을 신고 걸어왔습니다. 예를 들면 성격의 차이도 위협요소가 될 수 있습니다. 어떤 상황에 대해 한쪽은 신속하게 대응하는 성격이고(차가 시동이 안 걸린다. 그래서 아내는 오늘 다른 차를 구입하고 싶어 한다), 한쪽은 온갖 대안들을 검토해보는 성격이라면(뭐가 문제인지를 찾아내야 하고, 또 우리의 재정 상태를 점검해야 한다), 서로가 상대방의 행동에 위협을 느낄 것입니다.

제2장에서 지적한 것처럼, 우리는 서로 다른 개인적 이야기를 지니고 있습니다. 항해 일지나 블랙박스처럼, 이 이야기들은 고유한 여정을 드러내줍니다. 남편과 아내의 이야기(가족이야기, 경험, 지식)가 지닌 차이점은 결혼생활을 풍요롭게 해줄 수도 있지만, 반대로 갈등의 요인이 될 수도 있습니다(제2장을 보세요). 각자의 이야기에는 가치관, 생활양식, 심리적 욕구 등 서로 다른 세계관이 들어 있습니다(제4장을 보세요). 우리는 자신의 세계관, 자신의 가치관, 자신의 생활양식에 정당성을 부여하는 경향이 있습니다. 즉 자기만 "최고로" "선하고" "그리스도교적"이라고 여기며, 반대의 입장을 취하는 사람은 뭔가 "잘못되고" "사악하고" "어리석고" "비그리스도교적"이라고 생각합니다. 그저 조금 다를 뿐인데 말이죠. 다음은 여러분이 위협을 느

낄 수 있는 몇 가지 요인들입니다.

가치관 충돌

남자와 여자는 부모 역할부터 지출에 이르기까지 삶의 모든 측면에 대해서 서로 다른 신념과 철학을 지닌 채로 결혼을 합니다.

폴과 크리스는 분노와 갈등의 지속적인 요인이 서로 다른 시간 관념에 있다고 설명한다. 교회나 사회 모임에 나갈 때마다 그들은 계속해서 말싸움을 한다. 크리스는 정각에 간다는 것은 곧 "5분 일찍 가는 것"을 의미한다고 믿고 있다. 하지만 폴은 "15분 늦게 가는 것"이 정각에 가는 것이라고 믿는다. 몇 회기의 상담을 거친 후에 그들은 서로에게 위협이 되는 요소를 검토하기 시작하였다. 크리스는 "책임감" 있는 사람이 되려면 무슨 일이 있어도 정각에 도착해야 한다고 믿는다. 그렇기 때문에 폴이 "늑장을 부리면" 자신까지도 무책임한 사람으로 여겨질까 봐 위협을 느끼게 되며, 이렇게 무책임한 사람과 결혼을 한 사실 때문에 당황하게 된다. 그리고 남편이 정각에 도착하도록 신경써주지 않는 것은 자기를 사랑하지 않기 때문이라고 생각하게 된다. 한편 폴은 아내의 정각 개념에 맞게 행동하는 것이 위협이라고 느낀다. "처음 15분 동안은 아무런 일도 벌어지지 않기 때문에" 시간을 낭비하는 것 같아서다. 그는 아내의

"강박" 때문에 당황스럽고, 무책임하다는 비난이 괜한 공격처럼 여겨진다. 아내가 마구 지시하는 것도 별로 안 좋다.

그들은 새로운 세 가지 개념을 포함하여 서약서를 작성하였다. 첫째, 폴은 나머지 측면에서 책임감 있게 행동하므로, 크리스도 시간관념 하나 때문에 그를 무책임한 사람이라고 비난하지 말 것. 둘째, 크리스는 정각에 도착하고 싶은 열망이 매우 강하므로, 반드시 정각에 도착해야 할 경우라면 미리 폴과 상의할 것. 그럴 경우 폴은 자신의 시간관념에 입각하여 뭔가 읽을거리를 챙길 것. 셋째, 서로의 의견이 일치하지 않을 경우 한 달 동안 따로 이동해 볼 것.

폴은 대체로 크리스에게만 중요하고 자기에게는 별로 중요하지 않은 약속일 경우에 그렇게 지시를 받는 것 같은 느낌이 들었다는 사실을 깨달았다. 그리하여 그는 아내의 정각 개념에 맞춰 도착함으로써 자신의 사랑을 증명하기로 하였다. 한편 크리스는 "정각에 도착하는" 것이 그리 중요하지 않은 경우도 있다는 사실을 인정하였다. 이렇게 해서 그들은 지금까지 느꼈던 분노를 상당히 줄일 수 있게 되었다.

생활방식의 갈등

남편과 아내는 휴가부터 식사 예절까지, 모든 면에서 서로 다른 생활방식을 가진 가정에서 자라났습니다. 배우자가 만일 우리가 중요하다고 배운 것과 전혀 다른 방식의 생활 태도를 보인다면, 우리는 바른 예절과 적절한 행동에 관한 의식, 혹은 착한 사람은 "이래야 한다"는 생각에 위협을 느낄 수 있습니다.

테레사와 이스마엘은 2년 전에 결혼했다. 그들은 부부관계 향상 세미나에서 분노와 갈등의 주요원인에 대해 이야기하였다. 이스마엘의 아버지는 해마다 8월이면 2주 동안 문을 닫는 타이어 제조공장에서 근무했었다. 경제적 상황이 별로 좋지 않았던 이스마엘 가족은 집에서 휴가를 보내고 그 돈을 저축할 수 있는 걸 자랑스럽게 생각하였다. 더구나 휴가 동안 집에 페인트칠을 한다거나, 지붕을 고친다거나, "남의 손에 맡긴다면 엄청난 비용이 들어갈 만한" 일들을 가족끼리 해결함으로써 돈을 저축하였다. 집에 페인트칠을 하려면 2천 달러가 든다는 견적서를 받아든 어느 해 여름날, 가족 모두가 발 벗고 나서서 페인트칠을 했고 그 돈을 저축할 수 있어서 무척 기뻐했던 일을 이스마엘은 아직도 기억하고 있다.

한편 테레사의 가족은 휴가 때가 되면 언제나 여행을 떠났고, 따라서 다음 휴가 때 새로이 보게 될 것들을 여러 달 동안 기대했었다. 그들은 휴가가 끝날 때마다 은행에 특별 계좌를 개설해서, 이듬해 여행을 할 수 있도록 돈을 모았다. 휴가는 한 해의 하이라이트였고, 가족이 가장 강하게 소속감을 느끼는 순간이었다. 테레사의 가족이야기는 대개가 이 특별한 휴가 기간에 생겨난 것들이었다.

그러면 이 부부가 위협을 느낀 이유는 무엇이었을까? 이스마엘의 계산에 따르면, 휴가 때 2천 달러를 낭비하면 결국 4천 달러를 손해 보는 셈이라고 한다 ― "2천 달러는 휴가에 쓰는 돈이고, 2천 달러는 저축하지 못하는 돈이죠!" 그는 자기가 안 배운 "삶의 방식" 때문에 재정적인 곤란을 겪게 될까 봐 위협을 느꼈다. 반면 테레사는 휴가야말로 가족의 유대감을 키워주는 주요수단인 생활양식에 익숙해져 있었다. 그러기에 자기처럼 휴가를 위해 계획을 세우고 돈을 모으는 과정에서 재미를 느끼지 못하는 남편에게 왠지 속았다는 느낌, 사랑받지 못하고 있다는 느낌이 들었다.

결국엔 둘 다 만족할 수 있는 서약서를 작성하였다. 이스마엘은 휴가 여행에 동의함으로써, 휴가를 계획하고 즐기고 싶어 하는 아내의 욕구를 충족시켜주기로 하였다. 그 대신 휴가가 아닌 보통 주말에는 최대한 집안에서 많은 시간을 보내기로 하였다. 또 테레사는 너무 많은 돈을 쓰고 싶지 않다는 남편의 욕구를 충족시켜주기 위하여, 앞으로 3년 동안은 자가용으로만 여행을 다니자는 데 동의하였다.

욕구와 기대의 불만족

우리는 배우자가 우리를 사랑하기 때문에 무슨 욕구나 소망이든지 다 들어주고 행복하게 만들어줄 것이라고 기대하면서 결혼을 합니다(제8장을 읽어보세요). 우리 욕구를 충족시켜주는 것이 배우자의 기본 목표라고 생각하면서 말이죠. 그러다가 기대대로 되지 않을 경우, 혹은 배우자가 우리 욕구에 관심이 없는 것처럼 보일 경우, 우리는 위협을 느끼게 됩니다.

세 시간밖에 걸리지 않는 곳에서 사촌이 결혼예식을 올리는데, 남편이 참석하지 않겠다고 하자 쉐릴은 화가 났다. 결국 그들은 상담자를 찾게 되었다. 쉐릴은 남편의 무관심과, 자기 볼일이 아니면 사회활동이나 사람들과 어울리는 일을 질색하는 성격 때문에 계속 화를 냈다.

게리는 내성적인 사람이어서, "무슨 말을 해야 할지 모르겠다"거나 "뭔가 잘못 말할지도 모른다"거나 "어리석게 보일 수도 있는" 사회적 상황에 처할 경우 위협을 느끼게 된다. 한편 쉐릴은 매우 사교적이다. 그녀는 사회적 무대와 대화를 즐긴다. 많은 관계를 맺고 싶은 그녀는 사회적 만남에 목말라 있다. 때문에 남편이 어떤 그룹 행사에도 참석하지 않으려고 변명을 늘어놓을 때마다 여러 가지로 위협을 느낀다. 첫째, 그녀는 가족 모임을 중요하게 여기므로, 집에 남는다거나 혼자서 외출해야 할 경우 "반쪽짜리 가족"이라는 느낌을 받게 된다. 둘째, 결혼이란 "쌍무적 관계"이므로 남편에게 부당한 대우를 받은 것처럼 여겨진다. "어떤 땐 내가 집에 남아 있으니까, 어떤 땐 남편이 함께 외출해야 하는 거잖아요." 셋째, 남편은 그녀의 중요한 욕구를 충족시켜주기 위해서 본인의 두려움을 극복해낼 의지가 없다. 때문에 그녀는 남편으로부터 사랑받지 못한다는 느낌이 든다.

우리는 배우자가 욕구를 충족시켜 주리라고 기대할 뿐만 아니라, 그 욕구를 충족시켜주는 방법에 대해서까지도 나름대로 기대를 품고 있습니다. 결혼예식장에서 공개적으로 혼인서약을 낭독하지만, 무의식적으로는 그것이 앞으로 함께 살아갈 길을 상세히 설명해주는 계약이라고 생각합니다. 이런 계약은 결혼에 대한 두 사람의 이야기에서 형성됩니다. 이 이야기는 우리를 키워 준 가족, 방송 매체, 좀 더 포괄적인 사회 상황, 개인적인 환상 등에 의해 형성됩니다. 굳이 말로 옮기지 않은 약속, 어쩌면 의식하지도 못했을 약속을 배우자가 깨뜨릴 경우, 결혼에 대한 우리의 이상은 위협을 받습니다. 기대가 크면 클수록, 계약 위반처럼 보이는 행동은 곧 배신으로 여겨지겠지요.

손다와 클레이턴은 4년 전에 결혼예식을 올렸고, 두 살짜리 딸이 있다. 클레이턴은 도심지 사회 선교 책임자로서 여러 교회의 후원을 받고 있다. 결혼 당시 그는 이 직업을 잘 알고 있는 헌신적인 손다가 후원을 해주리라고 기대했다. 하지만 자기 "선교에 무관심한" 아내 때문에 위협을 느꼈다. 상담을 통해 이야기한 것처럼, 그는 아내가 자기 행사에 거의 대부분 참석해주고, 자기 업무에 시간과 에너지를 쏟아주고, 자신의 문제 제기에 귀를 기울여주고, 또 자기 업무가 밤에도 많은 시간을 요한다는 점과 자주 일에 몰두해야 한다는 점을 이해해 줌으로써, 남편인 자신을 후원해주었으면 좋겠다고 생각한다.

손다도 나름대로 남편을 후원하고 있었지만, 결혼이란 무엇보다 가족을 우선시해야 하는 것이라고 생각했다. 그래서 매일 함께 저녁식사를 하고, 삶을 공유하고, 딸을 함께 양육하고, 저녁에도 함께 시간을 보낼 것이라고 기대했었다. 그녀는 남편이 "내가 아니라 일과 결혼한" 것 때문에 위협을 느꼈다. 이렇게 둘은 후원에 대한 욕구와 함께하고픈 욕구가 충족되길 기대했고, 배우자가 기대대로 반응하지 않자 위협을 느꼈다.

위협의 출처를 밝히는 한 가지 방법은 "나 화났어"라는 말과 느낌을 "난 ──── 가 필요해"라는 말로 바꾸는 것입니다. 그렇게 바꾼 문장은 위협의 출처를 알려주고, 분노를 해소하기 위한 출발점을 제공해줄 수 있습니다.

클레이턴은 가장 간절히 원하는 게 무엇인지를 결정한 다음 이렇게 말할 수 있었다. "난 당신이 시간을 내서 내 일에 관한 이야기를 들어줬으면 좋겠어." 숀다는 자신의 근본적인 욕구를 이렇게 밝힐 수 있었다. "난 식사와 육아 시간에 가족 같은 느낌이 필요해." 그들은 이 두 가지 욕구를 충족시켜줄만한 서약을 성사시키기 위해 무진장 노력하였다. 그들이 맺은 서약의 최종 형태는 이랬다. 주중에 사흘은 30분씩 시간을 내서 클레이턴의 일에 관해서만 이야기할 것. 그리고 나머지 이틀과 주말의 밤 시간에는 함께 식탁에 앉아 텔레비전 없이 저녁식사를 할 것. 그런 후 클레이턴은 딸에게 책을 읽어줄 것. 또 일주일에 두 번씩은 클레이턴과 숀다가 함께 잠자리에 들 것.

부당한 대우

그리스도인의 결혼생활에서 공의가 얼마나 중요한가는 제7장에서 논의할 것입니다. 여기에서는 한 사람이라도 부부관계가 부당하다고 여길 경우, 혹은 배우자가 부정한 행동을 했다고 생각할 경우, 이것이 자칫 위협으로 느껴질 수 있음을 지적하고자 합니다.

크리스틴은 샘에게 화가 났다. 둘 다 일주일 내내 직장에 다니는데, 주말 동안 샘은 골프하러 나가버린다. 아이들을 돌보는 일과 집안일은 모두 크리스틴에게 떠넘겨버린다. 크리스틴은 이런 역할 분담이 부당하다고 생각한다. 부당한 대우를 받는 것처럼 여겨진다. 너무나도 화가 나서 친밀감을 전혀 유지할 수 없을 정도다.

맥스웰과 안드레아는 하나의 문제로 계속해서 다투고 있다. 맥스웰 쪽에서 부당한 대우를 받고 있다고 느끼기 때문이다. 안드레아는 토요일 밤과 일요일 아침을 86마일이나 떨어져 지내는 홀아버지와 함께 보내야만 한다고 생각한다. 아버지에겐 자기가 필요하다는 것이다. 하지만 맥스웰은 장인어른이 스스로 아무 일도 안 하시는 이유가 바로 아내 때문이라고 생각한다. 아내가 가서 시중들어주기만을 기다리신다는 것이다. 그는 장인이 안드레아에게 의존적인 상태가 되어버렸다고 생각한다. 매주 주말마다 아내가 자신을 내버려두고 외출하는 것이 부당하게 여겨진다.

연습문제: 무엇이 위협인가?

다음의 연습문제에는 여러 개의 미완성 문장들이 실려 있습니다. 최대한 정직하게 그 문장들을 완성하세요. 부부는 분노를 설명할만한 단어들을 많이 사용하는데, 그 가운데 몇 가지는 이 연습문제에서도 발견할 수 있을 것입니다. 하지만 부디 여러분 특유의 단어로 대체하세요. 이 문장들을 완성시키고 나면 배우자를 화나게 만드는 상황이 뭔지 깨닫게 될 것입니다. 부부관계에서 벌어지는 "분노사건"을 확인하는 데 도움이 될 만한 다른 문장이 있다면, 목록 끝에 첨부하세요.

연습문제를 마치고 나면 다음과 같은 질문을 던져보세요. "이 상황들 배후에 놓여 있는 위협은 무엇인가?" 위의 내용과 제2장의 개념들(가치관의 충돌, 생활양식의 불일치, 욕구 불만, 부당한 대우, 성격의 차이)을 참고하여 이 갈등을 평가해보세요.

배우자에게 도움을 청하세요. 여러분이 그와 같은 상황에서 위협을 느끼게 되는 이유가 무엇인지를 함께 생각해보세요.

위협 확인 연습문제

배우자를 생각하면서 다음 문장들을 모두 완성해보세요:

우리는 종종 이런 문제들 때문에 논쟁한다:
1. _____
2. _____

나는 배우자가 이럴 때 짜증이 난다:
1. _____
2. _____

나는 배우자가 이럴 때 좌절감을 느낀다:
1. _____
2. _____

나는 배우자가 이럴 때 상처를 입는다:
1. _____
2. _____

우리는 종종 이런 일들에 대해서 의견이 충돌한다:
1. _____
2. _____

나는 배우자가 이럴 때 화가 난다:
1. _____
2. _____

이런 경험들 배후에는 어떤 위협이 존재할 수 있을까요?

위협 확인 연습문제

배우자를 생각하면서 다음 문장들을 모두 완성해보세요:

우리는 종종 이런 문제들 때문에 논쟁한다:
1. _____
2. _____

나는 배우자가 이럴 때 짜증이 난다:
1. _____
2. _____

나는 배우자가 이럴 때 좌절감을 느낀다:
1. _____
2. _____

나는 배우자가 이럴 때 상처를 입는다:
1. _____
2. _____

우리는 종종 이런 일들에 대해서 의견이 충돌한다:
1. _____
2. _____

나는 배우자가 이럴 때 화가 난다:
1. _____
2. _____

이런 경험들 배후에는 어떤 위협이 존재할 수 있을까요?

예방책은 무엇일까?
위협 줄이기

　최종적인 윤리적 책임은 의도적으로 예방하는 것입니다. 이것은 위협을 느낄 필요가 없는 사건, 원인, 상황들을 확인할 수 있는 좋은 기회입니다. 조금만 더 성숙해진다면 그런 상황에서 위협이나 분노를 느낄 필요가 없을 것입니다. 또한 위협과 분노를 막아줄만한 태도와 행동도 선택할 수 있을 것입니다.

- 욕구를 이해, 확인하고 나면(제8장을 보세요) 우리가 원하는 것을 배우자에게 전달할 수 있습니다. 배우자는 만족스럽게 그 욕구를 충족시킬 수 있도록 도와줄 것이고, 그렇게 되면 욕구가 채워지지 않았을 때 느끼는 위협도 자연히 줄어들 것입니다.
- 함께 하는 삶을 살도록 인도해주는 가치관과 생활방식을 모색하기 위해 둘 다 노력한다면, 갈등을 불러일으키는 가치관 때문에 느끼는 위협도 줄일 수 있을 것입니다. 제2장에서 논의한 것처럼, 부부이야기를 많이 만들어내면 낼수록, 여러분의 선택을 이끌어주고 파트너십 정신을 고취해줄만한 가치관과 생활방식을 더 많이 공유하게 될 것입니다.
- 마찬가지로, 성격의 차이를 이해하고 확인한 부부는 "삶을 누리는" 방식의 다양성을 인정하고 나아가 확언할 수 있습

니다. 위협적인 차이점을 양산하는 행동들을 확인하고 또 그런 행동들을 변화시키기 위한 서약을 맺고 나면, 위협은 줄어들고 분노 역시 잦아들 것입니다.
- 제3장에서 논의한 대화의 기술도 연마할 수 있습니다. 그리하여 불확실한 대화로부터 비롯되는 좌절과 위협을 피할 수 있습니다.

이렇게 위협을 밝혀내고 그로 인한 분노를 줄여나가기 위해 노력하는 것은 잠언에서 여러 번 언급되는 영성 발달, 즉 "더디게 화내기"의 과정입니다. 분노를 느낄 수 있는 능력도 물론 하나님의 선물에 속합니다. 하지만 우리는 이 선물 때문에 파괴될 수도 있습니다. 결혼생활에서 분노의 양을 줄여나갈 수 있도록, 그리고 부부관계가 이 "마모병"으로 인해 고통당하지 않도록, 우리를 위협하는 것들에 주목하는 것은 바로 우리의 책임입니다.

추천도서

앤 캠벨, 〈남자, 여자, 그리고 공격〉, New York: Harper Collins, Basic Books, 1993.
해리엇 골드허 러너, 〈분노의 춤: 친밀한 관계의 형태를 변화시키기 위한 여성들의 지침〉, New York: Harper & Row, 1985.

앤드류 레스터, 〈분노 다스리기: 그리스도교적 지침〉, Philadelphia: Westminster Press, 1983.

데이비드 메이스, 〈부부관계의 사랑과 분노〉, Grand Rapids: Zondervan Publishing House, 1982.

캐럴 소시, 〈분노의 선물: 신실한 행동으로의 부름〉, Louisville, Ky.: Westminster John Knox Press, 1995.

캐럴 트레비스, 〈감정의 오해〉, Revised Edition. New York: Simon & Schuster, 1989.

대장은 누구?
— 권력과 책임의 공유

이 제목을 보고 놀랐나요? 왜 권력 문제를 논의해야 하는지 의아한가요? 그렇다면 평등한 권리의 개념이 널리 보급되어 있거나, 권력의 문제가 완전히 해결되었나요? 아닙니다. 아직도 많은 부부들이, 의도적이든 아니든 간에, 불평등한 관계 속에서 살아가고 있습니다. 이러한 권력 불균형은 상당한 스트레스를 안겨줍니다. 필립 블룸스타인과 페퍼 슈워츠가 미국 부부들에 관하여 폭넓게 연구한 바에 따르면, 아내가 겪는 불평등이야말로 결혼생활을 불행과 파경으로 이끄는 주된 원인이라고 합니다. 치료 과정에서 우리가 만나는 부부들, 실패를 겪고 있는 부부들도, 친밀감의 형성을 방해하는 힘의 불균형이나 부부관계를 파괴하는 권력 투쟁에 관하여 자주 하소연합니다.

현대의 결혼은 대부분, 최소한 이론상으로는, 남편과 아내가 삶의 모든 측면에서 평등하다는 신념을 공유하고 그 신념 위에 이룩한 파트너십 결혼입니다. 블룸스타인과 슈와츠 연구의 긍정적 측면은, 부부가 관계를 즐기고 결혼생활을 지속하기로 결심하는 주된 이유가 바로 평등과 권력의 공유라는 점입니다.

의식적으로 동등한 권리를 가지고 결혼생활을 꾸려가려 애쓰는 부부들의 경우, 전통적인 계급주의 형태에서 가해지는 사회적, 심리적 압박들과 맞서 싸워야만 합니다. 파트너십 결혼은 전통적인 결혼보다 더 많은 노력을 기울여야 합니다. 어쩌면 더 공개적인 갈등을 불러올 수도 있겠지요. 그로 인한 좌절은 전통적인 상하관계 형태로 되돌아가라는 압박을 가할 수도 있습니다. 직접적인 갈등을 회피하기 위해서는 전통적인 형태를 따르는 게 낫다고 생각하게 될지도 모릅니다. 그렇지만 좌절이 자꾸 쌓이면 불만족이 생길 수 있습니다.

변호사 보좌역을 맡고 있는 사라와 밤새 택배회사에서 일하는 제이슨은, 18개월 동안 먼저 동거를 해본 후에 결혼하기로 결정했다. 이렇게 결정했을 때 사라는 임신 5개월이었다. 그들은 평등주의적 관계에 헌신하였고, 서로 책임을 분담하여 아들을 돌볼 수 있을만한 직장을 구했다. 그렇지만 아들을 돌보는 일은 점점 더 힘들어졌다. 그러자 놀랍게도 제이슨의 감정이 변하기 시작했다. 의식적으로는 부부가 함께 아이를 양육해야 한다는 확신을 지니고 있었지만, 자유 시간을 대부분 아이 양육에 바쳐야 한다는 것 때문에 괴로운 느낌이 들기 시작했다. 급기야는 사라가 직장을 그만두게 되었고, 그런 결정의 부당함 때문에 근본적인 분노를 느끼게 되었다. 그 일로 그들은 상담을 받으러 왔다. 그리고 둘 다 "내심으로는" 자녀 양육을 "여자의 몫"으로 여기고 있었다는 사실을 깨닫게 되었다.

파트너십 결혼이 엄청난 노력을 필요로 하는데도 굳이 후원하는 데에는 몇 가지 심리학적인 이유가 있습니다. 한 가지 이유는 불평등한 지위와 힘이 관계에서 획득할 수 있는 친밀함의 깊이에는 한계가 있기 때문입니다. 위에서 보았듯이, 제이슨과 사라는 권력 투쟁 때문에 점점 더 사이가 멀어지고 말았습니다. 여러분의 경험을 보더라도, 자기 삶에 관한 것들을 결정할 수 있는 위치의 사람과 친밀감을 형성하기가 어렵다는 사실을 알 수 있을 것입니다. 고용주와 고용인의 관계, 코치와 선수의 관계, 대장과 부하의 관계, 지주와 소작인의 관계에서는, 아무리 서로 친하다 할지라도 친밀감을 강화시키기가 어렵습니다. 구조적으로 다른 사람이 여러분 삶을 통제하게 된다면, 자연히 그 사람이 가장 깊은 곳을 알지 못하도록 방어할 것입니다. 남편을 "가장"으로 만들고 아내를 조력자로 만드는 사회화의 결과, 친밀감을 가로막는 힘의 불균형이 발생했습니다. 상호성과 평등을 특징으로 하는 결혼생활이야말로 친밀감을 가장 크게 강화시켜줍니다.

파트너십 결혼을 지지하는 또 다른 이유는 계급주의 결혼이 파괴적일 수 있기 때문입니다. 힘의 불균형은 친밀감의 한계를 설정할 뿐만 아니라, 지독한 투쟁과 부정, 분노, 적대감을 불러일으키고 성장을 저해할 수 있습니다. 부부가 평등한 권력을 지니고 있지 않다면, 한 쪽이 분노를 표출하고 평등한 권력을 차지하기 위해 여러 가지 문제를 일으킬 가능성이 큽니다. 예를 들면 성생활을 회피한다거나, 무책임한 소비 행위를 한다던가, 약물 중독, 우울증 등의 문제에 빠지는 것도 권력 불균형의 결과일 수 있습니다. 부부 치료 과정에서 우리는 무력감을 느끼는 쪽이 먼저 갈등을 야기하는 행동을 그만두기가 무척 어렵다는 사실을 알게 되었습니다. 힘이 약한 쪽, 보통은 아내 쪽에서, 부부관계의 균형을 이룰 수 있는 권력이나 통제력을 얻기 위해서 그런 행동을 하기 때문입니다. 한편, 상호성과 평등을 실천하는 부부는 문제의 해결책을 찾기가 훨씬 더 쉽습니다. 두 사람이 권력의 불균형에 민감해지고 의도적으로 평등을 추구할 경우, 결혼생활이 훨씬 더 원만해질 것입니다.

권력의 공유: 신앙의 관점

우리가 파트너십 결혼을 지지하는 주된 이유는 심리적인 것이 아니라 신학적인 것입니다. 우리는 상호 리더십을 통해 표현되고 권위를 얻게 되는 평등한 권리와 권력 분배가 부부관계에 대한 그리스도교 신앙의 신학적 관점을 시사한다고 믿습니다.

(남편은 권위를 차지하고 아내는 복종하는) 계급주의 결혼은 우리의 관점에서 볼 때 그리스도교의 복음과 상반되는 것입니다. 우리 시대 우리 문화에서 남편이 지도자고 아내가 추종자인 "전통적인 결혼"은 하나님께서 바라시는 남녀관계를 옹호하는 게 결코 아닙니다. 그리스도교 신앙을 지침으로 한 결혼관계에서는, 여자도 평등한 권리와 책임을 갖고 삶을 추구할 수 있는 자유를 누려야 합니다.

남자가 좀 더 우월하게 창조되었으므로 보스가 될 수 있는 천부적인 권리를 지녔다고 믿는 것, 혹은 선천적으로 여자보다 더 많은 권위를 부여받았다고 믿는 것은 성서와 전통의 문화적 포로 상태를 간과하는 행위입니다. 여기에서 문화적 포로 상태라 함은 성서가 기록될 당시 수세기 동안 타당하게 여겨져 왔던 문화적 관점을 반영하였음을 의미합니다. 우리 시대에 맞게 하나님의 계시를 탐구하려면 성서를 재검토해야만 합니다. 인간의 가능성에 대해 좀 더 잘 이해하도록 도와줄만한 심오한 진리를 발견하기 위해서는 문화의 특수성을 뛰어넘어야만 합니다. 가부장제와 성차별주의가 어떻게 구세주의 메시지에 관한 우리의 이해를 간섭해 왔는지 깨달아야만 합니다. 그리스도인에게는 평등을 추구해야 하는 신학적, 영적 이유가 중요하기 때문입니다. 이제 우리는 성서에 질문을 던질 것입니다. "하나님께서는 남녀관계를 어떤 식으로 계획하셨는가?"

출발점은 창조이야기입니다. 믿음의 조상들은 여기에다가 세상이 생겨난 방법에 대한 이야기를 총망라하였습니다. 그런데 무척 흥미로운 사실은, 왜 남자와 여자가 생겼는가, 양성이 어떤 관계에 있는가 하는 질문의 응답까지도 이 창조이야기에 전부 포함시켰다는 것입니다.

남자와 여자의 탄생

첫 번째 창조이야기(창세기 1장 1절~2장 4a절)에서는 혼돈으로부터 조심스럽게, 체계적으로 지구가 창조됩니다. 땅과 하늘, 육지와 바다, 식물과 동물이 만들어집니다. 다른 모든 것들까지 다 창조하신 후에, 하나님은 이렇게 말씀하십니다.

> 우리가 우리의 형상을 따라서, 우리의 모양대로 사람을 만들자 …… 하나님이 당신의 형상대로 사람을 창조하셨으니, 곧 하나님의 형상대로 사람을 창조하셨다. 하나님이 그들을 남자와 여자로 창조하셨다. 하나님이 그들에게 복을 베푸셨다. 하나님이 그들에게 말씀하시기를 "생육하고 번성하여 땅에 충만하여라. 땅을 정복하여라 …… 다스려라" 하셨다. (창세기 1장 26~28절)

이 구절에 숨어 있는 몇 가지 사실들에 주목해봅시다:

- 하나님이 처음 인간을 구상하셨을 때부터 남자와 여자를 둘 다 염두에 두고 계셨다는 것입니다. 이 이야기의 저자들은 인간이 처음부터 남자와 여자의 형태로 존재했다고 믿었습

니다. 어느 한 쪽이 먼저 만들어진 것도 아니고, 어느 한 쪽이 더 높은 계급이나 지위를 부여받은 것도 아닙니다.

- 남자와 여자 모두 하나님의 형상대로 창조되었습니다. 여기에서 우리는 둘 다 하나님의 형상대로 창조되었다고 하는 중요한 신앙적 주장을 발견합니다. 남자도 여자도 하나님의 모습을 반영하고 있습니다.
- 복수 명사는 남자와 여자가 둘 다 하나님의 축복을 받았음을 분명히 보여줍니다. 둘은 하나님이 보시기에 똑같이 특별한 존재였고, 둘 다 하나님의 사랑과 은총을 입은 수혜자였습니다.
- 남자와 여자는 둘 다 생육하고 번성할 책임, 가정과 공동체를 이룰 책임을 부여받았습니다. 이것은 여자에게만 주어진 임무가 아니었습니다.
- 남자와 여자 둘 다 땅을 지배할 권리와 이 행성을 돌볼 책임을 부여받았습니다. 이것은 남자에게만 주어진 임무가 아니었습니다.

한 쪽이 지배한다는 개념은 전혀 암시되어 있지 않습니다. 창조이야기에서는 더더욱 그렇지요. 남자는 우월한 지배의 성으로 창조된 게 아니며, 여자를 지배하라는 임무를 부여받은 것도 아닙니다. 남자와 여자는 본질적으로 동등한 인간이며, 하나님과의 관계에서도 영적인 동료고, 가족을 이루고 땅을 돌보는 일에서도 파트너입니다.

한 몸을 이루다

제2장에서 우리는 두 번째 창조이야기(창세기 2장 4b~25절)에 관하여 설명했습니다. 그 이야기에는 하나님께서 먼지로부터 남자를 창조하셨으며 동산에서 따먹지 말아야 할 나무 열매가 무엇인지도 가르쳐주셨다고 실려 있습니다. 하나님께서는 뭔가 좋지 않다는 것을 깨달으셨습니다 — 바로 남자가 혼자라는 점이었습니다. 그래서 하나님은 "그를 돕는 사람, 곧 그에게 알맞은 짝"인 여자를 만드셨습니다. 이 이야기는 남자와 여자가 "한 몸을 이루었다"는 설명으로 끝이 납니다. 첫 번째 창조이야기와 상당히 다르긴 하지만, 이 이야기도 분명히 하나님 앞에서 남자와 여자가 기본적으로 평등하다는 점을 잘 보여주고 있습니다.

이 구절에 숨어 있는 몇 가지 사실들에 주목해 봅시다:

- 남자와 여자가 둘 다 하나님에 의해 창조되었다고 하는 이 이야기는, 첫 번째 창조이야기에서 남자와 여자가 동시에 창조되었다고 설명한 것과 똑같은 진리를 전해줍니다.
- "뼈도 나의 뼈, 살도 나의 살"(창세기 2장 23절)이라는 말은, 남자와 여자가 똑같이 본질적인 인간이라는 점을 의미합니다. 여자는 남자와 다릅니다. 하지만 똑같은 재료로 만들어졌습니다. 여자 역시 완전한 인간이며 "창조의 극치"에 속합니다.

- 여자는 파트너로 창조되었지, 비서나 가정부나 간호사로 창조된 게 아닙니다. "그를 돕는 사람, 곧 그에게 알맞은 짝"이라는 말은 히브리어 두 단어 'ezer kenegdo를 번역한 것입니다. 첫 번째 단어의 어원은 "구출하다"와 "강해지다"인데, 이 두 가지는 보통 "도와주다"를 의미합니다. 두 번째 단어는 성서에 딱 한 번 등장하는 단어로서 "평등한"이라는 의미를 지닙니다. 그러므로 이 두 개의 단어가 함께 오면 "동등한 조력자" 정도의 의미를 지니며, 본문에서도 종속의 개념이 전혀 없습니다. 사실 성서에서 'ezer가 등장할 때는 하나님을 조력자로 일컫는 경우입니다(시편 33편 20절과 70편 5절을 읽어보세요). 그러므로 이것은 열등한 하급 존재를 가리키는 게 결코 아닙니다!
- 여자와 남자는 "한 몸"을 이루었습니다(창세기 2장 24절). 이것은 계급주의 관계를 암시하는 개념이 아닙니다. "한 몸"은 한 쪽이 "천부적인" 우월성을 지닌다는 의미도 아니고, 다른 성을 통치할 책임을 부여받았다는 의미도 아닙니다. 오히려 "한 몸"은 인간이 외로움을 잘 극복할 수 있도록 두 가지 모양으로 창조되었기 때문에 생기는 파트너십과 상호성, 그리고 단일성을 의미합니다.

파트너십 상실

하지만 성서는 남자에게 여자를 다스리라고 한다고요? 예, 남녀관계에 대한 전통적 대답의 일부인 이 본문은 창세기 3장에 있습니다. 여기에서 우리는 뱀이 이브에게 금지된 열매를 먹으라고 유혹하는 유명한 이야기를 읽게 됩니다. 하나님께서는 무슨 일이 벌어졌는지 아시고 불복종의 결과를 발표하십니다. 그중에서도 여자에게는 이런 명령을 내리시지요. "네가 남편을 지배하려고 해도 남편이 너를 다스릴 것이다."(창세기 3장 16절) 하지만 여기에서 중요한 것은 남자에게 여자를 다스리라고 한 명령은 인간의 죄와 연결된 것이지, 하나님이 원래 의도하셨던 것은 아니라는 점입니다.

학자들은 이 본문에 입각하여 전통적인 결혼 형태를 옹호하면서, 남자에게 여자를 다스리라고 한 명령이 마치 원래부터 하나님의 의도였던 것처럼, 그래서 영원한 결혼 규범으로 지켜야 하는 것처럼 주장하곤 합니다. 그렇지만 그리스도교적 관점에서 볼 때, 이것은 사도바울의 말처럼 신앙인을 "새 사람"으로 만들어주시는 예수 그리스도의 사역을 무시하는 처사입니다. 우리는 신앙인으로서 "다시 태어났고" "변화되었습니다." 우리 죄를 용서받았으므로, 이제는 남자와 여자의 계급주의 관계에서 벗어나, 창조이야기에 하나님의 본래 의도라고 묘사된 평등과 상호성의 형태로 되돌아갈 수 있는 능력을 부여받았습니다. 그리고 그래야만 할 책임도 지게 되었습니다. 남자가 여자를 "지배하고" 여자가 복종하는 것은, "가르는 담을 자기 몸으로 허무셔서, 원수된 것을 없애신"(에베소서 2장 14절) 그리스도의 사역을 본받아 과감히 구출하고 해방시키는 게 아니라, 오히려 죄악을 유지시키는 행위입니다.

서로 "순종하라"?

에베소서에는 "주님께 순종하는 것 같이, 남편에게 순종하십시오. 그리스도께서 교회의 머리이심과 같이, 남편은 아내의 머리이기 때문입니다."(5장 22~23절)라는 말이 자주 등장합니다. 가족 내의 권위에 관한 "하나님의 신적인 계획" 즉 남편이 최고 경영자가 되는 계급주의 구조의 속박을 설명하려고 애쓰는 학자들이 곧잘 인용하는 부분입니다. 전통적인 해석가들은 이 구절들이 권위에 초점을 맞춘 것이라고 봅니다. 하지만 이러한 시각은 에베소서의 좀 더 광범위한 목적과 "순종"으로 번역된 단어의 의미를 간과하는 것입니다.

좀 더 자세히 들여다보면, 에베소서의 목적이 곧 그리스도에 속한 사람은 그레코로만 문화에 속한 사람과 다르다는 사실을 가르치기 위함이라는 것을 알 수 있습니다. 어떻게 다르냐고요? 그리스도의 추종자들은 권위가 아니라 서로 간의 사랑과 존중에 기초하여 관계를 맺습니다. 좀 더 폭넓은 메시지는 1절에 담겨 있습니다. "그러므로 여러분은 사랑을 받는 자녀답게, 하나님을 본받는 사람이 되십시오."(에베소서 5장 1절) 그런 다음 저자는 그리스도인이 어떻게 "사랑 안에서 살아갈" 것인지에 대해 논의합니다. 여기에는 남편과 아내의 관계에 대한 개념들도 포함되어 있지요.

에베소서의 저자는 결혼에 관한 논의에서 부부가 "그리스도를 두려워하는 마음으로 서로 순종"(5장 21절)해야 한다는 제1원칙을 이야기합니다. 여기에서 "순종"으로 번역된 단어는 "복종"의 의미가 아닙니다. 복종을 의미하는 단어는 따로 있습니다. 6장에서 저자는 노예와 주인의 관계, 자녀와 부모의 관계를 묘사하기 위하여 두 개의 단어를 사용합니다. 하지만 여기에서는 그 단어들을 사용하지 않으려고 조심합니다. 새로운 형태의 남편과 아내 관계를 위해 조심스럽게 토대를 마련하고자 하기 때문입니다. 여기에 사용된 단어는 "후원하다", "욕구를 들어주다", "필요와 욕구를 존중하다"로 번역하는 게 더 적합할 것입니다. 그리스도교 사랑이 내포하는 겸손과 돌봄의 기본적 원칙에 입각하여, 남편과 아내는 그리스도께서 교회를 섬겼듯이 서로를 섬겨야만 합니다.

상호 후원과 돌봄이라는 기본 원칙을 세운 다음에, 저자는 남편과 아내를 위해 문제를 해석합니다. 그들 문화에서는 이미 여자가 순종에 익숙해져 있었으므로, 아내더러 "남편에게 순종하라"(5장 22~24절)는 말을 전달할 때에는 세 개의 짧은 문장만 사용합니다. 그런 다음 이 본문의 급진적인 메시지로 넘어갑니다. 그것은 남편도 아내에게 순종해야 한다는 것입니다. 저자는 일곱 개의 문장을 동원하여, "그리스도께서 교회를 사랑하셔서 교회를 위하여 자기를 내주신 것 같이" 남편도 어떻게 아내를 사랑할 것인지 설명합니다. 분명히, 대장 노릇하거나 "지배하는" 것은 그리스도께서 교회를 사랑하신 방법이 아닙니다. 그리스도께서는 희생과 제자들에게 권능을 부어주시려는 노력을 통해 교회를 사랑하셨습니다. 저자는 돌봄과 존중이 가장 중요한 원칙임을 다시 한 번 보여줌으로써, "남편들도 각각 자기 아내를 자기 몸과 같이 사랑해야 한다"고 주장합니다.

연습문제: "한 몸", "서로 순종하기"를 그림으로 표현하기

우리는 지금까지 남녀관계에 관하여 중요한 성서 본문을 두 군데 살펴보았습니다: 창세기 2장 24절은 남편과 아내가 "한 몸을 이룬다"고 선언하며, 에베소서 5장 21절은 남편과 아내에게 "서로 순종하라"고 명령합니다. 이 구절들이 남녀관계에 관하여 전하고 있는 것을 제대로 파악하고 싶다면, 종이 몇 장과 연필 혹은 크레파스를 가지고 이 두 구절이 의미하는 바를 그려보세요.

이렇게 그림을 그리고 나면, 이 구절들이 남자는 지배적이고 여자는 복종적인 상태를 의미한다고 보기가 무척 어렵다는 사실을 새삼 깨닫게 됩니다. 여러분이 그린 그림은 이 성서 본문들에서 상호성과 평등이 매우 근본적이라는 점을 시사해줄 것입니다. 그림을 모아두세요: 어쩌면 이것이 여러분의 부부관계에 좀 더 많은 상호성을 안겨줄 소중한 동기 부여가 될 수도 있습니다.

에베소서 전반부에는 지도자/추종자가 그리스도교적 결혼으

로 추천할만한 구조는 못 된다는 사실을 입증해주는 증거가 많이 실려 있습니다. 저자는 독자들에게 "하나님께서 여러분을 불러주셨으니, 그 불러주신 뜻에 합당하게 살아가십시오"라고 간청합니다. "언제나 겸손함과 온유함을 지니십시오. 사랑으로 서로 용납하면서, 오래 참으십시오. 여러분은, 성령이 여러분을 평화의 띠로 묶어서 하나가 되게 해주신 것을, 힘써 지키십시오."(4장 2~3절) 이것이 혹 그리스도인들 간의 계급주의 관계에 대한 성명서처럼 들리나요? 물론 아닙니다. 형제자매가 그리스도 안에서 서로 평등하고 상호적인 관계를 맺도록 부름 받았다는 급진적인 복음 메시지입니다. 바울 역시 갈라디아서 3장 28절에서 이같이 말합니다. "남자나 여자나 차별이 없습니다. 그것은 여러분이 그리스도 예수 안에서 다 하나이기 때문입니다." 그리스도 안에서 서로 형제자매인 부부의 결혼관계도 역시 마찬가지입니다.

권력 투쟁

틀에 박힌 문화적 여성 이미지(지나치게 감정적이다, 수학과 과학에 서툴다, 자녀 양육에 능숙하다 등등)는, 의식적으로나 무의식적으로나, 여자가 스스로를 남자보다 덜 중요하고 약한 존재로 여기게 만드는 심리적 압박 요인입니다. 우리 문화에서 "목소리"를 높이는 것은 남자보다 여자에게 더 어려운 일입니다. 여기에서 "목소리"를 높인다는 것은 진지하게 받아들여지는 것, 공헌자로 인정받고 경청의 대상이 되는 것, 지각이 뛰어나고 지능적인 존재로 존중받는 것, 하나의 의견과 투표권을 지닌 완전한 개인으로 간주되는 것을 의미합니다. 우리 문화에서는 보통 남자들에게만 이러한 권위가 주어집니다. 따라서 여자들은 이제껏 남자와 권위를 공유하는 것이 과연 옳은 일인가 하는 문제를 제기하면서 성장해왔을 것입니다. 이렇게 틀에 박힌 세계관은 많은 사람들(남자와 여자 모두)의 세계관에 어느 정도 영향을 미치며, 결혼생활을 짜는 옷감에도 그대로 염색이 됩니다.

우리는 권력의 의미와 원동력을 좀 더 면밀히 살펴보아야 합니다. 권력은 어떤 사물이나 사람에게 영향을 미칠 수 있는 능력과 힘, 변화를 일으킬 수 있는 능력, 승낙에 영향을 미치거나 승낙하도록 만들 수 있는 힘을 의미합니다. 권력은 외적 실재인 동시에 내적 실재입니다. 첫째, 권력은 우리 문화에서 종종 신체적으로(강간, 가정폭력), 그리고 사회적으로(관습, 경제, 전통) 강요되는 사회적, 정치적 실재입니다. 이 문화가 여자보다 남자에게 더 많은 권력을 부여해주는 것은 엄연한 사실입니다.

둘째, 이 문화적 실재는 동일한 심리적 실재를 형성합니다. 남편과 아내는 어렸을 때 친가족이나 그보다 더 광범위한 문화에서 경험한 권력의 인지를 내면화하였습니다. 이것이 가부장주의 사회의 실재와 결합하여 심리적 준거기준이 될 경우, 남자와 여자의 권력 표현 방법에 영향을 미칠 수 있습니다. 여기에서는 성별의 차이가 중요합니다. 바로 이 준거기준을 가지고 결혼을 하기 때문이죠.

지배하다

남자들은 보통 권력이 "지배"를 의미하며 타인을 통제할 수 있는 힘을 의미한다고 사회화됩니다. 통제하기 위해선 경쟁하라고, "우위"에 서라고, 지배하라고 배웁니다. 남자의 세계에서 권력은 계급주의적 세계관, 권위주의적 구조와 연결됩니다. 그리고 이것은 "정상"을 차지하기 위해 경쟁하라고 가르칩니다. 이러한 세계관에서는 권력이 곧 지배력의 크기요 범위입니다. 신체적으로나(싸움, 축구, 레슬링, 전쟁) 경제적으로도(더 많은 급료, 기업 능력) 마찬가지입니다.

남자들은 여자보다 더 많은 권력을 차지해야 하고, 특히나 여자보다 우위에 서야 한다는 전통을 내면화하였을 것입니다. 계급주의 구조 속에서 기능을 발휘하도록, 그리고 상하관계에서 지위를 추구하도록 교육받았을 것이며, 똑같은 세계관을 가지고 결혼을 했을 것입니다. 부부관계가 스트레스를 받을 때 특별히 더 상처 입는 쪽은 남편입니다. 이렇게 깊숙이 뿌리박은 실재의 구조가 부부간의 상호작용에도 불쑥 끼어듭니다. 여기 갑작스럽게 권력 투쟁을 벌이기 시작한 부부가 있습니다.

프레드와 그레타는 4년 전에 결혼을 했다. 프레드는 대학원 과정을 마치고 2년짜리 레지던트 과정을 시작하였다. 그레타는 지금 대학원 2년차, 즉 마지막 학년이다. 그런데 뜻밖에도 임신을 하게 되었고, 여러 가지 상반되는 감정을 가지고 이 소식을 프레드에게 알렸다. 프레드의 반응은 부정적이었다. 교육 프로그램에 위협을 받을 것이라고 느꼈기 때문이다. 그레타가 머뭇거리는 바람에 프레드는 화가 났다. 아내가 대학원 과정을 마칠 때까지, 또 자신이 레지던트 과정을 마칠 때까지 아기를 갖지 않겠다고 약속했던 일을 상기시켰다. 사흘째 되는 날 프레드는 아내에게 "아무런 선택권도 없으며", 다만 "약속을 지켜야 할 뿐"이라고 말했다. 그리고 나흘째 되는 날 그레타는 부부치료사에게 전화를 걸었다. 프레드가 병원을 예약해놓았다고 발표했기 때문이다. 그레타는 자신의 감정을 확실히 알 수 없었다. 하지만 프레드가 모든 결정권을 틀어쥐고 있는 것처럼 행동한 것 때문에 화가 난 것만은 틀림없었다. 그녀는 힘의 불균형과 권리 상실에 맞서 싸우기로 작정했다. "이 일에 대해서 제 결심은 확고해요."

의식적으로는 남자와 여자가 평등한 권리와 책임을 지닌다고 믿는다 할지라도 "지배하는" 쪽에 서도록 훈련받은 영향을 거부하기는 어렵습니다.

남편들은 분명 아내와 이런 관계를 맺고 싶은 유혹을 느낄 것입니다. 심지어는 지배자의 위치에 서고 "지배하는" 사람이 되기 위해서 반드시 아내의 존중을 받아야 한다고 생각할지도 모릅니다. 하지만 아내의 복종은 여러분을 향한 감탄의 결과가 아 닙니다. 오히려 아내는 여러분이 권력추구에 사로잡혀 있다는 사실에 슬퍼하고, 여러분의 미숙함에 분노하며, 여러분과 더 멀 게, 덜 친밀하게 느낄 것입니다. 시간이 흐를수록 이런 거리감 은 소외감으로 발전하며, 아내는 여러분과 친밀감을 형성하는 게 불가능하다는 확신을 품게 됩니다. 아내는 분명 여러분이 친 밀감을 원치 않는다고 생각할 것입니다. 여자들은 낭만적인 사 랑이란 공감과 상호성과 공평을 요구하는 방식으로 서로를 돌 보는 것이라고 이해하기 때문입니다.

여자들이 강하고 힘 있는 남자를 좋아한다고 주장하는 사람 들도 있습니다. 정말 그럴지도 모르지요. 하지만 여자들을 감탄 하게 만드는 것은 배우자를 지배하는 힘이 결코 아닙니다. 여자 들은 도움이 필요한 사람, 억압받는 사람들을 "위해서" 사용되 는 힘을 존중합니다.

지배당하다

"지배하는" 쪽이 권력 발전성의 한 쪽 끝이라면, 반대쪽 끝에 는 캐리 도링이 "피지배층"이라고 일컫는 것이 있습니다. 여자 들은 자존감이 낮은 편이며, 공격적인 자세를 취하는 것을 주저 합니다. 그리고 욕구를 표현하는 데 소극적인 경향이 있습니다 ― 심지어는 자신의 욕구가 남자들만큼 중요한 게 아니라고 믿 는 경우도 있지요. 아내는 결혼생활에서 가장 힘이 약한 사람입니다. 여자란 모름지기 순종하고 복종해야 한다고 사회화되었기 때문에, 자신의 힘을 경시하거나 혹은 남편에게 완전히 복종함으로써 자기 힘을 제대로 발휘하지 못하는 경향이 있습니다.

특정 상황에서 여자들은 남자가 결정을 내려야 한다고 생각할 수 있습니다. 의식적으로 여자가 좀 더 경험이 풍부한 상황이라는 것을 둘 다 잘 알고 있을 때조차도 마찬가지입니다. 아내는 남편이 결정한 대로 따르기로 하고 기다립니다. 그러다가 나중에는 남편이나 아내 혹은 둘 다 그 과정을 불쾌하게 여길 수 있지요 ― 아내는 자신의 힘을 포기한 데 대해서, 그리고 남편은 결정을 내리도록 압박을 당한 데 대해서 말이죠.

여자들은 보통 갈등과 대립을 피하라고 배웁니다. 그렇기 때문에 여자가 권력을 행사한다는 것은 무척 어려울 수도 있습니다. 여자들은 권력의 불균형에 맞설 경우 부부관계가 파괴될 것을 두려워합니다. 사랑하는 사람에게 버림받는다는 것은 매우 위험한 일입니다. 그래서 그냥 "하위"에 머무르면서 좌절감을 감추거나 억압하는 것이지요.

여자들은 "피지배층"인 것처럼, 지식이나 기술, 경험, 직관적인 자각을 지니고 있으면서도 마치 그런 게 전혀 없는 사람처럼 행동함으로써 스스로를 보호하고 싶을지도 모릅니다. 어쩌면 특정 상황에서 어떻게 행동해야 할지 남자가 알든 모르든 간에 무조건 지도자의 역할을 맡김으로써(아니면 남자가 그렇게 생각하도록 유도함으로써) 자존감을 보호해주라고 배웠을 수도 있습니다. 이러한 내면적 압박은 남편이나 아내 혹은 둘 다 강요

받아온 가족의 성역할이야기로부터 비롯되는 경우가 많습니다.

로라는 한 거대 지주회사의 감사관 사무실에서 신속하게 승진 사다리를 올라가고 있었다. 동료와 상사들은 모두 그녀의 기술을 존경했다. 그녀는 낮에도 열심히 일했고, 밤에도 전문가 자격증 시험을 준비하느라 여러 시간 공부하였다. 한편 샘은 과도기에 있었다. 그는 맘에 전혀 안 드는 직장을 그만둔 다음, 영업활동을 하면서 다른 직업의 가능성을 고려하고 있는 중이었다. 그들이 부부 상담을 신청한 것은, 로라의 과중한 공부 스케줄과 업무, 그리고 만족스러운 직업을 찾지 못하고 있는 샘의 좌절감 때문에 부부관계에 생긴 스트레스를 해소하기 위해서였다. 주요관심사는 샘의 분노 폭발이었다. 샘은 식사 준비라든가 애완견 돌보기, 집안 청소 같은 가사 일을 스스로 완수해내지 못할 때마다 화를 터뜨렸다.

개별 상담 시간에 로라는 샘의 분노와 집안 일 분담에 대한 저항이 어쩌면 자신의 고속 승진에 대한 반응일지도 모른다는 걱정을 털어놓았다. 특히 자신의 월급이 샘보다 두 배나 더 많기 때문에 수입의 격차에 대해 걱정을 하였다. 심지어는 현재 진행되고 있는 승진 계획을 거절하고, 다음 번 시험에서도 샘보다 똑똑하게 보이지 않도록 일부러 떨어질까 생각중이라고 했다. 그녀는 샘의 분노 때문에 이혼하게 되지나 않을까 매우 두려워하고 있었다. 그런 일이 생긴다면 전적으로 자기 잘못이라고 분명하게 말했다. 자신의 성공이 "제공자로서의 남편 역할을 빼앗아버렸고" "친구들 앞에서 당황하게 만들었기" 때문이다.

로라의 가족이야기는 전통적인 것이었다. 그녀의 기억 속에는 어머니가 아버지를 위해 "남자로서의 자존심"을 세워주려고 노력했던 모습이 남아 있었다. 그녀의 부모는 선교사였는데, 어머니는 아버지가 질투할 경우 부부관계가 위태로워질 것을 잘 알았기 때문에 그토록 열망하던 교장 직위도 거절하고 말았던 것이다. 이렇게 "남자 먼저"라는 의식이 그녀의 가족이야기에 깊숙이 뿌리를 내리고 있었다.

로라는 개인적인 성공을 좋게 넘기기가 힘들었습니다. 전통적인 관점에서 볼 때 그것은 소중한 남편에게 위협을 가할 수도 있었기 때문입니다. 그녀가 이렇게 주저하고 두려워하기까지 했던 것도 충분히 이해가 갑니다. 대부분의 여자들은 권력을 멀리하도록 배우며, 권력의 행사는 자연히 갈등을 야기하고 친밀감을 빼앗으며 심지어는 버림받게까지 만든다고 생각하기 때문입니다.

이런 식으로 권력에 복종하는 것은 자신이 실제로 지니고 있는 힘을 발휘하지 못하도록 막는 것일 수 있습니다. 결혼생활에 공헌할 수 있는 기회를 스스로 포기해버리는 것이지요. 그런 식으로 권력에 복종하면 "지배자"인 남편에게 기쁨을 안겨줄 수도 있습니다. 하지만 상호성과 권력 공유를 추구하는 남편에게는 오히려 좌절의 원인이 되고 말 것입니다. 친밀감도 위태로워질 테고요.

조심스러운 평가를 거친 결과, 샘의 행동은 실패자라는 좌절감의 표현임이 밝혀졌다. 좋아하지도 않는 직업에 너무 많은 시간을 허비한 것 같았고, 이러지도 저러지도 못하는 상황 속에서 우울감을 느끼고 있었다. 그리고 결국은 자신의 분노를 결혼생활에 그대로 투사하였다. 그렇다. 그는 집에서 "관심을 받지 못하고 있다"고 짜증을 부렸다. 하지만 그것이 자기 과거와 연결된 것임을 잘 알고 있었고, 부적절한 감정이므로 버려야만 한다는 것도 잘 알고 있었다. 사실 그는 아내의 성공이 기쁘고 자랑스러웠다. 그가 후원하는 말들은 전혀 거짓이 아니었다. 이제 로라는 남편의 확언을 있는 그대로 받아들이기 위해서, 그동안 권력에 대해 사회화해온 생각들부터 극복해 내야만 했다.

아내가 목소리를 죽인 채, 부족하다는 변명 뒤에 숨거나 혹은 남편의 자존심만 세워주려고 한다면, 진정한 자아를 위해 관계를 제공해줄 수가 없을 것입니다.

남편이 가정의 우두머리인 전통적인 결혼 형태는 이미 말한 여러 가지 이유들 때문에 문제가 됩니다. 게다가 불공평의 가능성에 대해 한 가지 더 짚고 넘어갈 게 있습니다. 한 쪽만 결정권을 갖게 될 경우 공평하게 행동하기가 좀 더 힘들다는 것입니다. 불공평은 종종 권력을 오용한 결과로 나타납니다. 흔히들 말하듯이 "권력은 부패하기 마련이며" 권력을 지닌 쪽은 이 권력을 부당하게 남용하고 싶은 유혹에 빠지기가 쉽습니다. 어느 한 쪽에게 더 많은 권력이 주어질 경우, 상대방에게 부당한 방식으로 행동할 가능성도 더 커집니다. 겉보기에는 순종적인 위치에 있는 사람이 불공평의 희생양인 것 같지만, 지배자 역시 손해를 보기는 마찬가지입니다. 친밀한 사랑은 오로지 상호관계의 상황에서만 가능하기 때문이지요. 공평 문제에 관해서는 제7장에서 좀 더 자세히 살펴보도록 하겠습니다.

권한 부여/대표 권력

일반적으로 여자들은 "지배자"의 자리를 놓고 남자와 공개적으로 경쟁을 벌이지 않습니다. 그러기에 일부 관찰자들은 여자가 권력을 행사할 수 있는 성격 특성을 지니지 않았다고 가정하기도 하였습니다. 하지만 최근의 여성 연구들은 권력의 의미를 확대하고, 여자는 무력하다는 가정에 도전하고 있습니다(조던 등, 이 장 마지막 부분에 소개해놓은 "추천도서"를 읽어보세요). 여자들은 관계 속에서 좀 더 협력할 수 있도록 배우며, 일방적인 힘을 행사하고 싶은 유혹에 빠지지 않습니다. 가족을 위해 일방적인 결정을 내린다든가 하는 "지배"의 과정에서 힘을 발휘하기보다는, 결정을 내리거나 "지배"의 표현을 하기에 앞서 남편을 협의에 끌어들이고 싶어 합니다.

권력의 연속선상에서 "지배"와 "피지배" 사이에는 "권한 부여"라고 하는 기름진 옥토가 있습니다. 권한 부여는 남편과 아내, 관계를 다함께 성장시키고 발전시키려는 목표를 가지고 권력을 사용하는 것을 의미합니다. "권력 공유"는 공동 전선을 통해 표현되는 권력, 공유된 권력을 설명하기 위한 단어입니다. "대표 권력"은 강제적으로 억압하지 않고 오히려 상대방이 본인의 힘을 발견할 수 있도록 도와주는 방식으로 권한을 부여하고 영향력을 미치는 힘입니다. 그런 식의 권한 부여는 한쪽의 자아를 마냥 희생시키는 것이 결코 아닙니다.

연습문제: 자기 이야기 공개하기

결혼생활의 권력과 권위에 관한 우리의 생각과 느낌은 주로 어린 시절 가정에서 경험한 것들, 그리고 좀 더 폭넓은 환경에서 경험한 것들의 영향을 받습니다. 이런 영향력은 우리 눈에 잘 보이지 않습니다. 탐구할만한 시간도 주어지지 않고요. 남편과 아내가 권력을 개념화하고 표현하는 방식에 영향을 미치는 개인이야기를 알고 싶다면, 시간을 들여서 여러분의 이야기를 탐구하고 어렸을 때 형성한 남자/여자 관계의 모델, 특히 남편/아내 관계의 모델을 기억해내야만 합니다. 한가롭게 대화하면서 다음의 질문들을 탐구해보세요:

- 성장 과정에서 가족이나 공동체로부터 남편과 아내간의 권력과 권위에 관하여 배운 것은 무엇입니까?

- 결정을 내릴 "권리"는 남자와 여자 중 누구에게 있나요? 왜지요?
- 가장 "논리적이고", 세상이 어떻게 돌아가야 하는지에 대해서 가장 "분별력"이 크며, 가장 많이 알고 있는 사람은 남자입니까, 여자입니까?
- 가정과 좀 더 광범위한 문화권에서 여러분은 남편과 아내가 수행해야 할 임무와 가사에 관하여 어떤 식으로 생각하도록 배웠나요?
- 남편과 아내간의 권력과 권위에 관하여 교회와 그리스도교 공동체에서는 무엇을 배웠나요?

권력은 본질적으로 악한 게 아닙니다. 하지만 대부분은 권력을 악용하고 싶은 유혹을 받습니다. 권력은 건설적으로 사용될 수도 있고, 파괴적으로 사용될 수도 있습니다. 결혼관계에서 "지배하거나" "지배당하는" 것은 파괴적인 방법입니다. 남편과 아내간의 권력을 합법적으로 표현할 수 있는 유일한 방법은 바로 "권력을 공유"하거나 "상대방을 위해 권력을 사용"하거나 권한을 부여하는 것입니다. 남자도 여자도 배우자를 위해 권력을 행사할 수 있습니다. 권한을 부여받고 자기를 성취할 수 있습니다.

배우자에게 서로 권한을 부여하려고 애쓰는 부부는
복이 있나니.

권력의 공유:
권위와 리더십

부부관계 향상 이벤트에서 이런 질문을 던지는 사람이 종종 있습니다: "그러면 남편과 아내가 서로 생각이 달라서 결정을 내릴 수 없을 경우엔 누가 결정을 내려야 하나요?" 이런 질문의 배후에는 보통 누군가가 "책임을 져야만 한다"는 가정이 숨어 있습니다. 이런 질문을 제기하는 사람은 무릇 모든 집단에는 최종 결정권을 지닌 리더가 있어야 한다고 주장할 것입니다. 때로는 좀 더 노골적인 질문을 던질 수도 있습니다. "누군가가 리더가 되어서 명령을 내려야 하지 않나요?" 그러면서 여기에 대해 다들 "그렇다"고 대답해주기를 기대할 것입니다. 그리고 이 리더는 바로 남편이어야 한다고 생각할 것입니다. 이와 같이 권위와 리더십에 관한 관심은 권력의 문제와 연결됩니다. 부부간의 권력을 적절히 표현한 게 ("지배"나 "피지배"가 아니라) "대표 권력"과 "권력 공유"라면, 권력은 어떻게 표현될까요?

권위 획득

권위는 결정하거나 명령할 수 있는 권리를 의미합니다. "지배하는" 사람은 보통 다른 사람들의 삶을 향상시킬 수 있는 결정권을 지닙니다. 이 권위는 (신체적 능력과 경제적 능력 같은) 힘으로 이루어집니다. 따라서 자칫 배우자에게 좋지 않은 쪽, 배우자의 욕구와 최대 관심에 못 미치는 쪽으로 사용될 수도 있습니다. 그리스도인 부부 간에는 그런 식의 "지배" 권위가 결코 적절하지 않습니다. 그리스도인 가정에서는 그 어느 쪽도 배우자를 무시하고 자기주장만 펼칠 수 없습니다(여기에서 주목해야 할 것은, 아내뿐만 아니라 남편 역시 마찬가지라는 점입니다) ― 다시 말해서 어느 한쪽이 본질적으로 더 많은 권위를 지녀서는 안 된다는 것이지요. 복음이 선포하는 사랑에 적합한 권위는 바로 상호적 권위입니다. 배우자에게 값없이 부여할 때에야 비로소 획득할 수 있는 권위인 것입니다.

때로는 배우자를 위하여 대표로 권리를 행사해야 할 경우도 있습니다. 특별한 상황에서 "주어진 권위"를 행사하게 되는 것이지요. 그런 권위를 부여받은 것은 자신의 경험과 관심, 지식, 그리고/혹은 전문가적 의견을 총동원하여 자신과 배우자를 위해 최선의 결정을 내릴 것을 증명했기 때문입니다. 권위를 부여받은 당사자는 아주 자유롭게 권위를 행사합니다. 그 권위가 부부관계에 가장 좋은 방향으로 사용될 것이라고 믿으면서 말입니다. 권위의 획득은 배우자에 대한 "지배"가 아닙니다. 배우자와 관계를 위한 "대표 권력"입니다.

새넌은 주식거래에 대해 해박한 지식과 기술을 연마하였다. 그녀의 남편 주안은 경제나 재정적 정보에 대해 전혀 관심이 없다. 그는 주식 시장의 기술을 연구하는 게 너무 어렵다. 그들 부부는 상의 끝에 다음과 같은 결정을 내렸다. 새넌은 주식 시장을 연구할만한 능력이 있으므로, 세금을 뺀 새넌의 순수입과 그들 부부의 개인연금 적금과 주안의 연금의 일부를 알아서 투자하기로 하였던 것이다. 주안은 아내에게 자신의 연금 기금과 개인연금 적금을 관리할 수 있는 권위를 부여하였다. 새넌은 그날그날의 활동을 남편에게 설명해준다. 하지만 결정을 내릴 때 남편의 충고를 받아들이지는 않는다. 그녀는 컴퓨터로 주식 매매를 하거나 브로커와 통화할 때, 부부를 대표하는 권위를 지니고서 일을 수행한다.

대표 리더십

리더십은 권위를 지닌 사람이 보여줘야 할 특징으로 여겨지는 경우가 많습니다. 리더십이라는 개념은 공식적으로나 비공식적으로 책임을 맡은 사람이 행사하는 통제력과 같은 의미로 사용되기도 합니다. 그 사람 빼고 나머지는 모두 추종자, 그러니까 리더의 결정과 행동에 종속된 사람으로 여겨집니다.

하지만 결혼생활에서 리더십이란 부부가 공유할 수 있는 기능입니다. 리더십이란 게 좀 더 많은 지식이나 경험, 시간, 에너지, 혹은 적절한 인격적 특성을 지닌 사람이 특정 상황을 헤쳐 나가기 위해 주도권을 잡는 걸 의미한다면, 그것은 그 사람의 "대표" 권력을 용인한다는, 훨씬 더 사려 깊은 표현입니다. 가부장적인 리더십이 결코 아닙니다. 진실로 대표가 되는 리더십입니다. 리더십은 상호성과 파트너십 속에서 부여됩니다. 리더십을 발휘함으로써, 한 쪽은 관계 속의 신뢰를 통해 주어진 권위를 행사합니다. 그리고 배우자의 최대 관심사와 관계를 고려해줄 것이라는 신뢰와 또 그래야 한다는 책임에 관하여 둘 다 잘 알고 있습니다.

재키는 16년간 과부로 살아온 폴의 어머니와 좋은 관계를 맺고 있는 간호사다. 폴과 어머니는 이제까지 한 번도 부드러운 관계를 맺어본 적이 없다. 어머니는 계속해서 폴을 어린 아이로 취급하고, 폴은 그런 어머니께 자신을 증명해보이려고 안간힘을 쓰면서 어머니의 힘에 저항하고 있다. 그들은 확실치 않은 이유들로 인해서 잦은 갈등을 겪고 있다. 어머니가 좀 더 많은 의료적 관심을 필요로 하게 되었을 때, 그리고 독립적인 생활을 그만 두고 요양소로 옮겨야만 했을 때, 폴은 재키더러 어머니와 관계를 맺고 화해해야 할 중요한 책임을 좀 맡아 달라고 부탁하였다. 폴의 제안을 받은 재키는 주도권을 잡았다. 그녀는 여러 가지 대안들에 관하여 조용히 대화를 나누고, 다른 곳에서 살고 있는 두 형제들과 상의를 한 다음, 어머니를 모시고 요양소를 방문하였다. 이러한 리더 역할은 주변의 모든 사람들에게 매우 큰 도움이 되었다. 폴은 재키가 이 기간에 너무 많은 부담을 지지 않도록 그동안 재키가 일상적으로 해왔던 일들을 많이 대신해주었다.

부부는 상호성과 권력 분배에 관한 특유의 모델과 생각을 확립하기 위하여 노력해야 합니다. 의사 결정의 과정은 일상적인 영역에서 부부가 권력을 분배하기 위해 도전할 수 있는 좋은 기회입니다.

권력의 공유: 의사 결정

평등주의 관계를 맺는 것은 자칫 좌절감을 안겨줄 수도 있습니다. 평등주의 관계를 맺기 위해서는 더 많은 시간과 에너지, 그리고 진지한 대화가 필요하기 때문입니다. 이것은 분노를 불러일으킬 수도 있고, 냉담한 태도를 야기할 수도 있으며, 결과적으로 교착 상태에 빠져버릴 수도 있습니다. 대화의 형태가 상호적인 사랑이 아니라 누가 "이기나"(지배력을 획득하나) 두고 보자는 식으로 변해버리는 경우도 많습니다. 우리의 경험에 따르면, 많은 부부들이 의견 일치나 타협에 실패하는 이유는 서로의 생각과 느낌을 존중해 가면서 좀 더 철저히 해결책을 탐색할 수 있는 능력을 분노가 억제하기 때문입니다. 권력 투쟁으로 나아가지 말고, 그 대화를 중지하십시오. "비긴 경기" 혹은 "평결 불일치" 상태에서 일단은 의사 결정 과정을 끝마치십시오. 나중에 좀 더 나은 대화 기술을 동원해서(제3장을 읽어보세요) 차이점을 평가하고 둘 다 만족스러운 해결책을 찾을 수 있도록 새로운 단서를 모색하면 됩니다.

물론 전혀 다른 가치 체계와 개인적인 경험, 삶의 철학을 지닌 부부들도 있습니다. 이들은 당연히 교착 상태에 빠질 것입니다. 현재 봉착한 문제에 관하여 두 사람이 지니고 있는 개인적인 이야기가 너무나도 달라서, 의견 일치도 불가능해 보이고 타협도 쉽지 않을 듯합니다. 이럴 땐 어떻게 해야 할까요? 파괴적인 갈등을 일으키거나 권력의 자리와 의사 결정의 권위를 요구하지 말고, 다음의 몇 가지 방법을 시도해보세요.

번갈아가며 의사 결정하기

결국 교착상태에 빠지고 말았을 경우 번갈아가며 차례로 의사 결정을 하는 것이 곧 결혼생활에서 권력과 권위를 분배하는 방법입니다. 우리가 자녀에게 가르치는 것이 바로 이런 것 아닌가요? 냉장고 문에 목록을 붙여놓으세요. 서로 만족할만한 결정을 내릴 수 없을 경우, 이번에는 누가 결정을 내릴 차례인지 확인해보세요. 많은 부부들이 이런 식의 과정을 통해서 갈등을 줄일 수 있었습니다. 외식을 어디에서 할 것인지, 무슨 영화를 관람할 것인지, 텔레비전 프로그램은 무엇을 시청할 것인지, 휴가 기간에 어디로 가서 무엇을 할 것인지, 방마다 무슨 색 페인트를 칠할 것인지 등등을 결정해야 할 때 말입니다.

조언

부부의 의견이 일치하지 않는 분야에 대해서 전문적인 지식을 갖고 있는 전문 컨설턴트에게 찾아가 보세요. 예를 들어서, 재정적인 문제에 관한 의견이 분분할 때에는 금융 기관(여러분 지역의 은행이나 투자 회사, 세금 컨설턴트)을 찾아가세요. 여러분이 참고할만한 재정적 조언들을 제공해줄 것입니다. 책, 비디오, 관련 기구, 그 밖의 여러 출처들이 관점을 변화시켜줄만한 정보와 선택 사양들을 제공할 것이며, 나아가 여러분이 결정을 내릴 수 있도록 도와줄 것입니다. 어떤 부부는 네 살짜리 아들의 훈육 문제를 놓고 계속해서 논쟁하다가, 결국은 아동 심리학자를 찾아가 상담해보기로 결정하였습니다.

부부관계 향상그룹

만일 다른 부부들과 함께 후원 그룹에 속해있다면, 여러분의 결혼생활에 언쟁을 불러오는 "곤란한 문제점"에 관하여 함께 탐구해보세요. 여러분이 논쟁하고 있는 내용이나 결정짓기 위하여 애쓰고 있는 과정에 관하여 아주 창의적인 생각을 가진 부부가 있을 것입니다.

부부치료

수많은 부부들이 유능한 치료사와 몇 회기를 함께 하면서 창의적인 도움을 받았습니다. 치료사는 의사 결정의 과정이 왜 결렬되었는지를 깨닫게 해줄 것입니다. 그리고 여러분이 다른 가능성들을 생각해볼 수 있도록 도와줄 것입니다. 교착 상태에 빠졌다는 것은 곧 관심이 필요하다는 중요한 신호일 수 있습니다. 배우자의 이야기에서 비롯된 개인적인 안건은 그 문제를 개념화하는 방법에도 영향을 미칠 수 있습니다. 아니면 여러분이 의사 결정을 위해 노력하고 있는 과정을 철저히 점검해볼 필요가 있습니다. 치료사는 여러분이 의사 결정의 과정에서 지니고 있는 약점들을 확인하고 수정할 수 있도록 도와줄 수 있습니다. 그리고 전혀 새로운 과정을 채택할 수 있도록 도와줄 수도 있습니다.

경고. 돈은 권력의 주요요소입니다. "황금 법칙: 금을 지닌 사람이 법칙을 정한다"라는 어느 스웨터 광고문처럼 말입니다. 한 쪽이 돈을 전부, 혹은 대부분 벌고 있을 경우, 그 사람은 마치 돈이 권력을 부여해주는 것처럼 행동하고픈 유혹을 느끼게 됩니다. 그리고 이것은 배우자에게 용돈을 지급해줄 경우 현실화될 수 있습니다. 배우자가 용돈을 받을 때에는, 그 돈이 파트너십에 속한 게 아니라 돈을 번 사람에게 속한 것이라는 점이 분명합니다. 결혼생활에서 돈을 벌 수 있는 능력이 불균형을 이루고 있다 하더라도 결코 돈이 권력 불균형의 원인은 될 수 없다는 사실, 돈 때문에 친밀감이 감소하지는 않는다는 사실을 더더욱 확실히 해야만 할 것입니다.

권력의 공유: 노동력 분배

권력의 분배를 위해 노력하는 부부에게 닥치는 또 하나의 문제는, 누가 무엇을 할 것인가를 구분 짓는 문제입니다. 결혼을 했다는 것, 특히 자녀가 있다는 것은, 생활공간을 유지하고 나아가 가족 전체가 역할을 담당할 수 있도록 일상적인 과정 ― 음식을 장만하고, 생활공간을 향기롭게 관리하고, 보험을 처리하고, 세금을 납부하고, 고장 난 것들을 고치고, 청구서들을 지불하고, 가족들을 위한 선물을 마련하고, 축하 파티를 계획하고, 쓰레기를 버리는 일 ― 에 참여한다는 것을 의미합니다.

그동안 많이 진보했다고는 하지만, 연구 결과에 따르면, 가정을 유지하기 위해 필요한 일들(임무, 허드렛일)은 여전히 남자와 여자의 몫으로 양분되어 있는 실정입니다: 아내는 가사를 돌보는 데 남편보다 두 배 정도의 시간을 할애합니다. 심지어는 둘 다 출근해서 일하는 맞벌이 부부들의 경우도 마찬가지입니다. 아직도 많은 것들을 틀에 박힌 성 역할에 따라 결정짓는 부부들 경우도 그렇고요 — 말하자면 남편과 아내가 서로 일을 분담하는 게 아니라, 전통적인 편견에 따라 "여자 일"과 "남자 일"을 구별하려 드는 것입니다. 이런 점에서, 가정을 유지해야 할 책임을 분담하는 것은 대부분의 부부들에게 아직까지도 요원한 일입니다.

누가 무슨 일을 할 것인지 결정하기 위해 부부들이 사용하고 있는 기준은 무엇입니까? 특별히 남자나 여자의 일이라고 못 박아놓은 것은 아무 것도 없습니다. 그리스도인 부부라면 권력과 권위의 분배 원칙에 입각하여 결정해야 하며, 좀 더 평등과 공평에 헌신해야 합니다. 다음의 기준들을 현실적인 관점에서 살펴보는 것도 많은 도움이 될 것입니다:

시간이 나는 사람은 누구인가?

부부의 업무 스케줄과 다른 임무들에 입각하여 서로가 시간을 조절할 수 있습니다. 이 경우 장기간 같은 임무를 안정적으로 수행하게 될 수도 있습니다. 어떤 부부들의 경우는 계절을 기준으로 하여 시간을 조정하기도 합니다.

> 셜리는 연말정산 기간에만 작은 회계 사무소의 경리 사원으로 근무한다. 1월부터 4월까지, 종종 하루 10~12시간을 일하며, 주말에도 거의 대부분 출근을 해야 한다. 이 녁 달 동안 남편 데니스는 업무 외 보이 스카우트 관련 임무들을 대부분 동료에

게 맡긴다. 그리고 그렇게 만들어낸 시간으로, 학교 다니는 자녀들을 돌보고 여러 가지 집안일들을 한다. 그 기간을 뺀 나머지는 셜리가 집에서 소규모 경리 업무를 맡기 때문에, 데니스도 취미 삼아서 보이 스카우트 관련 업무를 더 많이 볼 수 있다. 그들은 그동안 두 사람 모두 만족할 수 있도록 이 스케줄을 조심스럽게 수행해왔다.

신체적 능력이 있는 사람은 누구인가?

남편과 아내 중 다락방으로 박스를 옮기거나 차고에서 크리스마스트리를 꺼내올만한 힘을 지닌 쪽은 누구입니까? 때로는 상처를 입거나 질병에 걸려서 신체적으로 무력하거나 어떤 임무를 수행할만한 능력이 전혀 없는 경우도 있습니다.

흥미를 지닌 사람은 누구인가?

남편과 아내 중 한 사람은 어떤 일(정원에 꽃을 심는 일, 법적으로 필요한 것보다 훨씬 더 많은 기록을 유지하는 일, 창고를 깔끔하게 정리하는 일)에 엄청난 감정적 투자를 하는 반면에, 한 사람은 전혀 무관심한 경우도 있습니다. 특정 임무를 좀 더 철저하게, 좀 더 만족스럽게 해내고 싶은 당사자가 그 임무를 수행해야 할 것입니다.

용기가 있는 사람은 누구인가?

지붕 홈통을 청소하기 위해 용감하게 사다리를 타고 올라갈 만한 사람은 누구입니까? CD 플레이어를 너무 크게 켜놓은 이웃을 직접 찾아갈만한 사람은 누구입니까? 한밤중에 아래층에서 들리는 소음을 확인하러 내려갈만한 사람은 누구입니까?

지식과 기술을 가진 사람은 누구인가?

더 많은 전문 지식을 동원하여 임무를 수행할만한 지식과 능력을 지닌 사람은 누구입니까?

해도 괜찮은 사람은 누구인가?

어떤 특정 임무에 관하여 긍정적인 기준이 전혀 없을 경우, 그 임무에 대해 부정적인 느낌을 그나마 덜 가지고 있는 사람으로 결정을 내릴 수 있습니다. 특정 임무에 전혀 흥미를 느끼지는 못하지만, 그 임무를 수행한다 하더라도 "그다지 문제될 게 없는" 사람이 있을 것입니다.

앤디는 세탁기를 돌리는 일에 별로 거부감을 느끼지 않는다. 그는 자기 스케줄을 이행하는 가운데 "틈틈이" 세탁기를 돌리며, 그것은 전혀 성가신 일이 아니다. 반면에 주디는 세탁이 아주 중요한 일이라고 생각하기 때문에, 주디에게 세탁을 맡기면 아마도 하루의 대부분을 세탁하는 데 써버릴지도 모른다. 따라서 언제나 세탁은 앤디의 몫이다. 다른 예를 하나 더 들어보자. 주디는 굉장히 훌륭한 요리사여서, 재빨리, 능률적으로 식탁을 차릴 줄 안다. 하지만 앤디는 단 한 번도 요리하는 법을 배워본 적이 없으므로, 그에게 요리란 그야말로 엄청난 부담이다. 때문에 집안에서 요리를 도맡아하는 사람은 언제나 주디다.

이번 차례는 누구인가?

앞의 모든 기준에 맞지 않을 경우, 아무도 좋아하지 않는 일들(욕실 청소라든가, 애완견 목욕시키기 같은 일)은 서로 번갈아가면서 하는 게 가장 공평한 처사일 것입니다. 지난달에 누가 그 일을 맡았는지를 목록으로 작성해서 냉장고 위에 붙여 두세요. 그러면 부부가 (자녀도 포함해서) 이런 허드렛일을 차례대로 해나갈 수 있을 것입니다.

공평한 방법은 무엇인가?

자신의 일이 배우자보다 더 버겁다고 느껴질 경우 당연히 결혼생활이 불공평하다고 생각할 수 있습니다. 배우자가 공평한 가사노동 분담을 무시하고 바깥 업무나 관심사에만 지나치게 치우칠 경우 분개할 수도 있습니다. 어떻게 해야 공평한 처사일까요? 공평이라는 개념을 염두에 두고서 지속적으로 이 개념을 채택하는 부부라면, 좀 더 깊은 친밀감과 성취감을 맛볼 수 있을 것입니다. 뭐니뭐니해도 사랑은 "자기의 이익을 구하지 않는"(고린도전서 13장 5절) 법이니까요. 권한을 부여한다는 것은 부부가 각각 다른 기술을 배우고 좀 더 풍부한 지식을 얻기 위하여 노력한다는 뜻입니다. 각자가 책임질 수 있는 생활 영역을 늘려갈 수 있도록 말입니다.

> **경고.** 사회화 내용에 입각하여 자기가 지금 여자의 돌봄을 받고 있다고 판단하는 남편의 경우, 공평한 가사노동 분담이 좀 더 어렵습니다. 그들은 자기 삶에서 여자, 특히 아내가 시키는 대로 따라하는 일은 결코 있을 수 없다는 유혹에 빠지기가 쉽습니다. 아내 역시 희생이야말로 최고의 선이며, 상호관계를 요구하는 사랑을 초월하여 자기희생과 헌신에 이르러야 한다고 교육받아왔습니다. 이런 이유 때문에 부부 권력의 불균형과 친밀감의 상실이 빚어지며, 금방 불공평해지고 마는 것입니다.

연습문제: 일을 분담하는 기준은 무엇입니까?

다른 많은 부부들처럼 여러분 역시 일을 분담하기 위한 기준을 의도적으로 세워 두지는 않았을 것입니다. 어쩌면 의사 결정 과정이나 임무 분담 과정이 임의로, 혹은 습관적으로 이루어졌을지도 모릅니다. (지속적인 갈등을 토대로 하여) 몇 가지 관리

업무를 선택하세요. 그런 다음 누가 어떤 일을 맡을 것인지에 대해서 그동안 어떤 식으로 결정을 내려왔는지 논의해보세요. 혹시 여러분의 기준은 위에서 열거한 기준들이 아니라 남자/여자와 "권리"에 관한 전통적인 편견에 입각한 것인가요? 만일 가사 분담 과정이 권력과 책임 분배 과정에서 특별히 공들일 필요가 없다고 생각될 경우에는, 다른 계획을 발전시킬 수 있는 시간을 가져보세요.

가부장제와 권력

　성서와 신학을 통해서 우리는 그리스도인 부부가 권력 공유에 전념해야 하는 이유를 설명했습니다. 물론 결혼 제도는 사실상 남자가 주도해온 기구로서, 남편을 지배적인 배우자, "성주"로 만들어왔습니다. 이 역사를 극복하기란 매우 어려운 일입니다. 이런 사상들이 여러분과 배우자의 관계에 미쳐온 영향을 결코 과소평가해서는 안 됩니다. 이러한 계급주의 결혼모델은 우리 문화의 총체적 정신 속에 깊이 뿌리박고 있으며, 제도를 통해서 전달됩니다. 우리의 기본적인 삶의 이야기들은 이런 전통들의 영향을 쉽사리 받습니다. 심지어는 의도적으로 파트너십을 선택하는 바로 그 순간에도 말입니다. 금세기에 들어서야 겨우 파트너십을 강조한 파트너십 결혼이라는 개념이 우리 문화 속에 받아들여지게 되었습니다.

우리는 양성 불평등이 계속해서 여성을 억압하고 있음을 보여주는 연구 결과를 진지하게 받아들입니다. 비록 긍정적인 변화들도 많이 일어났지만, 그래도 여전히 가부장적 문화의 규범들이 여성을 복종의 위치에 묶어두고 있습니다. 우리는 문화 속에서 남자가 여자보다 많은 권력과 권위를 차지하는 현실에 맞서 싸워야만 합니다. 우리 문화권에는 결혼이란 남편이 보스로서 맨 꼭대기에서 지배하고 아내는 하녀/비서/요리사/가사 도우미로서 복종하는 상하관계로 이루어진 것이라는 생각이 너무나도 강하게 자리 잡고 있습니다. 우리 사회가 적어도 공식적으로는 그런 사상을 포기했다고 하지만, 남자들은 아직도 아내를 "소유하고" 있으며, 그 집안의 모든 부속물과 특권을 부여받은 머리로 간주됩니다. 하지만 가정과 결혼관계 밖에서 어느 정도 평등과 존중을 경험해본 여자들은 컴컴한 감옥으로 되돌아가려 하지 않습니다.

교회 안에도 여전히 그런 것들이 존재합니다. 특히나 "종교적 특권층", 남편이 가정의 머리여야 하고 아내는 복종해야 한다고 믿는 사람들에게 더 많이 남아 있습니다. 그들은 하나님의 신성한 질서 안에서, 남편은 리더십과 보호의 권리 및 책임을 부여받았으며, 아내는 추종자로서 보호를 받을 수 있는 특권을 부여받았다고 생각합니다. 이런 신권위주의적 견해를 피력하고 있는 책들이 수천 권씩 판매되고 있으며, 이런 견해를 지지하는 세미나에 수천 명씩 참석하고 있는 실정입니다.

여러분이 만일 교회에서 결혼예식을 올렸다면, 여러 신앙 전통과 지역 교회들이 여전히 남자와 여자의 권력 차이를 믿고 있다는 사실을 분명히 깨달았을 것입니다. 여러분은 남자의 권력 승계를 무의식적으로 인정하는 예식에 참여했을 것입니다. 혼인 서약은 그래도 전통적인 "사랑과 순종"보다 조금 더 상호적인 것 같지만, 결혼예식은 아내가 남편에게 속해 있다는 것을 상징화하고 있습니다. 신랑은 문을 통해 제단으로 들어갑니다. 그리고는 목사나 사제와 함께 제단 가까이 섭니다. 이것은 곧 신랑이 하나님과 좀 더 가까이 연합되어 있음을 상징합니다. 신부는 신랑에게 인도됩니다. 마치 신랑에게 속한 것처럼 말이죠. 하지만 신랑은 신부에게 인도되지 않습니다. 신부는 어머니나 부모가 아니라 아버지의 손에 이끌려 교회 통로로 나아갑니다. 왜 그럴까요? 남자가 소유권(특히 여자에 대한 소유권)을 지닌 전통에 따르면, 여자는 자기 스스로 길을 갈만한 능력이 없기 때문입니다. 주례를 맡은 목사나 사제는 이런 질문을 던집니다: "누가 이 남자에게 신부를 줄 건가요?" 그러면 아버지가 "저요" 하고 대답합니다. 마치 자신이 딸의 소유주인 것처럼, 다른 남자에게 "딸을 양도해 줄" 권리를 지닌 것처럼 말입니다.

전통적인 방법은 서서히 사라져갑니다

혹시 자신은 평등주의 관계를 맺고 있다고 생각하기에 이 장을 그냥 건너뛰고 싶은 유혹이 안 들었습니까? 너무 과신하지 마세요. 계급주의 이야기가 성역할에 미치는 영향력을 과소평가하지 마세요. 우리는 무의식적인 성역할 편견과 성차별적 선입관이 지닌 힘을 자주 목격하곤 합니다. 공평을 소중히 여기고 평등한 관계를 위해 헌신하는 부부일수록, 자신들의 부부관계에 전통적인 편견들이 얼마나 깊숙이 침범할 수 있는가를 알고 깜짝 놀랍니다. 부부관계 향상 워크숍과 그에 따른 상담 회기들을 통해서, 우리는 이런 부부들이 정작 본인도 모르는 사이에 얼마나 큰 혼란을 불러일으킬 수 있는가를 몸소 체험해 왔습니다.

패트리샤는 글렌과의 관계가 진지한 로맨스로 변해갈 무렵 이미 진보적인 단계를 추구하기 위하여 많은 노력을 기울이고 있었다. 결혼 얘기가 오가고 있을 때 그녀는 몇 군데 대학원에서 면접을 받고 있었다. 결혼 전 상담 기간에 글렌은 과연 아내의 직업 목표를 함께 따르고 싶어 하는가 하는 문제에 봉착했다. 그리고 자신은 특별한 직업 목표가 없다고 여겼기에, 패트리샤가 어디로 가서 직장을 구하든 기꺼이 함께 하겠노라고 확신했다. 패트리샤는 한 대학교에서 장학금을 받았다. 그리하여 글렌은 자신이 태어나 자란 곳에서 아주 멀리 이사를 가게 되었다. 거기서 아내가 3년간의 프로그램을 마친 다음 박사 후 과정 장학금을 받게 된 곳은 훨씬 더 멀었다. 그는 기꺼이 이사 가겠노라고 했지만, 이사 직후 폭력적으로 변했고 심각한 우울증까지 겪게 되었다. 자기 직업, 날씨를 죄다 혐오했고, 건강이 악화되고 있는 아버지와 멀리 떨어져 지내는 것도 싫었다. 부부 치료 과정에서 그는 분노를 털어놓았다. 아내의 경력이 더 뛰어난 것과, 아내 때문에 "자신의 뿌리로부터 이토록 멀리 떨어져 나온 것"에 대해 분노를 품고 있었던 것이다. 그는 자신이 했던 초기의 약속을 지키고 싶어 했다. 하지만 그의 마음 속 깊이 뿌리박고 있는 남성으로서의 권위 의식은 그가 생각한 것보다 훨씬 더 강하다는 사실을 깨달았다.

평등주의 관계를 위해 노력하는 부부도 쉽사리 계급주의 관계양식으로 미끄러질 수 있습니다. 뿌리 깊은 개념들을 분명히 자각하고 있을 때에야 비로소 관계를 가두려고 하는 여러 가지 장애물을 비켜갈 수 있습니다.

권력 문제에 관한 한 배우자와의 일반적인 갈등 원인이 통제에 찬성하느냐 반대하느냐라는 점은 전혀 놀라운 일이 아닙니다. 대부분의 남자들은 통제하기 위해 경쟁하라고 배워왔으며, 통제권을 획득하기 위하여 임무를 수행합니다. 그들은 아내가 통제권을 쥐고 있는 것처럼 행동하는 것을 전적으로 거부합니다. 한편 대부분의 여자들은 평등해질 수 있는 권리에 민감합니다. 그들은 평등을 누리기 위해 노력하고, 남편이 통제권을 장악하려고 드는 데 저항합니다. 부부 간에 수많은 논쟁이 일어나는 것은 어떤 특별한 사건 때문이 아닙니다. 통제당하는 것에 대한 근본적인 관심 때문에 생겨나는 것입니다. 마지막 장에서 우리는 이러한 권력 투쟁과 다른 위협 요소들 때문에 발생한 분노를 처리하는 방법에 대해 검토해볼 것입니다.

앞을 향해 투쟁해 나가는 부부, 친밀한 관계를 유지하기 위해 노력하는 부부는, 권력이 제대로 분배되고 있는지를 계속해서 평가해야만 합니다. 우리의 문화와 역사, 개별적인 욕구가 계속해서 우리 관계를 지배자 혹은 피지배자의 역할로 몰고 가기 때문입니다. 만일 어느 한 쪽이라도 배우자가 더 "위에 있다"거나 "아래에 있다"는 느낌을 갖고 있다면 불균형 문제에 직면해야만 합니다. 다른 사람들을 초대하여, 무슨 일이 있었는지를 평가하고, 권력 분배를 회복하기 위하여 새로운 서약을 맺어야 합니다. 그런 직면은 전형적으로 남자보다는 여자에게 더 어려운 일입니다. 여자는 순종적인 위치를 받아들이도록 사회화되어 왔으며, 그런 대결로 말미암아 부부관계를 상실하게 될까봐 두려워하기 때문입니다. 불균형 문제에 직면한다는 것은, 여자가 "위에 서기" 위하여 남자와 대결해야만 한다는 것을 의미할 뿐만 아니라, 남자도 "아래에 서기" 위하여 여자와 대결해야만 한다는 것을 의미하기도 합니다.

연습문제: 의식 함양

우리 문화 속에 내재해 있는 불균형의 문제를 확실히 자각하고 있는 부부들은 이 불균형이 자신들에게 발생할 경우 좀 더 민감해집니다. 사회과학, 특히 심리학과 부부와 가족 연구 분야에서 여성해방론적 문헌들을 읽어보면, 그러한 신념과 전통이 여러분의 관계에 어떤 식으로 영향을 미치는지 잘 알 수 있을 것입니다. 하나님의 가족관계의 상호성과 공평성에 관한 그리스도교 이야기를 좀 더 깊이 이해하고 나면, 부부관계에 존재하는 권력 불균형에 좀 더 도전하고 정의를 통해 사랑을 표현할 수 있을 것입니다. 권력 불균형에 대해 탐색해보고, 권력 분배를 위한 서약서를 작성해보세요(예를 들면, 제8장을 읽어보세요).

추천도서

필립 블룸스타인, 페퍼 슈워츠, 〈미국 부부〉, New York: William Morrow and Co., 1983.

캐리 도링, "생명을 주는 성적, 영적 욕구," Journal for Pastoral Theology 4 (summer 1994): 49~69.

데이비드 프리드먼, "여성: 남성과 평등한 힘," Biblical Archaeology Review 9, no.1 (Jan/Feb, 1983): 56~58.

주디스 조던, 〈관계 속에서 성장하는 여성〉, New York: The Guilford Press, 1991.

쉐릴 램페이지, "권력, 성별, 그리고 부부의 친밀감," The Association for Family Therapy 16 (1994): 125~137.

반 리우벤, 메리 스튜어트, 〈에덴 이후〉, Grand Rapids: William B. Eerdmans, 1993.

마샤 빌퐁, "창세기 2:18~24." Interpretation: A Journal of Bible and Theology 42, no.1 (January 1988): 58~63.

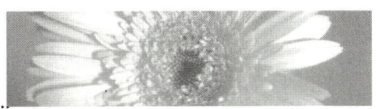

이게 그토록 즐겁다면
좀 더 자주 하는 게 어때요?
— 성적 친밀감의 기쁨

"성적 합일"이라는 말은 보통 성교를 의미합니다. 좀 더 깊은 의미의 성적 합일은 황홀한 성적 접촉의 극치에서 느낄 수 있는 친밀감을 의미합니다. 성적 접촉을 통해서 우리는 형언할 수 없는 연결감과 영적 교감을 경험하게 됩니다. 이런 이유 때문에 우리의 성을 찬미하고, 그것이 하나님이 주신 특별한 선물들 가운데 하나로서 우리의 친밀한 결혼에 기여하는 점을 찬미하는 것입니다.

우리의 성은 우리가 관계적 존재라는 사실을 끊임없이 상기시켜줍니다. 우리는 우리의 성을 보완해줄만한 누군가를 필요로 합니다. 우리의 사랑을 받아들이고 또 우리에게 사랑을 쏟아줄 그런 사람을 필요로 합니다. 히브리어 성서는 성을 통하여 깊은 사랑을 표현할 수 있다는 점, 그리고 친밀감을 경험할 수 있다는 점을 인정합니다.

> 네 샘이 복된 줄 알고,
> 네가 젊어서 맞은 아내와 더불어 즐거워하여라.
> 아내는 사랑스러운 암사슴, 아름다운 암노루,
> 그의 품을 언제나 만족스럽게 생각하고,
> 그의 사랑을 언제나 사모하여라.
> (잠언 5장 18~19절)

아가에는 낭만적이고 성에 관하여 노골적으로 표현한 시가 포함되어 있습니다. 이 시는 사랑하는 사람들 사이에 존재할 수 있는 정열적인 갈망과 욕구를 노래합니다.

> 나는 잠자리에서 밤새도록
> 사랑하는 나의 임을 찾았지만(3장 1절)
> ……………………………………………
> 나는 임의 것,
> 임이 그리워하는 사람은 나.
> 임이여, 가요.
> 우리 함께 들로 나가요……………
> 거기에서 나의 사랑을 임에게 드리겠어요.
> (7장 10~12절)

성은 인간의 피할 수 없는, 필수적인 측면입니다. 우리의 정체성은 신체적인 존재와 결코 분리할 수 없으며, 여기에는 우리의 성도 포함됩니다. 인간이라는 것은 곧 성적인 것임을 의미합니다. 다른 식으로는 존재할 수 없습니다. 탄생의 순간부터 우리의 정체성은 성적인 존재, 그러니까 남자 혹은 여자로 드러납니다. 어떤 심리적, 정신적 해를 입지 않고서 성과 무관한 쪽을 선택하기란 불가능합니다. 성은 우리 인간이 지니고 있는 신비의 한 측면입니다. 여러분의 존재가 남과 다르다는 사실을 입증해주는 고유성에는 남성적이거나 여성적인 특별한 방식도 포함됩니다. 그러므로 배우자가 고유한 존재인 여러분에게 느끼는 매력의 한 측면은 분명 여러분의 성과 관련된 것입니다.

텔레비전, 영화, 혹은 잡담을 통해서 여러분은 누구나 다 성생활을 하며 또 그것을 철저히 즐기고 있다고 생각할지도 모릅니다. 하지만 최근의 연구에 따르면, 기혼자들 가운데 그렇게 자주 성생활을 즐기는 사람은 없습니다. 시카고대학교가 실시한 "미국인의 성" 연구 조사에 따르면, 대상인 부부들 가운데 3분의 1이 일 년에 단 몇 번만 성생활을 하든지 아니면 아예 한 번도 안 하는 것으로, 그리고 3분의 1은 한 달에 몇 번밖에 안 하는 것으로 조사되었습니다. 영화 속에서 극적으로 그려지는 성적 접촉은 대다수 부부들의 실제생활과 비교해 볼 때 그 빈도와 강도가 지나치게 과장되어 있습니다.

전형적인 부부들은 결혼한 지 몇 년 만에 성관계의 냉각기를 맞이하게 됩니다. 성적 접촉을 그만 둔다거나 안 즐기는 것은 아니지만, 결합의 빈도가 줄어들 뿐만 아니라 정열적인 면도 약해집니다. 우리는 습관의 존재인 만큼, 일상의 덫에 걸려들어 쉽사리 지루함을 느끼게 됩니다. 부부 치료를 받거나 부부관계 향상 이벤트에 참여한 많은 부부들이 예전에 성적 접촉에 활력을 안겨주었던 정열의 불꽃을 찾습니다. 장기적인 관계에서 성적인 열정을 그대로 간직한다는 것은 성적 친밀감을 획득하는 데에 아주 중요한 요소입니다.

이 장에서 우리는 부부에게 성적 친밀감을 안겨줄 수 있는 태도와 행동에 관하여 설명할 것입니다. 부부간의 성적인 상호작용 — 손을 잡는 것, 건넌방에서 윙크를 주고받는 것부터 시작해서, 키스, 애무, 그리고 성교에 이르기까지 — 을 설명하기 위하여 우리는 "성적 접촉"이라는 말을 사용할 것입니다. "섹스"라는 말은 사용하지 않겠습니다. 그 단어는 오로지 성교하고만 관련되며, 성교가 성적인 친밀감을 경험할 수 있는 온갖 성적 결합에 반드시 필요한 요소는 아니기 때문입니다. 따라서 특별히 성교의 의미를 전달하고 싶을 경우에만 그 단어를 사용할 것입니다.

그리스도교 신앙과 성

그리스도교 전통의 역사는 섹스에 대해 부정적인 측면을 지니고 있는 것으로 잘 알려져 있습니다. 인간의 성은 초기 교회

신학자들에게 매우 위협적인 것이었습니다. 그들은 창조를 두 부분으로 나눴습니다: 정신세계와 물질세계로요. 성은 육체에 관련된 것임이 너무나도 분명했기에, 그들은 성을 물질세계에 귀속시켰습니다. 따라서 성은 우리의 정신적 본질을 위협하는 요소로 인식되었습니다. 그들은 성적인 유혹의 존재가 사악한 것이라고 비난하였으며, 성적인 욕구는 인간의 불순종에 대한 벌이라고 믿었습니다.

이런 부정적 해석의 결과로, 성은 그리스도인들이 극복해야만 할 대상이 되고 말았습니다. 자위나 성교 같은 성적 기능을 참을 수 있는 그리스도인이 좀 더 영적인 존재로 인식되었습니다. 성에 관한 생각이나 감정을 완전히 차단할 수 있는 그리스도인이야말로 가장 영적인 존재로 인정받았습니다. 그동안 많은 발전이 있긴 했지만, 여러분 역시 성이라는 주제를 회피하거나 부정적으로만 묘사하는 교회와 가정에서 성장하였을 가능성이 큽니다. 마치 인간이 성적인 존재라는 사실에 대해 하나님께서 못마땅해 하시기라도 하는 것처럼 말입니다.

성과 창조

그리스도교적 관점에서 볼 때 성을 포함한 우리의 전존재는 창조주께서 만들어주신 것입니다. 성은 하나님의 실수로 빚어진 결과가 아니라 처음부터 계획의 일부였습니다. 우리는 남자와 여자로 창조되었습니다. 하나님의 형상대로 창조되었다는 것은 우리의 본질적인 인간성이 하나님의 존재를 반영하고 있음을 의미하며, 어쨌든 성도 우리의 실존에 반영된 하나님의 일부분이라는 것을 의미합니다.

성서는 성이 하나님께서 의도적으로 창조하신 부분이라는 사실을 분명히 합니다. 첫 번째 창조이야기에서 하나님은 성을 포함한 온갖 피조물들을 살펴보시고 "참 좋다"(창세기 1장 31절)고 말씀하셨습니다. 사도바울은 디모데 교회에 다음과 같이 편지를 썼습니다. "하나님께서 지으신 것은 모두 다 좋은 것이요, 감사하는 마음으로 받으면, 버릴 것이 하나도 없습니다."(디모데전서 4장 4절) 여기에 우리의 성도 포함되는 것입니다.

두 번째 창조이야기는 성적 즐거움을 누릴 수 있는 능력이 하나님께서 의도적으로 만드시고 축복하신 것이라는 결론을 지지해줍니다. 남자와 여자는 "한 몸을 이루었습니다."(창세기 2장 24절) 이 말은 그들이 성적인 결합을 통한 사랑까지도 함께 나누었다는 것을 의미합니다. 이 본문은 중요한 메시지로 끝을 맺습니다. 남자와 여자가 비록 벌거벗고 있었으나 "부끄러워하지 않았다"(창세기 2장 25절)는 것입니다. 이 창조이야기에서 성과 성적 매력은 수치심이나 당혹감을 전혀 불러일으키지 않습니다.

물론 우리를 남자와 여자로 창조하신 한 가지 목적은 출산, 곧 첫 번째 창조이야기에 실려 있는 것처럼 "생육하고 번성하는" 것입니다.(창세기 1장 28절) 하지만 두 번째 창조이야기에서는 출산이 남자와 여자를 창조하신 이유가 아닙니다. 이 이야기의 관심사는, 제1장에서 우리가 지적했던 것처럼, 외로움을 극복하고 싶은 하나님의 욕구였습니다. 이 이야기에 따르면, 하나님께서는 본질적으로는 똑같지만 서로를 성적으로 보완해주는 두 명의 동료를 창조하심으로써 외로움을 극복해 내셨습니다. 성적인 결합은 우리가 외로움을 극복해 내도록 도와주는 능력을 지니고 있습니다. 남자와 여자는 "한 몸을 이루는" 순간 친밀한 관계와 더불어 사랑과 친교의 뜻 깊은 표현을 발견하게 됩니다. 성적인 능력은 하나님께서 우리에게 주신 선물에 속합니다. 그러므로 우리는 사랑이 깃든 성적 접촉에 즐거이 참여할 수가 있습니다. 이것은 배우자를 위한 선물인 동시에, 하나님의 멋진 창조에 대한 응답이기도 합니다. 창조 때부터 계획하고 계셨던 성적 흥분과 만족을 여러분이 경험하고 있는 그 순간에 기뻐 웃고 계실 하나님을 한 번 상상해보세요.

성과 영성

성적 접촉은 신성한 것, 다시 말해서 신과 인간의 상호작용을 의미할 수 있습니다. 배우자와 깊은 친교를 나눌 수 있도록 해주는 의미 있는 성적 접촉은 우리 존재의 초월적 성격과 접촉할 수 있도록 해주는 능력을 지니고 있습니다. 열정적인 성 경험, 특히 오르가즘은 우리의 유한한 한계 의식을 타파하고 신비주의 경험과 비슷한 느낌들을 안겨줍니다. 성적 친밀감은 하나님의 실존에 대한 우리의 의식을 강화시켜줄 수 있으며, 관계에 대한 하나님의 축복을 깨달을 수 있게 해줍니다.

그리스도교 역사를 들여다 볼 때, 정신적인 것에서 신체적인 것을 분리시키고자 했던 사람들이 아주 많습니다. 하지만 서로 사랑하는 부부의 오르가즘이라고 하는 경이로운 경험은 신체적인 즐거움을 초월한 심오한 영적 경험입니다. 우리는 최고의 신체적 황홀경과 더불어 가장 깊고 광범위한 정신적 일체감을 경험할 수 있습니다. 이러한 능력은 결코 출산이 우리를 남자와 여자로 창조하신 유일한 목적이거나 가장 중요한 목적이 아니라는 사실을 분명히 해줍니다.

하나님께서 자신들의 성적 접촉을 보시고
미소를 지으실 것이라고 생각하는 부부는 복이 있나니.

히브리 성서에서 "알다"라는 동사를 성교와 동의어로 사용한 것은 단순히 이 주제를 점잖은 방식으로 다루고자 해서가 아닙니다. 히브리 사람들은 청교도가 아니니까요. 오히려, 이 "알다"라는 동사의 사용은 성적 접촉과 더불어 친밀감이 좀 더 깊어질 수 있다는 감정적, 정신적 가능성을 암시합니다. 사실 성교는 사랑하는, 헌신적인 배우자와 접촉할 수 있는 "가장 심오한" 방법입니다. 따라서 성교는 배우자와 심오한 관계를 맺을 수 있는 잠재력을 제공해줍니다. 성적인 친밀감은 부부관계에서 가능한 총체적인 친밀감에 아주 중요한 공헌을 할 수 있습니다. 최고의 성적 경험은 나머지 모든 것들을 특별한 대우와 헌신의 감각으로 옷 입혀줍니다.

"알다"라는 동사는 또한 성적인 접촉을 통한 자기 발견을 의미합니다. 가장 친밀한 성적 접촉을 통하여 우리는 이제까지 모르고 있었던 자신의 일부분을 발견하게 됩니다. 성적 경험의 상황에서 성의 고유성을 탐구하고 확장시킬 때, 우리의 정체성, 특히 남자와 여자로서의 정체성도 좀 더 분명해질 수 있습니다.

성과 평등

성서는 성적 욕망과 욕구를 양성의 입장에서 설명합니다. 남자와 여자 둘 다 이 욕구를 표출할 수 있도록, 그리고 사랑하는 사람에 대한 주도권을 행사할 수 있도록 허락받습니다. 사도바울은 그리스도의 재림이 임박했음을 기대하고 있었기 때문에 성적인 접촉에 대해 그리 지지하지 않았습니다. 하지만 부부의 성적 접촉에 대해 이야기할 때는 평등과 상호성에 초점을 두었습니다. 그는 이렇게 편지를 썼습니다.

> 남편은 아내에게 남편으로서의 의무를 다하고, 아내도 그와 같이 남편에게 아내로서의 의무를 다하도록 하십시오. 아내는 자기 몸을 마음대로 주장하지 못하고, 남편이 주장합니다. 이와 마찬가지로 남편도 자기 몸을 마음대로 주장하지 못하고, 아내가 주장합니다. 서로 물리치지 마십시오. 여러분이 기도에 전념하려고 하여, 얼마 동안 떨어져 있기로 합의한 경우에는 예

외입니다. 그러나 그 뒤에 다시 합하십시오. 여러분이 절제하지 못하는 틈을 타서, 사탄이 여러분을 유혹할까 염려되기 때문입니다. (고린도전서 7장 3~5절)

남자의 욕구가 우선이라던가, 여자는 자신의 성적 욕망과 상관없이 남자의 욕구에 응해야 한다던가 하는 주장이 전혀 없다는 점에 주목하십시오. 이 메시지에서 분명한 것은 서로가 함께 누리는 즐거움이 그리스도인의 규범이라는 것입니다.

배우자의 성적 욕망에 흥분으로 반응하는 부부는
복이 있나니.

사도바울은 종말에 대한 불확실성에도 불구하고 부부간의 성적 즐거움에 관하여 호의적으로 말하였습니다. 확실히 그는 성적 접촉이 영적 성장을 방해한다거나 도래할 하나님의 나라에 참여하지 못하도록 막는다고 생각하지 않았습니다.

성적 친밀감을 위한 조건

무계획적인 성교 행위는 어떤 상황에서도 발생할 수 있습니다(심지어는 부부관계에서도요). 수많은 사람들이 특별한 관계가 아님에도 불구하고 육체적인 만족을 위해, 혹은 감정적 연결을 시도하기 위해 "섹스"를 하거나 "성교"를 합니다. 부부관계의 경우에는 일상적인 일의 일부로서, 혹은 의무감 때문에 이루어지는 경우도 많습니다. 즐거운 성적 친밀감, 곧 관능적인 기쁨이 넘치는 결합에 참여하는 일은, 다음의 특징을 지닌 사랑이 가득한 관계에서만 가능합니다.

신뢰

의미 있는 성적 접촉의 과정에는 어느 정도의 취약성이 요구됩니다. 그러므로 성적 친밀감을 위해서는 반드시 신뢰가 필요합니다. 즐겁고 충만한 성적 접촉은 자유와 자발적 행위의 맥락에서만 이루어집니다. 그리고 이것은 신뢰의 토대가 없이는 불가능합니다. 신뢰에는 이용당하거나, 학대받거나, 상처입거나, 조롱당하거나, 버려지지 않을 것이라는 확신이 포함됩니다. 심오한 성적 친밀감은 관계의 신뢰도와 정비례 관계에 있습니다.

실수를 저지를 수도 있고, 어색하거나 당황스러운 느낌을 가질 수도 있고, 모르는 사실과 직면할 수도 있고, 상대방을 오해할 수도 있는 여러 가지 위험을 감수하지 않고서는 결코 성적 친밀감을 향해 나아갈 수 없습니다. 진정한 성적 접촉만큼이나 우리를 위험에 노출시키는 사건도 별로 없습니다. 그러므로 배우자가 조롱하거나 놀리지 않으리라는 신뢰가 굉장히 중요합니다.

다이앤은 자신이 뭘 하려고 할 때마다 끊임없이 비판하는 어머니의 손에서 자라났다. 결국 다이앤은 어떤 새로운 일을 시도할 때마다 두려움에 휩싸이는 신중한 사람이 되었다. 이제 그녀는 성적인 즐거움을 통해서 새무엘에 대한 사랑을 표현하고 싶다. 하지만 행여나 성적인 시도를 회피하여 실수라도 저지르게 될까봐 무척 두렵다. 너무나도 부적절하다는 느낌 때문에 당황스럽다. 그녀는 실패에 대한 두려움 때문에 뭔가 새로운 것을 배우기 위해 위험을 감수해내는 일이 어렵다는 사실을 깨달았다. 하지만 새무엘은 점잖고 수용적인 사람이다. 다이앤을 결코 비판하지 않는다. 그래서 다이앤은 그에 대한 신뢰감을 발달시키고 있다. 그리고 조만간 그와 성관계를 맺음으로써 자신을 노출시키는 위험을 서서히 감수할 수 있게 될 것이다.

신뢰의 기본적인 측면은 오직 부부관계에만 충실하겠다는 약속의 안전성입니다. 한정된 관계에만 충실하겠다는 신실한 약속 의식은 서로의 성적 자아를 완전히 주고받을 수 있게 해줍니다.

안전

특별히 여자에게 중요한 신뢰의 한 가지 측면은 바로 신체적 안전입니다. 억지로 성적인 접촉에 참여해야 하는 경험을 한 여자들이 많습니다. 그들은 침범과 폭력에 대한 위협과 공포를 잘 압니다. 이러한 불안감은 여자가 성적 접촉을 통해 욕망과 자발적 행위를 경험하기 위해서는 반드시 극복해야 하는 요인입니다. 성적 접촉에서의 취약성과 공개성은 "난 결코 폭력을 당하지 않을 거야"라는 믿음을 확고히 안겨주는 신뢰의 서약 상황에서만 표현될 수 있습니다. 여자들은 아무리 격렬한 열정이 솟아오를지라도 성적 접촉은 언제나 폭력으로부터 안전할 것이며 또 어떤 일이 벌어지더라도 자신에게 통제권이 주어질 것이라는 약속을 내포한다는 사실을 알아야만 합니다. 여자들은 신체적으로 고통스럽거나 감정적으로 불편해질 경우 언제라도 그 행위를 정지시킬 수 있는 자유를 지녀야 합니다. 자기 배우자도 성적 즐거움은 억지로 빼앗거나 주는 게 아니라 서로 주고받는 것이라고 믿고 있음을 신뢰해야 합니다. 이것은 비단 여자들만의 문제가 아닙니다. 남자들 역시 성적 접촉의 과정에서 요구를 당하거나 조롱을 받을까봐 두려워하기는 마찬가지입니다. 남자들은 신체의 이미지를 자존감과 연결지어왔기 때문에 성적인 희롱을 당하거나 기대만큼 성행위를 제대로 못할 경우 무척 당황하거나 자괴감을 느낄 수 있습니다.

상호성

부부간에 신뢰가 형성되고 나면 긴장이 풀려서 성적인 결합은 상호적이라는 사실을 깨닫게 됩니다. 그 어느 쪽도 신체적, 심리적 폭력을 행사해서는 안 됩니다. 자유는 모든 성적 주도권의 특징입니다. 부부는 성적인 행위에 참여할 것인가 말 것인가를 자유롭게 결정할 수 있어야 합니다. 서로의 욕망은 공개적으로 표현할 수 있습니다. 하지만 상대방이 흥미 없거나 참여할 수 없을 경우에는 그 사실을 기꺼이 받아들여야만 합니다. 이와 같은 약속이 서로가 이용당한 느낌을 갖지 않도록 보호해줍니다. 행여나 배우자에게는 신체적 충동을 만족시키는 것이 상호성의 윤리보다 더 중요한 게 아닐까 하는 불안도, 이와 같은 약속이 막아줍니다. 특별한 성적 접촉은 두 사람이 동의할 경우에만 선택에 의해 이루어질 수 있습니다.

우리들 대부분은 남자의 성적 욕구가 우선이며 남자가 지배적인 역할과 책임을 맡아야 한다고 생각하도록 사회화되었습니다. 그렇기 때문에 남자는 요구의 형태로 밀어붙이고 싶은 유혹을 느낄 수 있습니다. 심지어는 의식적으로 평등을 위해 노력하는 남자들도 마찬가집니다. 따라서 자신이 외적으로나 내적으로 "지배"의 성향이 짙다는 사실을 깨닫고 거기에 저항해야 합니다.

한편 여자들은, 여성적인 것이라고 교육받아온 하나의 역할, 곧 저절로 복종하려는 성향에 저항해야 합니다. 남자의 욕구가 우선이며 남자가 사랑의 행위를 주도할 권리를 지니고 있다는 생각은 여자들을 수동적인 자세로 이끕니다. 아내가 욕구를 표현하지 못하도록, 열정을 표현하지 못하도록 만듭니다.

어떤 여자들은 성을 이용하여 남자를 조종하는 방법을 배우기도 했습니다. 하지만 직접적인 상호작용을 통해 욕구를 충족시키는 게 아니라 영향력을 발휘하기 위한 도구로서 성을 사용하는 것은(제3장을 읽어보세요) 성적인 친밀감을 저해할 뿐입니다.

자기를 주고받음

하나님의 사랑이 은혜를 통하여 값없이 주어진다고 하는 믿음은 우리가 서로를 사랑할 수 있도록 중요한 모델을 제시해줍니다. 이상적인 성적 접촉은 친밀감에 공헌하며, 우리를 배우자에게 완전히 공개할 수 있도록 만들어줍니다. 이렇게 자신을 주는 것은 하나님께서 당신을 주신 것을 의미하며, 우리의 사랑에 관하여 명확한 메시지를 전달해줍니다.

자기를 주는 것은 총체적인 성적 자아 — 몸과 마음, 그리고 영혼 — 를 전적으로 내어주는 것입니다. 우리는 배우자가 즐길 수 있는 대상입니다. 배우자가 우리의 성적 자아를 선물로, 사랑의 표현으로 받아 주리라고 믿어야 합니다. 우리의 성적 접촉이 지향하는 기본적인 목표들 가운데 하나는 바로 배우자에게 특별하다는 느낌을 안겨주는 것입니다. 이 사실을 알아야 배우자도 더 빠른 반응을 보여줄 것이고 더 많은 친밀감을 느낄 수 있을 것입니다. 주는 것은 뭔가 원하는 게 없을 때 — 그러니까 어떤 특별한 반응을 기대하지 않을 때에 — 좀 더 쉽사리 받아들여집니다. 배우자가 지쳐 있거나, 우울해하거나, 혹은 다른 일에 빠져 있을 때에, 뭔가를 되돌려주어야만 한다는 부담 없이 배우자가 자유롭게 받아들이기를 소망하면서 우리의 성적 자아를 줄 수 있습니다.

친밀한 성적 접촉에는 받는 것도 포함됩니다. 이것은 하나님께서 넘치는 사랑으로 우리를 받아주신 것을 의미합니다. 부부는 사랑을 하는 것이 곧 배우자의 성적 자아와 사랑의 행위를 모두 받아들이는 것임을 깨달아야 합니다. 받는 것은 즐거움을 선사하고 사랑을 표현하는 방법이라고 할 수 있습니다.

주고받는 것은 둘 다 즐거운 일입니다. 이것은 성적 친밀감의 기초가 됩니다. 자유롭게 주고받는 부부는 좀 더 자주 의미 있는 성적 접촉에 참여할 수 있습니다. 둘이서 똑같은 양의 성적 에너지를 느낄 필요가 없으니까요. 배우자가 에너지가 넘쳐서 줄 경우엔 그저 받아들이기만 하면 됩니다. 더 이상의 요구가 없으리라는 점을 둘 다 믿고 있으므로 사랑이 넘치는 즐거운 접촉을 만끽할 수 있습니다.

거리를 두고픈 욕구 존중

성적 접촉의 장점에도 불구하고, 배우자가 밀접함보다는 거리를 요구하는 경우도 있습니다. 스트레스가 쌓였을 때나 병에 걸렸을 때, 다른 일에 몰두해 있거나 의기소침해 있을 때, 지쳐 있거나 불만스러울 때, 혹은 관계 내에서 갈등이 생겼을 때, 배우자는 특정 기간 동안 신체적인 밀접함에 전혀 흥미가 없을 수 있습니다. 이렇게 거리를 두고픈 배우자의 욕구를 존중해 준다면, (양파를 먹었다거나, 샤워를 안 했다거나, 면도를 안 했다거나,

너무 일찍 혹은 너무 늦게 잠자리에 들었다거나, 말다툼을 시작했을 때) 자칫 거리를 두어 친밀감이라는 광대한 구조를 망치기보다는, 둘 다 이러한 욕구를 쉽게 전달할 수 있을 것입니다.

홀로 있고 싶은 배우자의 욕구를 자기-관리의 필요성에 대한 부드러운 관심으로 격려해줄 경우, 결혼생활의 총체적인 친밀감이 훨씬 더 강화될 것입니다. 자기만의 공간을 요구하는 배우자는 곧 돌아오리라는 사실을 확실히 주지시킴으로써 관계를 확인할 수 있습니다: "당신을 버리는 것도 아니고, 당신의 어떤 점이 싫어서 그러는 것도 아니에요. 그저 잠시 동안 혼자만의 공간이 필요한 것뿐이에요. 하지만 곧 돌아올 것이고, 당신에게도 말해줄게요." 이것은 친밀감과 신뢰감을 유지시켜주는 일종의 확답인 셈입니다.

성적 친밀감 강화

여러 해 동안 우리는 부부 치료의 상황과 부부관계 향상 이벤트에서, 성관계에 관한 좌절감을 이야기하는 부부들을 많이 만나왔습니다. 그들은 성적 친밀감을 원했지만, 이 목표를 달성하는 데 성공하지 못했습니다. 이런 그들이 좌절의 원인을 분석하고 새로운 행동방식을 선택하는 동안, 다음과 같은 범주에서 가장 창의적인 변화가 일어났습니다.

즐기기

함께 놀이하고 즐길 줄 아는 부부는 성적인 접촉도 즐깁니다. 하지만 바쁜 일상 속에서 우리는 곧잘 놀이를 잊어버립니다. 마지막으로 춤을 추거나, 공원을 산책하거나, 호수로 소풍을 나가거나, 영화를 관람하거나, 지역 박물관을 방문하거나, 볼링 게임을 한 게 언제입니까? 즐겁고, 편안하고, 흥미롭고, 재미있는 삶의 측면들을 키워나가는 것은, 성적 접촉에서 즐거움을 느낄 수 있도록 만들어주는 분위기 연출에 매우 중요한 요소입니다.

성생활 공간 확보

결혼하기 전에 여러분은 함께 할 시간을 마련하기 위하여 극단적인 방법을 동원하기도 했을 것입니다. 함께 있다는 흥분과 즐거움 때문에 수업을 빼먹은 적도 있을 테고, 아주 오랫동안 점심시간을 끈 적도 있을 테고, 약속을 어긴 적도 있을 테고, 회의장에서 빠져나간 적도 있을 것입니다. 친구들은 아마도 (씩 웃으면서) 통 얼굴을 볼 수가 없다고 불평했을 것입니다. 그러다가 결혼생활에 정착하고 나서는 좀 더 정상적인 관계가 되었을 것이고, 다른 사람이나 책임에 대해서도 적절히 에너지를 쏟을 수 있게 되었을 것입니다. 물론 여기에도 위험은 있습니다. 더 이상 예전처럼 낭만적인 성적 접촉의 기회를 엿보기 위해 계획적인 노력을 기울이지 않게 되는 것이지요. 낭만적인 모험에 대한 상상력 상실은 관능적인 잠재력을 약화시키고 맙니다.

요즘 여러분은 배우자와 성적 친밀감을 경험할만한 특별한 시간을 계획하고 있나요? 만일 그렇지 않다면, 이유가 무엇인가요? 직장과 교회, 공동체에서 맡은 임무를 다하고, 게다가 자녀들의 욕구까지 충족시켜주어야 하는 빡빡한 스케줄은, 부부만의 시간을 갖지 못하게 방해합니다. 성적인 접촉을 우연에 맡겨둔다면, 다음 기회까지는 아주 오랜 시간을 기다려야 할지도 모릅니다. 사랑의 행위가 발생할 수 있는 공간을 의도적으로 마련하는 부부는 좀 더 많은 성적 친밀감과 충만감을 경험할 수 있습니다.

다시 한 번 마술에 빠지기 위해서는 의도적으로 부부만의 시간을 계획해야 합니다. 달력을 보면서, 부부만의 시간이라고 주장할 수 있는 아침이나 저녁 시간을 선택하세요. 자녀와 결혼한 건 아니잖아요? 상상력을 발휘해보세요.

- 금요일 밤에는 일찍 잠자리에 드는 게 어떻습니까? 밤새도록 충분한 휴식을 취한 다음, 토요일 아침에 자녀들이 만화를 보거나 시리얼을 먹는 동안 안방 문을 잠그고 친밀한 시간을 갖는 겁니다.
- 자녀들이 친구나 형제자매와 저녁 시간을 함께 보내는 것은 어떤가요? 어떤 부부들은 주말 밤마다 육아 품앗이를 합니다 — 존슨 가족이 이번 주 금요일 밤에 아이들을 모두 돌보면, 다음 주 금요일 밤에는 웨틀턴 가족이 아이들을 전부 돌보는

겁니다. 하룻밤을 이렇게 육아에서 벗어난 부부는 자기 집이나 다른 곳에서 자기가 좋아하는 일을 하면서 시간을 즐길 수 있습니다.
- 금요일 밤마다 네 시간씩 육아 서비스를 제공함으로써 "부모 외출의 밤" 프로그램을 후원하는 교회들은 어린 자녀를 키우고 있는 부부들에게 아주 멋진 선물을 제공해줍니다.
- 교회의 젊은 부부를 선정하여 육아에 대한 보수를 지불하고 "휴식"의 주말을 즐기세요.

둘이서 친밀한 시간을 보내고 싶은 창의적인 부부는 미리 계획을 세울 수 있습니다. 다른 이벤트를 취소하거나, 다른 사람의 초대를 거절하거나, 회의에 못 나간다고 말하거나, 맡은 일을 일찍 끝마치거나, 다른 약속을 철회할 수 있습니다. 상상력을 발휘해보세요! 창의적인 사람이 되세요!

계획적인 로맨스를 통해서 사랑을 표현하는 배우자를 둔 사람은 복이 있나니.

대부분의 성적 접촉은 하루 종일 여러 가지 일들로 에너지를 소비해버리고 감정적으로나 신체적으로 거의 탈진한 상태에서 이루어집니다. 물론 지쳐 있을 때에도 성적 접촉은 의미가 있겠지만, 이것은 에너지가 충만해 있을 때 일어나는 성적 접촉과 완전히 다른 형태를 띱니다. 따라서 낭만적인 성적 접촉의 기회를 마련할 생각이라면, 둘 다 감정적으로나 신체적으로 에너지가 충만한 시간을 선택하세요.

접촉의 기쁨 누리기

우리들 대부분은 육체적으로 매력을 느끼는 사람과 결혼합니다. 그 사람에게서 성적인 자극을 느끼며, 서로 만져보고 싶어합니다. 이러한 접촉의 경험은 매우 흥분되고 즐겁습니다. 연애시절, 접촉은 좀 더 친밀해지고, 기분 좋은 애무의 즐거움을 만끽합니다. 그렇지만 결혼생활이 시작되고 나면 관능적인 접촉의 즐거움을 누리는 시간이 조금씩 줄어들고, 오히려 구속하거나, 피곤해하거나, 다른 일에 몰두하는 시간이 늘어납니다. 성적인 결합을 시작하여 성교의 절정에 오르는 시간이 점점 더 짧아질 수 있습니다.

> 관능적인 접촉의 즐거움을 만끽하는 배우자를 둔
> 사람은 복이 있나니.

성교와 오르가즘은 무척 중요한 것이긴 하지만, 그것만으로 성적 친밀감을 제공할 수는 없습니다. 성이라는 하나님의 선물은 신체적 즐거움을 경험할 수 있는 능력으로 나타납니다. 성적 접촉을 관능적이면서 동시에 낭만적인 것으로 경험할 수 있다면, 그것은 아주 감각적인 놀이 시간이 될 것입니다. 배우자의 성적 자아를 즐기는 것은 배우자를 축복하는 한 가지 방법입니다. 이런 깨달음을 안겨줄 책 몇 권을 이 장 마지막 부분에 소개해 드리지요.

**성교 생략하기
(꼭 성교를 해야만 하나요?)**

우리 문화에서는, 특히 남자들의 경우, 성적인 만족과 성교가 일치합니다. 어떤 부부는 무언의 규칙을 세웁니다. 모든 성적 접촉은 반드시 성대한 대단원 — 성교 — 을 맞이해야 하며 물론 오르가즘도 동반해야 한다고 말입니다. 성적인 결합은 성교에 이르는 가장 빠른 길을 목표로 하는 하나의 경주처럼 취급될 수도 있습니다. 처음의 연애 장난과 성교 간에 존재했던 즐거움은 죄다 잊어버린 채 말이지요. 물론 부부가 서로 동의하에 서둘러 성교를 갖는 게 가장 만족스러운 선택일 때도 있습니다. 하지만 대개는 너무도 피곤하거나 지루한 나머지 몰아칠 수 없는 경우가 더 많습니다. 따라서 성적인 결합도 마지못해 하는 형식적인 것이 되기가 쉽지요.

부부치료 과정에서 우리가 만나는 부부들 가운데에는, 바로 이렇게 "모든 접촉은 성교로 이어져야 한다"는 개념 때문에 불만족스러운 성관계를 갖고 있는 경우가 많습니다. 그런 부부는 삽입을 원하지 않을 때, 혹은 흥미가 없거나 발기할 수 없을 때, 성적인 결합을 회피할 방도만 찾으려 듭니다. 배우자의 신호를 무시하거나, 싸움을 걸거나, 혼자서 일찍 혹은 늦게 잠자리에 들거나, 아니면 다른 용건을 보러 나가버립니다. "성적으로 친밀해지는 데 전혀 관심이 없다"는 말을 직접 전달해야 하는데 말이죠.

성적 접촉을 반드시 "성교"로 마무리할 필요가 없는 부부는 주어진 상황에서 자기에게 필요하거나 원하는 만큼만 관능적인 접촉을 맘껏 즐길 수 있습니다. 왜냐고요? 성교에 관심이 없을 경우 배우자가 그것을 존중해주고 성적인 즐거움의 관능적인 가능성에 집중할 것이라는 점을 잘 알기 때문입니다. 그러한 자유는 질적으로나 양적으로나 성적 접촉을 증가시켜줍니다.

성교 없이도 성적인 접촉을 가질 수 있는 자유는, 스트레스가 쌓였다든가 해서 성적 욕망이 저조할 경우에도 배우자의 성적인 접촉 시도에 대해 좀 더 의미 있게 반응할 수 있도록 해줍니다. 성교 없는 애무의 즐거움과 친밀감에 집중하는 것은 특히 약이나 수술, 스트레스 때문에 허약한 남자들, 그리고 전염병을 앓고 있거나 임신 후기의 여자들, 출산 후 몇 주 안 된 여자들, 스트레스가 쌓인 여자들에게 큰 도움이 됩니다.

껴안고 만지길 좋아하는 배우자를 둔 사람은
복이 있나니.

성교 없이 지나간다고 해서 오르가즘을 못 느끼는 것은 아닙니다. 서로가 원해서 성교 없이 특별한 성적 접촉을 갖기로 동의한 부부도 얼마든지 오르가즘의 즐거움을 경험할 수 있습니다. 혹시 과거의 이야기나 양육 환경 때문에 여러분이 이것을 자위라고 생각한다면, 그래서 부정적인 경험이라고 여긴다면, 여러분의 성 신학에 관하여 다시 한 번 생각해보세요. 이것이야 말로 성교 없이 오르가즘의 즐거움을 경험하고 싶어 하는, 서로 사랑하는 부부에게 딱 맞는 방법임을 깨닫게 될 것입니다.

배우자의 성 가이드가 되어주기

물론 배우자를 즐겁게 해주는 방법을 저절로 알 수는 없습니다. 매뉴얼이 따로 있는 게 아니니까요! 여러분 생각에 (여러분이 보거나 읽은 것들에 근거하여, 혹은 이전의 관계에서 중요했던 것들에 기초하여) 배우자를 즐겁게 해줄 것처럼 보이는 접촉의 형태도 실제로는 불편하게 느껴지거나, 심지어는 위협처럼 여겨질 수도 있습니다. 확실한 것은 대화가 성적 친밀감을 획득하는 데 아주 중요한 열쇠라는 것입니다.

여러분의 성적 자아에 관하여 언어적, 비언어적 단서들을 기꺼이 제공하지 않을 경우, 배우자는 곤란한 상황에 처하게 됩니다. 최고의 선생님은 바로 여러분입니다. 여러분만큼 여러분을 기쁘게 해줄 수 있는 게 무엇인지 잘 아는 사람은 없습니다. 여러분의 성에 대해서는 바로 여러분이 전문가입니다!

성적인 욕구와 욕망을 자유로이 전달하고 새로운 영역을 탐구하는 배우자를 둔 사람은 복이 있나니.

배우자의 자극과 즐거움을 증가시킬 수 있는 정보를 배우자로부터 직접 전해들은 사람은, 이것이 비판이라기보다는 사랑이 깃든 초대라고 생각해야 합니다. "나 자신에 관해 발견한 것들을 보세요"라는 관점에서 대화에 접근하는 것은 새로운 곳으로 배우자를 초대하는 것입니다. 오로지 여러분만이 제공할 수 있는 지식을 배우자가 저절로 갖고 있지 않다고 비난해서는 안 됩니다.

만일 여러분이 성적 접촉에서 뭔가 바꾸거나 실험하고 싶은 것들을 배우자에게 직접 이야기하지 못하고 주저하고 있다면, 편지를 쓰는 게 덜 위협적이라는 사실을 잊지 마세요. 편지는 주의 깊게 작성할 수 있기에, 뭔가 잘못 말할지도 모른다는 두려움을 없애줍니다. 여러분은 이 편지에 자기가 이미 즐기고 있는 부분에 대한 확언을 전달할 수도 있습니다. 배우자는 편지를 읽는 내내 아무런 반응을 보이지 않아도 되며, 따라서 덜 방어적인 태도로 여러분의 생각을 깊이 생각해볼 수 있는 시간을 갖게 됩니다. 여러분이 바라는 것을 제대로 말해주는 것, 그것은 친밀감으로의 초대입니다.

자기만족의 책임 완수하기

배우자의 성 가이드가 되어주는 것과 밀접하게 관련된 것이 바로 자기만족의 책임을 완수하는 것입니다. 불만족스러운 성관계에 대해서 서로를 비난하는 부부들이 있습니다. 하지만 사실 그들은 자기가 원하는 것을 배우자에게 기꺼이 전달하려는 마음, 자신의 자극 형태에 관하여 배우거나 활성화시킬 마음이 전혀 없는 사람들입니다. 자신의 성적 만족에 대한 책임을 배우자에게 전가하는 것은 배우자에게 부당한 짐을 지우는 것과도 같습니다. 배우자는 여러분이 바라는 것을 짐작할 수 없습니다. 이런 의미에서 부부는 개인적인 성적 만족을 스스로 책임지는 것이 중요한 의무라고 하겠습니다.

부부로서의 고유성 인정하기

결혼한 사람들에게 뭔가 "규범적인" 성행위 프로필이 따로 정해져 있다고 믿는 것은, 이러한 인식이 행위의 목표가 될 경우 커다란 문제를 야기할 수 있습니다. 물론 표준과 규범에 관한 책들도 많이 있습니다. 하지만 그런 것들은 아주 광범위하고 다양한 만족의 형태를 제대로 설명해줄 수가 없습니다. 성적 친밀감은 여러분과 배우자만의 고유하고 특별한 욕망과 성적인 표현들 — 여러분이 가장 선호하는, 가장 자주 선택하는 성적 표현들 — 과 연결되어 있습니다. 여러분과 배우자가 가장 즐기고 가장 편안하게 여기는 것에 기초하여 성관계를 표현할 수 있는 자유가 여러분에게는 있습니다.

성적 접촉의 여러 가지 의미

신체적 만족에 대한 기본적인 욕구 외에도, 성적 접촉은 여러 가지 다양한 욕구들을 충족시켜줍니다. 예를 들면 안전이나 확언, 애정에 관한 욕구들을 말이죠. 성적 접촉의 다양한 의미를 파악하고 있는 부부는 자기가 원하는 것들을 좀 더 의도적으로 전달할 수 있습니다. 더욱이, 성적 접촉을 통해 충족시킬 수 있는 욕구의 다양성을 인정하는 것은, 이 접촉이 부부의 친밀감에 기여하므로, 기회를 만들어내고 포착하는 데 대한 관심을 증가시켜줍니다.

연습문제: 성적 접촉의 여러 가지 의미

이 연습문제는 여러분과 배우자가 성적 접촉을 통해 얻을 수 있는 다양한 의미를 파악하는 데 도움이 될 것입니다. 몇 분만 시간을 내서 빈칸을 채워보세요. 방법은 설명이 따로 필요 없습니다. 여러분과 배우자를 위해 두 장을 준비하였습니다.

이 연습문제를 마치고 나면 여러분이 깨달은 사실에 관하여 논의해보세요. 대화의 장을 읽으면서 발달시켰던 기술들을 사용하세요. 그러면 여러분과 배우자를 위해 표시해 둔 부분에 관하여 공통된 의미에 도달하게 될 것입니다.

성적 접촉의 여러 가지 의미

성적 접촉은 신체적 만족 이외에도 여러 가지 욕구를 충족시켜줄 수 있습니다. 의미 있는 성적 접촉을 통해서 충족될 수 있는 감정적, 이성적 욕구 몇 가지를 아래에 열거해놓았습니다. 주의 깊게 읽어보세요. 그리고 여러분이나 배우자에게 성적 접촉이 지니는 고유한 의미들을 맨 아래 빈칸에 몇 가지 추가해보세요.

이제 아래의 욕구들 가운데에서 여러분이 배우자와의 성적 접촉에서 충족되길 원하는 가장 중요한 욕구를 다섯 가지 고르세요. 그리고 그것을 오른 쪽 첫 번째 칸에 표시하세요.

나의 욕구를 충족시켜주는 배우자와의 성관계	나에게 가장 중요한 욕구	배우자에게 가장 중요한 욕구
배우자와 "하나"라는 총체적인 느낌		
애정과 접촉		
내 신체적/성적 자아 인정		
출산, 공동 육아		
배우자에게 제일 중요한 사람이 되는 것		
배우자에게 신체적인 즐거움을 주는 것		
놀이 시간, 재미, 흥미		
배우자에게 필요한 존재가 되는 것		
배우자의 사랑 확언		
심오한 감정적 친밀감		
부부의 관계를 축하하는 것		
완전히 배우자에게 속해 있다는 안전감		
남자/여자로서의 내 성적 정체감을 확중하기		
좌절의 순간에 후원하고 이해하고 돌봐주기		
부드럽고 점잖게 대우받는 것		
배우자에게 성적으로 매력적인 존재가 되는 것		

그런 다음엔 여러분 생각에 배우자가 성적 접촉에서 가장 중요하게 충족되기를 바라는 것 같은 욕구를 다섯 가지 선택하세요. 그리고 그것을 오른쪽 두 번째 칸에 표시하세요.

성적 접촉의 여러 가지 의미

성적 접촉은 신체적 만족 이외에도 여러 가지 욕구를 충족시켜줄 수 있습니다. 의미 있는 성적 접촉을 통해서 충족될 수 있는 감정적, 이성적 욕구 몇 가지를 아래에 열거해놓았습니다. 주의 깊게 읽어보세요. 그리고 여러분이나 배우자에게 성적 접촉이 지니는 고유한 의미들을 맨 아래 빈칸에 몇 가지 추가해보세요.

이제 아래의 욕구들 가운데에서 여러분이 배우자와의 성적 접촉에서 충족되길 원하는 가장 중요한 욕구를 다섯 가지 고르세요. 그리고 그것을 오른 쪽 첫 번째 칸에 표시하세요.

나의 욕구를 충족시켜주는 배우자와의 성관계	나에게 가장 중요한 욕구	배우자에게 가장 중요한 욕구
배우자와 "하나"라는 총체적인 느낌		
애정과 접촉		
내 신체적/성적 자아 인정		
출산, 공동 육아		
배우자에게 제일 중요한 사람이 되는 것		
배우자에게 신체적인 즐거움을 주는 것		
놀이 시간, 재미, 흥미		
배우자에게 필요한 존재가 되는 것		
배우자의 사랑 확언		
심오한 감정적 친밀감		
부부의 관계를 축하하는 것		
완전히 배우자에게 속해 있다는 안전감		
남자/여자로서의 내 성적 정체감을 확증하기		
좌절의 순간에 후원하고 이해하고 돌봐주기		
부드럽고 점잖게 대우받는 것		
배우자에게 성적으로 매력적인 존재가 되는 것		

그런 다음엔 여러분 생각에 배우자가 성적 접촉에서 가장 중요하게 충족되기를 바라는 것 같은 욕구를 다섯 가지 선택하세요. 그리고 그것을 오른쪽 두 번째 칸에 표시하세요.

인생에서 어떤 일들이 발생했느냐에 따라 분위기는 많이 달라집니다. 하지만 성적 접촉은 분위기에 상관없이 얼마든지 의미를 지닐 수 있습니다. 다양한 분위기는 미묘한 차이와 주도권, 에너지가 다른 성적 접촉을 필요로 합니다.

> 앤디는 이상적인 자아에 도달하는 일에 실제로 실패하거나 상상 속에서 실패하여 풀이 죽어 있을 경우, 주디가 성적인 접촉을 주도해주는 것을 좋아한다. 천천히, 조용히, 부드럽게 접촉하는 것을 좋아한다. 한편 기분이 고조되어 있을 때에는 자신이 주도하는 걸 좋아하며, 능동적이고 장난스런 성적 접촉을 더 즐긴다.

이렇게 다양한 의미를 이해할만한 시간을 가져보세요. 그러면 배우자가 어떤 상황에서도 가장 멋진 파트너가 되도록 안내할 수 있을 것입니다. 성적 접촉에 관하여 자신의 필요와 욕구를 직접 전달하는 것, 이것은 신체적 행위를 넘어서서 성적 즐거움에 기여할 수 있는 정보를 전달하는 것입니다.

열정 회복

어떻게 해야 열정을 회복할 수 있을까요? 대부분의 책들은 신체적인 면 — 성감대에 관해 좀 더 배운다거나, 테크닉을 바꾼

다거나 — 에 초점을 맞춥니다. 하지만 열정에 좀 더 기본이 되는 것은 배우자의 성적 잠재력과 관계를 발달시키는 것입니다. 물론 성적 접촉은 자극의 신체적 측면에 대한 지식을 통해서 활성화될 수도 있습니다. 하지만 성적 욕망의 정신적 과정에 참여한다면 좀 더 많은 변화가 일어날 것입니다. "멋진 섹스"에 관한 부부의 평가는 신체적인 과정이 아니라 관능적인 흥미와 자극의 강화에 좀 더 연결되어 있으니까요.

성적 욕망은 확실히 우리의 신체적인 본성에 뿌리를 둔 것입니다. 하지만 그저 "성교"를 하는 것만으로는 부부간의 친밀감을 추구하는 성인에게 궁극적인 만족을 줄 수 없습니다. 습관적으로 "섹스"를 하는 것은 동물의 세계에서 벌어지는 "짝짓기"와 별로 다를 게 없습니다 — 출산과 성적인 욕구해소를 위해서 반드시 필요한 행동이지만, 인간의 성이 지니는 "한 몸"의 잠재력에는 결코 이를 수 없는 동물들의 짝짓기 말입니다. "섹스"를 하는 것은 좋습니다. 하지만 성스러운 경험으로서 인간의 성이 지니는 본질은 바로 사랑을 하는 것입니다.

우리 모두는 성적인 자극에 관한 선천적 능력을 지니고 있습니다. 하지만 배우자와 낭만적이고 열정적인 성적 경험을 하고 싶도록 우리의 흥미를 유발시켜주는 관능적인 욕망이 반드시 있어야 합니다. 성적인 자극은 어느 때 어떤 사람에게든지 발생할 수 있습니다. 하지만 낭만적인 욕망은 일부러 만들어 내야만 합니다. 부부가 그저 서로의 성적 욕구를 충족시키기 위하여 섹스를 한다면, 섹스는 금방 틀에 박힌 것이 되고 말 것입니다. 텔레비전이나 영화, 잡지를 보고 떠올리게 되는 열정적인 섹스의 가능성과 비교해 볼 때, 그저 "섹스"를 한다는 것은 너무나도 따분해 보입니다. 이러한 실망감과 박탈감 때문에 결혼관계 밖에서 주어지는 관능적인 기회에 쉽사리 빠지고 마는 것입니다.

따라서 열정 회복의 열쇠는 여러분의 신체가 아니라 마음 속, 가슴 속에 있습니다. 우리 성의 가장 기본적인 측면은 마음속에 자리 잡고 있습니다. 바로 이곳에서 자극과 흥분이 생겨나는 것입니다.

상상은 관능적인 잠재력을 발견할 수 있는 강력한 출처입니다. 낭만적인 소설이나 잡지 기사를 읽는 것, 어떤 종류의 음악을 듣는 것, 어떤 텔레비전 프로그램을 시청하는 것, 어떤 옷을 입는 것(혹은 배우자가 어떤 옷을 입은 모습을 보는 것), 어떤 특별한 장소에 가는 것, 어떤 음식을 먹는 것 등등이 모두 성적 접촉에 이르도록 기여할 수 있습니다.

연습문제: 여러분의 관능적 버튼은 무엇입니까?

여러분의 관능적인 흥미를 유발하는 게 무엇인지 알아보세요. 그러면 성적인 접촉에 좀 더 자주 참여할 수 있을 것입니다. 여러분의 관능적 버튼을 눌러주는 옷과 음식, 향기, 영화, 접촉, 소리, 무대 등등을 열거해보세요. 그리고 몇 주에 걸쳐서 이 목록을 실험해보세요. 여러분이 알아낸 사실을 배우자에게 알려주고, 여러분을 자극할 수 있는 행동이 무엇인지를 설명해주세요.

성적인 환상 역시 관능적 버튼에 관한 멋진 단서를 제공합니다. 우리 모두는 성적인 환상을 지니고 있습니다. 그럼에도 불구하고 그 환상을 확인하려는 순간 당황하고 맙니다. 그러나 밤에 꾸는 꿈과 백일몽을 통해서도 얼마든지 성적으로 자극하는 것이 무엇인지, 겁먹게 하거나 억누르는 것이 무엇인지를 확인할 수 있습니다. 여러분을 자극하는 것들에 관하여 좀 더 주의 깊게 연구해볼 준비가 되었나요? 다음의 연습문제가 도움이 될 것입니다.

연습문제: 낭만적인 이벤트 기억하기

의미 있었던 관능적인 성적 접촉을 떠올려보세요. 이제 그 경험이 기여한 바를 밝혀내세요. 그래야 여러분의 관능적 열쇠에 관하여 좀 더 많은 것을 알 수 있습니다. 장소가 어디였나요? 무슨 일이 있었나요? 왜 특별했나요? 여러분을 자극과 열정으로 이끌어준 게 무엇인가요? 앞의 연습문제에서 만들었던 목록에 이 대답을 추가하세요.

배우자를 자극하고 흥미를 불러일으킬만한 것들에 신경 씀으로써 낭만적인 상황을 만들어내고 싶은 것은 모두 배우자를 위해서입니다. 그러므로 위의 연습문제를 완성하려면 배우자에게 직접 물어봐야 합니다. 성관계를 탐험할 수 있는 방법은 아주

많습니다:

- 사랑의 행위를 묘사해놓은 책들을 함께 읽고서 여러분이 편안한 맘으로 시도해볼만한 행위는 무엇인지 의논해보세요.
- 특별히 자극에 민감한 신체 부분, 특별히 반응이 잘 나타나는 행동, 그리고 상황적인 자극 요소들(음악이나 향기, 옷, 장소 등)에 관하여 배우자에게 알려줄 수 있도록 "관능적 버튼"의 목록을 작성하세요. 이 목록에다가 몇 개월 동안 여러분이 새로이 발견한 자기 인식의 영역을 추가하세요.
- 마사지 치료사에게서 배우자와 함께 공유할 수 있는 유쾌한 마사지 방법을 배우세요. 관능적인 접촉을 발달시킬 수 있는 방법에 관하여 설명해놓은 책들도 많이 있습니다.
- 사랑의 행위에 관해서 안목 있게 설명하고 예시해놓은 비디오테이프를 함께 시청하세요. 부부관계 치료사들이 최신 작품을 추천해줄 것입니다.

차이를 부르는 행동들

사랑의 행위를 위한 분위기를 의도적으로 만들어 내는 것은, 여러분이 관계에서 즐거움을 누리고 있다는 사실, 그리고 부부관계의 원동력을 유지시켜주는 유대감을 강화시키기 위해 노력하고 있다는 사실을 배우자에게 알려주는 것입니다. 배우자를 자극하는 행동들은 좀 더 많은 자극을 불러일으킬 것입니다. 관능적인 즐거움을 경험할 수 있는 기회를 마련하는 것은 "사랑을 만들어 내는" 멋진 방법입니다.

낭만적인 이벤트 계획하기

성과 관능성은 긴밀하게 얽혀 있습니다. 낭만적이라는 것은 촉각과 후각, 시각, 청각, 미각이 아주 중요하다는 자각을 내포합니다. 음악과 향기(초, 향), 옷감의 소재, 음식의 맛, 와인의 따스함은 모두 특별한 기회의 관능성을 강화시켜줄 수 있습니다.

부부관계 강화를 위한 강연회에서 성에 관한 논의가 있은 후에 각각의 부부들에게 낭만적인 이벤트를 기획해보라고 했다. 달린과 켄트는 몇 주 후에 보고하기를, 매주 순서를 바꿔가면서 성적인 접촉을 즐길 수 있는 낭만적인 상황을 마련하기로 서약을 맺었다고 하였다. 달린은 "해변의 파티"를 계획하기로 하였다. 그녀는 지역의 여행사에서 포스터를 얻어와 자기 집 거실에 붙여놓고, 바닥에는 담요를 깐 다음, 남편이 제일 좋아하는 비키니 수영복을 입었다. 그렇게 준비하는 과정은 매우 흥미로웠고, 금요일 밤 남편이 도서관에서 돌아온 시각, 그들 사이엔 불꽃이 튀었다!

위험을 감수하고, 관습에서 벗어나라.

습관이라는 것은 안전할 수 있지만, 동시에 지루할 수도 있습니다. 여러분은 같은 시간, 같은 장소에서, 같은 방식으로 성적인 접촉을 하고 있나요? 뭔가 대범하고 위험한, 관습에서 벗어난 행동이 성적인 접촉에 열정을 더해준다는 사실을 잊지 마세요.

에릭과 조안나는 서로 연결되어 있음을 실감했던 아주 흥미로운 성적 접촉에 관하여 설명하였다. 그들은 낭만적인 영화 한 편을 보았는데, 그 영화로 자극을 받은 조안나는 집으로 돌아오는 내내 집적거리면서 키스를 하였다. 집에 도착하고 나서도 조안나는 주도권을 놓지 않았고, 에릭은 이에 반응하였다. 그들은 차고에서 곧바로 사랑을 나누었다. 자동차 조수석을 뒤로 젖히고서.

리와 그웬은, 모텔 방에서 성적인 접촉을 가졌을 당시 느꼈던 열정에 관하여 서로 논의하였다. 그들은 서로의 접촉을 즐기고 싶었지만, 아이들의 움직임이나 소음 때문에 자꾸만 관심이 아이들에게 쏠리는 바람에 불가능했다. 아무런 방해 없이 서로의 손길을 즐기고 싶었기에, 그들은 익숙하지는 않지만 흥미를 키워줄 수 있는 신체적 전략이나 자세를 탐구해보기로 하였다. 그들은 이러한 경험이 매우 열정적이고 친밀한 것이었다고 말했다.

니콜라스는 쉴라와 결혼한 지 몇 년 안 되어 처갓집 손님방에서 나눴던 열정적인 사랑 행위에 대해 설명하였다. 쉴라 역시 남편의 평가에 동의하였는데, 어린 시절 부모가 부정적인 반응을 보여주었던 행위에 참여하는 것이 그토록 그녀를 자극하였을 것이라고 확신하였다. 그렇게 함으로써 성인으로서의 역할을 새로이 확립하고, 자신의 독립심을 증명하고, 나아가 부모의 관계에 결여되어 있다고 여겼던 열정을 전달한다고 생각했던 것이다.

확언

우리는 누구나 다 자신이 사랑하는 사람, 낭만적인 관계를 맺고 있는 사람에게 인정받고 싶은 욕구를 지니고 있습니다. 자신의 성적 자아, 기본적인 남성성 혹은 여성성이 배우자에게 매력적으로 비친다는 점을 확인하고 싶어 합니다. 우리는 사랑하는 사람이 우리에게 매력을 느낄 때, 우리가 사랑하는 방식을 즐길 때, 그리고 우리와 나누는 성적 접촉을 즐길 때 커다란 기쁨을 느낍니다. 여러분의 배우자는 자신의 신체적 자아에 대해 여러분이 감탄하고 있다는 사실, 그것이 여러분에게 관능적 버튼이 된다는 사실을 잘 알고 있습니까? 최근 들어서 배우자에게 사랑을 나누는 기술이 정말 멋지다고 말해준 적이 있습니까? 배우자 앞에서 얼마나 흥분하는지를 알려주었습니까? 연애시절엔 분명히 그랬겠지요. 그런 멋진 확언을 듣는 것이야말로 관능적 버튼이었던 것을 기억하나요?

우리는 부부치료 과정에서 이런 질문을 자주 던집니다. "가장 먼저 서로에게 매력을 느꼈던 것은 무엇입니까?" 그리고 제일 먼저 듣게 되는 대답은 성적인 매력에 관련된 것이지요. "전 그녀가 정말 멋지다고 생각했어요!" 혹은 "그는 정말 멋있어 보였어요!" 두 번째로 자주 듣게 되는 대답은 이것입니다. "그녀는 정말로 저에게 매력을 느끼는 것 같았어요." 간단히 말해서, 매력을 느끼고 성적 자아를 인정하는 것은 관능과 열정을 느끼는 데 아주 기본적인 요소인 것입니다. 시간을 내서 배우자에게 여러분의 관능적 버튼이 되어주고 있다는 사실을 전하세요. 그리고 여러분이 매력적이라고 여기는 성격과 행동에 대해 확언을 전달해주세요. 그러면 곧바로 성적 친밀감을 강화할 수 있습니다.

러브 레터

확언을 전달하는 낭만적인 방법은 바로 러브 레터를 쓰는 것입니다. 구혼 이후에 편지를 쓰는 일은 거의 없었겠지만, 결혼 전에 서로 편지를 주고받았다면 아마도 특별한 기억으로 남아 있을 것입니다. 배우자에게 러브 레터를 쓰면서, 여러분이 특별히 즐겼던 사랑의 행위를 상기시켜주는 것은 어떨까요? 아마도 특별한 성적 접촉에 대한 초대가 될 수 있을 것입니다. 배우자가 여러분의 흥미를 유발하고 초대할 수 있도록 여러분의 성적 환상을 전달해주세요.

이상이 있을 경우

최근 우리 부부는 작은 기계 하나를 구입하고서 "이상이 있을 경우"라는 설명서를 읽어보았습니다. 그 기계가 제대로 작동하지 않을 경우 점검해야 할 사항들을 몇 가지 열거해놓은 것이었습니다. 만일 성관계에서 어떤 좌절이나 불만족을 겪고 있다면 혹시나 아래의 문제들이 원인은 아닌지 생각해보세요.

성과 권력

성적 불만족은 파트너십의 권력 투쟁과 연관된 것일 경우가 많습니다. 제5장에서 열거했던 개념들을 이용하여 부부관계가 불평등한 건 아닌지 평가해보세요. 배우자의 동의 없이 어떤 일을 벌인 건 아닌가요? 지출이나 이사 같은 일을 독단적으로 결정해서, 배우자가 스스로를 무가치하다고, 중요하지 않다고, 혹은 이용당했다고 여기게 만든 건 아닌가요? 성적인 상호작용에 관한 결정들은 상호적이었나요, 아니면 배우자가 걷잡을 수 없다는 느낌, 평가절하 당했다는 느낌이 들도록 여러분의 방식만 실컷 누렸나요?

성역할에 관한 어린 시절 이야기

부부는 성에 관하여 서로 다른 이야기를 지닌 채 관계를 이루게 됩니다. 이 이야기에는 누가 주도권을 쥘 것인가, 누가 더 강한 충동을 느끼는가, 누가 더 감정적인 욕구를 지니는가, 그리고 누가 성적인 만족을 책임져야 하는가 등에 관한 기대를 형성해주는 신념들이 포함됩니다. 과거이야기들과 그것이 현재의 우리에게 미치는 영향력에 주의를 기울이는 것은 성적 친밀감에 기여해야 할 책임을 스스로 인정하는 것입니다.

신학적 배경

여러분은 성서나 전통을 이용해서 인간의 관능적 잠재력에 두려움을 느끼도록 만드는 종교적 권위와 부모 밑에서 양육되었을지도 모릅니다. 여러분은 성을 자신의 삶에 어떤 식으로 통합할 것인가를 배우는 대신, 성의 위험성과 관능적 능력을 억압하여 스스로를 보호하는 방법에 대해서만 배웠을지도 모릅니다. 어쩌면 여러분은 관능적인 잠재력을 탐구하는 게 "옳지" 않은 일이며 "선한" 사람이라면 그런 짓을 해선 안 된다고 생각할지도 모릅니다. 성과 관련된 생각을 하는 것 자체가 죄악을 불러들이는 행위, 범죄 행위, 혹은 하나님을 화나시게 하는 행위라고 여길지도 모릅니다.

이러한 종교적 권위는 성행위를 부부가 보기에 "규범적이고" 허용할만한 형태에만 한정시킬 수 있습니다. 나머지 행위들은 모두가 "성적 도착"이 되는 것이죠. 여러분은 아마도 오럴 섹스 같은 행위에 대해 불안이나 억압을 느낀 적이 있을 것입니다. 이렇게 주저하고 있는 자신을 발견할 경우, 하나님과 성에 관한 이해를 좀 더 발달시킬 수 있도록 신학과 성행위에 관하여 철저히 알아보세요. 여러분이 성적인 존재가 될 때마다 하나님께서

눈살을 찌푸리시거나 비판적인 부모를 시켜 훈계하신다고 상상한다면, 그런 하나님 이미지는 반드시 변화시켜야 합니다. 성서는 서로를 즐기는 것에 대해 아무런 제재도 가하지 않는다는 사실을 명심하세요. 부부가 서로 즐기기로 동의한 행위라면, 그리고 존중과 관심으로 전달한다면, 하나님께서는 분명히 미소를 지으실 것입니다.

해소되지 않은 갈등

부부가 갈등을 겪고 있을 경우, 혹은 만성적인 분노가 해소되지 않았을 경우, 성적 친밀감을 형성하기가 어렵습니다. 분노의 대상과 사랑을 주고받는다는 것은 아주 어려운 일입니다. 만성적인 분노는 성적인 접촉을 갖지 못하도록 막습니다. 성적인 접촉은 갈등을 해소한 다음에야 비로소 만족스러워집니다. 해소되지 않은 분노에 관하여 논의하고 싶으면 제4장의 분노와 갈등을 다시 한 번 읽어보세요.

신체상

부정적인 신체상은 성적인 친밀감을 저해할 수 있습니다. 어쩌면 여러분은 스스로가 매력이 없는 사람, 그래서 사랑하는 사람에게도 성적인 자극이나 흥미를 안겨줄 수 없는 사람이라고 굳게 믿고 있을지도 모릅니다. 그런 믿음은 자발적이고 자유롭고 무의식적인 방식으로 여러분을 선사할 수 없게 만들어버립니다. 가장 열정적인 성적 접촉은 바로 그런 데서 비롯되는 것이니까요. 이런 경우 중요한 것은 여러분의 성적 자아에 관한 배우자의 확언을 있는 그대로 받아들이는 것입니다. 그리고 여러분이 자신의 신체적 특성을 좋게 여기고 있든지 아니든지 간에, 어쨌든 배우자는 여러분에게 매력을 느끼고 있다는 점을 인정하는 것입니다. 배우자의 확언을 무시하지 마세요. 그런 행위는 배우자를 좌절시키고 말 것입니다.

정관 절제술이나 전립선 절제술, 자궁 절제술, 유방 절제술, 신체 절단 같이 자신의 신체상에 대하여 어떤 심각한 도전을 경험한 적이 있습니까? 그럴수록 감정과 생각의 변화에 관해 논의하는 게 더 중요합니다. 두 사람 모두 성적인 욕망과 자극의 형태가 변화할 수 있기 때문입니다. 여러분을 흥분시킬만한 성적 측면들을 확언하기 위해 노력하세요. 그리고 부부 간에 성을 이해하고 표현하기 위한 새로운 방법들을 모색해보세요. 젊은 부부들의 경우 신체상의 일반적인 변화는 주로 임신 중이나 출산 후에 발생합니다. 아내가 자신의 신체에 관하여 사뭇 다르게 느낄 수 있는 시기지요.

성교육

우리는 성적인 접촉의 "배관" 측면에 관하여 전혀 다루지 않았습니다. 여러분이 이미 이런 정보를 알고 있으리라는 전제 하에 말이죠. 하지만 여러분은 공식적으로나 비공식적으로 부적절한 성교육을 받았을지도 모릅니다. 그런 경우 성의 생리 기능에 관하여 좀 더 알고 나면 성적 파트너로서의 능력을 강화시킬 수 있을 것입니다. 책을 읽으십시오. 여러분과 배우자의 생리 기능에 관하여 좀 더 완전하게 알 수 있도록 도와줄만한 정보와 훈련 자료들이 많이 있습니다. 불행히도 성교육은 공식적으로나 비공식적으로 성의 정서적, 관계적, 감정적, 정신적 측면들을 부적절하게 취급하는 경우가 허다합니다. 성의 심리학에 관하여 좀 더 알고 싶다면, 이 장 끝에 실어놓은 추천도서들이 많은 도움이 될 것입니다.

성기능장애

조루나 발기 부전, 억제된 성적 욕망, 성교통 같은 기능적인 문제에 봉착한 부부는 성적인 만족을 누리기가 더더욱 어렵습니다. 일부 성기능장애는 만성적인 질병 때문에, 약의 부작용 때문에, 혹은 어떤 특별한 신체적 조건의 결과로 발생하기도 합니다. 이런 경우에는 의학적인 정보와 중재가 필요합니다. 그저 손 놓고 있으면 전혀 도움이 안 됩니다. 성적인 친밀감이 급격히 저하될 수 있습니다. 의사와 상의하세요.

과거의 유령

공포나 불안, 죄책감, 수치심, 불신 등의 해소되지 않은 감정적 갈등 역시 성적인 만족을 저해할 수 있습니다. 여러분은 이 장에서 자발적이고 열정적인 성적 상호작용에 관하여 읽으면서 어쩌면 일말의 절망감을 느꼈을지도 모릅니다. 어떤 성적 접촉에도 자유롭게 참여할 수 없는 자신을 발견하고서 말이죠. 여러분은 기쁜 맘으로 흥분하기보다는 긴장감과 의무감을 느끼고 있습니다. 억제된 느낌을 지니고 있습니다. 이제 여러분이 해야 할 일은 성적인 친밀감에 참여하지 못하도록 막고 있는 요인이 무엇인가를 밝혀내는 것입니다.

이전의 성경험이나 중요한 파트너, 혹은 가족으로부터 형성된 과거의 이야기들이 우리의 성 경험에 긍정적 혹은 부정적 영향을 미칠 수 있습니다. 성적 접촉을 통해 주고받을 수 있는 능력을 감소시키는 경험이 무엇인지 주의 깊게 살펴보세요. 성적인 접촉을 즐기는 데 방해가 되는 감정적 장애를 극복하기 위해서는 치료적인 도움을 청해야 합니다. 유능한 전문가의 도움을 받으세요. 분명 과거의 이야기를 처리하고, 하나님께서 가능하게 해주신 성적 즐거움을 누릴 수 있는 자유를 회복할 것입니다.

성적인 만족의 장애를 극복하기 위해 부단히 노력하는 배우자를 둔 사람은 복이 있나니.

추천도서

제임스 넬슨, 〈구체화: 성욕과 그리스도교 신학에 대한 접근〉, Minneapolis: Ausburg Publishing House, 1978.
클리포드 페너, 조이스 페너, 〈성의 은사: 성적 만족에 대한 그리스도교적 지침〉, Waco, Tex.: Word Books, 1981.
_____, 〈남자와 성: 더 큰 사랑과 열정, 그리고 아내와의 친밀감 발견〉, Nashville, Tenn.: Thomas Nelson, Inc., 1997.
_____, 〈즐거움 회복〉, Dallas: Word Publishing, 1993.
캐롤라인 레이, 〈사랑과 성 관련 도서〉, New York: Carroll and Graf Publishers, 1997.

제7장

영적인 여정 **공유하기**
— 용서와 공의

　　우리는 우리가 다니던 지역교회에서 결혼예식을 올렸습니다. 우리는 하나님께서 우리 관계를 축복해주시리라고 확신하였습니다. 대부분의 사람들처럼 우리 역시 결혼이 그리스도교 신앙에 따라 이루어져야 한다고 생각하고 있었습니다. 하지만 그게 무슨 뜻인지는 제대로 알지 못했지요. 아는 것이라곤 그저 교회의 적극적인 일원이 되어 예배와 예식에 참여하고, 식사 시간에 함께 기도하는 것뿐이었습니다. 영적인 순례를 함께 할 수 있는 가능성에 대해서는 거의 몰랐습니다. 나중에 가서야 우리는 부부로서 영성을 실천한다는 것이 결코 쉽지는 않으며 따라서 의도적으로 추구해야만 한다는 사실을 깨달았습니다. 해가 거듭되면서 신앙 여정을 함께 나눌 수 있는 방법들을 발견하게 되었습니다. 그리고 관계의 의미, 총체적 친밀감에 상당히 기여할 수 있는 특별한 실천 방법들을 많이 깨닫게 되었습니다.

결혼:
영적 계시의 조건

우리가 결혼을 하나님의 선물로 보는 한 가지 이유는 좀 더 심오한 영적 진리를 드러낼 수 있는 잠재력 때문입니다. 남편과 아내가 공유하는 사랑은 우리를 위한 하나님의 사랑에 관하여 좀 더 심오한 의미를 계시해줄 수 있습니다. 결혼은 신뢰와 인정, 용서 안에서 사랑이 얼마나 잘 표출되는가를 분명히 보여주는 창문과 같다고 할 수 있습니다. 또한 하나님과의 접촉 역시 우리가 배우자와 좀 더 깊은 접촉을 할 수 있도록 준비시켜줍니다. 이런 식으로 우리의 영적 성장은 결혼을 강화시켜주고, 우리의 결혼은 영성 생활에 관한 통찰을 안겨줍니다.

결혼관계가 영적인 발달의 가능성을 열어주었다는 사실을 깨달은 부부들이 참 많습니다. 어떤 사람들은 그 누구보다도 배우자를 믿을 수 있게 되었습니다. 그리고 그런 경험을 통하여 하나님을 좀 더 깊이 신뢰할 수 있게 되었습니다. 또한 어떤 사람들은 결혼생활을 통해서 그 어떤 경험보다도 심오한 인정과 돌봄을 경험하게 되었습니다. 그리고 그런 경험을 통하여 하나님께서 우리를 무조건적으로 사랑하신다는, 소중하게 돌보신다는 복음의 주장을 "들을" 수 있게 되었습니다.

케오니는 종교적 전통을 전혀 실천하지 않는 가정에서 자라났다. 그의 가족은 비판적이고 폭력적이었으며, 특히 삼형제 중 막둥이인 케오니한테는 더 심했다. 알코올 중독자인 아버지는 정서적인 폭력을 휘둘렸고, 정신병자인 어머니는 신체적인 폭력을 가했다. 그 결과 그는 심각할 정도로 자신이 무가치하다는 생각, 수치스럽다는 생각을 갖게 되었다. 그러다가 고등학교 3학년 때 로즈를 만났다. 로즈와 그녀의 가족은 신앙심이 깊은 사람들이었고, 케오니를 무조건적으로 받아들였다. 교회로 데려가서 자신들의 전통 안에서 이해할 수 있는 그리스도교 신앙을 가르쳤다. 그들은 하나님께서 모든 사람을 사랑하신다는 것, 은총은 모든 이들에게 공평하게 내린다는 것을 믿었다. 케오니와 로즈는 이듬해 고등학교를 졸업함과 동시에 결혼예식을 올렸다. 로즈는 성숙한 사랑과 애정으로 케오니의 낮은 자존감을 살리려 애썼다. 이제 성인이 된 케오니는 로즈의 끊임없는 사랑과 인정을 신뢰하고 또 하나님의 사랑과 인정도 점점 더 많이 경험해가고 있는 중이다.

배우자가 우리를 사랑하고 독특한 개성을 인정해주는 것은 곧 하나님의 은총을 경험하는 것입니다. 앞 장에서 이미 말한 것처럼, 성적인 접촉을 하는 동안 자아의 융합을 통해서 신비로운 경험과 예배, 개인적인 헌신 속에 가능한 황홀한 연결을 좀 더 깊이 이해하게 된 부부가 많습니다.

영적 순례의 책임

결혼의 영성에 관한 기초적인 사실은 영적 순례에 대해 부부가 각자 기본적인 책임을 져야 한다는 것입니다. 배우자는 여러분의 영적 성장에 기여할 수 있습니다. 하지만 궁극적인 책임은 바로 여러분에게 있습니다. 부부관계에만 의존하여 영성 발달에 필요한 온갖 내용과 영양을 공급할 수는 없습니다. 결혼은 "하나님의 가족"을 확대시켜놓은 것이지만, 신앙 공동체(교회)와 개인적인 영성 훈련을 위한 장소가 될 수는 없습니다.

어떤 사람들은 연애 기간이나 신혼 초에 오히려 영성 훈련을 위한 개인적 실천에서 멀어지고 말았습니다. 이 멋지고 새로운 관계가 주는 흥미로움, 가정을 세우는 데 필요한 수많은 임무들, 새로운 사회생활의 확립, 그리고 종교적 실제의 차이(이 주제에 대해서는 나중에 다시 언급할 것입니다)가 영성 생활에 투자할 만한 시간과 에너지를 빼앗아가 버립니다.

결혼 전에 영성 훈련을 실천한 사람이라면, 결혼생활을 하면서도 그것을 계속하는 것이 중요합니다. 여러분 나름대로 하나님의 임재를 좀 더 잘 느낄 수 있는 상황과 활동이 따로 있을 것입니다(책을 읽는다거나, 어떤 음악을 듣는다거나, 시를 쓴다거나, 명상을 한다거나, 여러분을 성결하게 만들어줄만한 장소를 방문한다거나, 찬송을 부른다거나, 기도를 한다거나, 일기를 쓴다거나, 미술을 감상한다거나, 성서를 묵상하는 것). 여러분은 하나님과의 만남을 가능하게 해줄 훈련에 시간과 에너지를 쏟고 있습니까?

자신의 영성 발달을 위해 노력하는 배우자는 부부관계의 성장에도 기여를 합니다. 우리의 영적 인식을 심화시켜주는 영적인 경험은 부부간의 친밀감이 지니는 잠재력에 관한 인식도 확장시켜줍니다. 창조주와의 연결, 피조물들과의 연결을 인식할 수 있을 때, 배우자와의 친밀감이 둔 잠재력에 대해서도 좀 더 잘 이해할 수 있습니다.

배우자에 대한 믿음 실천

신앙이 우리의 결혼생활을 형성할 수 있도록 만드는 확실한 방법은 우리의 신앙을 관계 속에서 표현하는 것입니다 ― 다시 말해서 그리스도교의 자세와 행동을 실천함으로써 배우자를 사랑하는 것입니다. 여러분의 전통이 무엇이든 간에, 신앙인이라면 복음과의 조우, 살아계신 하나님께 대한 헌신으로 말미암아 삶이 변화되었음을 반영하는 방식으로 삶에 참여해야 한다는 사실을 배웠을 것입니다. 다음은 배우자에 대한 믿음을 훈련할 수 있을만한 그리스도교 전통의 몇 가지 개념들입니다.

서로에게 사제가 되라

수많은 그리스도교 전통들이 "만인 사제직"에 대한 믿음을 공유하고 있습니다. 이 교리는 모든 신앙인이 하나님의 은총에 대한 증인, 중재자로 부름 받은 존재라고 선포합니다. 그리스도인은 모두 하나님의 사랑을 표현한다는 의미에서 성직자입니다. 이 교리의 평등주의적 성격에 주목하십시오. 남자와 여자, 남편과 아내 모두가 그리스도를 나타내도록 부름 받았습니다.

배우자가 신앙의 형제자매로서 하나님의 형상대로 창조되었으며, 그리스도께서 배우자를 위해 돌아가셨다고 생각해보세요. 여러분은 배우자에게 사제로서 행동해야 할 특권과 의미를 지니고 있습니다. 우리는 성육신의 확장이며, 하나님 말씀의 육체적 증인입니다. 여러분은 만인 사제직 교리가 배우자를 위한 은총의 통로가 될 수 있도록 격려와 도전을 한 몸에 받고 있습니다.

네 이웃을 네 몸처럼 사랑하라

"모든 계명 가운데서 가장 으뜸 되는 것은 어느 것입니까?"라는 질문에 대해 예수님은 돌려서 말하거나 얼버무리지 않으셨습니다. 예수님은 분명히, 확실하게 대답하셨습니다.

첫째는 이것이다. "이스라엘아, 들어라. 주, 곧 우리 하나님은 오직 한 분이신 주님이시다. 네 마음을 다하고, 네 목숨을 다하고, 네 뜻을 다하고, 네 힘을 다하여, 주 너의 하나님을 사랑하여라." 둘째는 이것이다. "네 이웃을 네 몸 같이 사랑하여라." 이 계명보다 더 큰 계명은 없다. (마가복음 12장 29~31절)

네 이웃을 네 몸 같이 사랑하라는 개념은 전혀 새로운 것이 아닙니다. 하지만 배우자를 이웃이라고 생각해 본 적은 없을 것입니다. 이웃을 내 몸처럼 사랑해야 한다면, 배우자는 그보다 훨씬 더 사랑해야 하는 것 아닌가요? 에베소서의 저자가 남편들에게 아내를 사랑하라고 할 때 염두에 두고 있었던 것도 바로 이것일 겁니다: "이와 같이, 남편들도 자기 아내를 자기 몸과 같이 사랑하여야 합니다. 자기 아내를 사랑하는 사람은 자기를 사랑하는 것입니다."(에베소서 5장 28절) 저자는 바로 다음에 말하기를 "여러분도 각각 자기 아내를 자기 몸과 같이 사랑"하라고 말합니다.(에베소서 5장 33절)

"성령의 열매" 실천

초대 그리스도인들은 부활하신 그리스도의 사랑이 그들에게 이웃을 자기 몸처럼 사랑하라는 책임을 부여한 것이라고 믿었습니다. 사도바울은 이것에 관하여 여러 번 언급하였습니다. 그는 성령 안에서의 삶이 부부관계에서 어떻게 실천될 수 있는가를 특별히 설명해줍니다. 갈라디아서에서 바울은 그리스도인의 삶이 지니는 특징들을 성령의 열매라고 설명합니다: "사랑과 기쁨과 평화와 인내와 친절과 선함과 신실과 온유와 절제"(갈라디아서 5장 22~24절). 우리는 이러한 특징들이 친밀한 결혼관계에 중요한 요소가 된다는 점을 잘 압니다. 부부관계를 평가하기 위하여 이런 특징들을 사용할 경우 친밀감을 강화할 수 있는 방법을 좀 더 잘 알 수 있습니다.

연습문제: 여러분의 결혼생활에 존재하는
성령의 열매는 무엇입니까?

다음에 실린 연습문제는 그러한 평가를 도와줄 것입니다. 성령의 열매를 목록으로 작성하고, 각각의 열매마다 다른 확대 개념들을 추가해놓았습니다.

1. 지시 사항을 잠깐 읽어본 다음, 연습문제를 완성하세요. 끝마친 후에는 다시 이 부분으로 돌아오세요.
2. 이 연습문제를 통해서 깨달은 것은 무엇입니까? 배우자의 답안지와 비교해보세요. 여러분이 주의를 기울여야 할 관계 내 영역을 발견하게 될 것입니다.
3. 여러분의 부부관계에 현재 거의 존재하지 않거나 꽤 존재하고 있는 이 열매들을 잘 발달시킬 수 있는 특별한 행동을 알아내도록 배우자에게 도움을 요청하세요.
4. 제8장의 서약 체결과정을 이용하여, 성장의 기회를 제공할 만한 특별한 서약서를 작성해보세요.

"성령의 열매" 연습문제

갈라디아서 5장에서 바울은 예수 그리스도 안에서 우리가 이미 "이웃을 내 몸처럼 사랑"할 수 있도록 해방되었다고 선포합니다(14절). 바울은 이 사랑이 성령의 열매에서 설명한 사랑과 같다는 점을 분명히 합니다(22~24절). 아래에 바울이 열거한 성령의 열매 목록이 있습니다. 그 의미를 확실히 하기 위하여 몇 개의 단어들도 첨가해 두었습니다.

여러분이 배우자와 관계 맺는 방식에 각각의 열매가 어느 정도 존재하는지 평가해보고, 오른쪽 빈칸에 "X" 표시를 하세요. 또 배우자가 여러분과 관계 맺는 방식에는 각각의 열매가 어느 정도 존재하는지 생각해보고 "Y" 표시를 하세요.

성령의 열매	거의 없다		있다		아주 많다
	1	2	3	4	5
사랑(연민, 돌봄, 희생, 용서, 친밀, 애정)					
기쁨(자유의지, 축하, 행복, 홍분, 재미, 놀이, 감사)					
평화(고요, 만족, 안심, 신뢰, 침착)					
인내(오래 참음, 끈기, 인정, 이해, 희망)					
친절(사려, 공손, 신중, 존중, 동감)					
선함(상냥, 관대, 베풂, 나눔, 도움)					
신실(의지할 수 있는, 믿을 수 있는, 헌신적인, 충성스런)					
온유(부드러운, 섬세한, 주의 깊은, 따뜻한, 편안한)					
절제(계획적인, 단련된, 책임감 있는)					

다음 일주일동안 여러분이 책임지고 노력할 수 있는 항목에 동그라미를 그리세요.

"성령의 열매" 연습문제

갈라디아서 5장에서 바울은 예수 그리스도 안에서 우리가 이미 "이웃을 내 몸처럼 사랑"할 수 있도록 해방되었다고 선포합니다(14절). 바울은 이 사랑이 성령의 열매에서 설명한 사랑과 같다는 점을 분명히 합니다(22~24절). 아래에 바울이 열거한 성령의 열매 목록이 있습니다. 그 의미를 확실히 하기 위하여 몇 개의 단어들도 첨가해 두었습니다.

여러분이 배우자와 관계 맺는 방식에 각각의 열매가 어느 정도 존재하는지 평가해보고, 오른쪽 빈칸에 "X" 표시를 하세요. 또 배우자가 여러분과 관계 맺는 방식에는 각각의 열매가 어느 정도 존재하는지 생각해보고 "Y" 표시를 하세요.

성령의 열매	거의 없다		있다		아주 많다
	1	2	3	4	5
사랑(연민, 돌봄, 희생, 용서, 친밀, 애정)					
기쁨(자유의지, 축하, 행복, 흥분, 재미, 놀이, 감사)					
평화(고요, 만족, 안심, 신뢰, 침착)					
인내(오래 참음, 끈기, 인정, 이해, 희망)					
친절(사려, 공손, 신중, 존중, 동감)					
선함(상냥, 관대, 베풂, 나눔, 도움)					
신실(의지할 수 있는, 믿을 수 있는, 헌신적인, 충성스런)					
온유(부드러운, 섬세한, 주의 깊은, 따뜻한, 편안한)					
절제(계획적인, 단련된, 책임감 있는)					

다음 일주일동안 여러분이 책임지고 노력할 수 있는 항목에 동그라미를 그리세요.

영적 친밀감 키우기

영적 순례를 추구하는 동안 이 순례를 배우자와 공유할만한 의미 있는 방법들을 발견할 수 있습니다. 순례 여정 내내 배우자가 하나님의 임재를 경험하고 영적 순례를 확언할 수 있을만한 시간을 갖도록 후원하고 격려할 방법들을 발견할 수 있습니다. 영적 친밀감을 강화하기 위해서는 여러분과 배우자가 함께 신앙의 공동 여정을 키워나갈 수 있는 방법을 발견해야만 합니다.

성스러운 이야기 공유

부부는 각자 성스러운 이야기를 지니고 있습니다. 여러 해 동안 하나님과 믿음, 교회, 기도, 윤리에 관한 이해를 제공해준 신앙을 지니고 있습니다. 성스러운 이야기에는 배우자의 신앙 형성에 크게 기여하고 나아가 삶을 변화시켜주기까지 한 특별한 종교적 사건이나 영적인 경험이 자주 포함됩니다. 이러한 영적 경험은 강력하고 신비한 요소를 지니며, 따라서 말로 표현하기가 아주 어렵습니다. 영적 경험은 규범적인 단어들로 표현하기가 거의 불가능하기 때문에 말로 설명하기가 어렵습니다.

이렇게 중요한 경험들은 우리가 지켜야 할 성스러운 특징을 지닙니다. 신앙과 정체성에 기본이 되는 것임에도 불구하고 사적인 경험이기에 발설 못하고 감춰야 하는 경우도 많습니다. 성스럽게 다룰 게 분명한 사람에게만 조심스럽게 전달해야 합니다. 더군다나, 비합리적이고 지극히 감정적인 것 같은 경험들에 대해 어떤 식으로 반응해야 할지를 모르는 우리 문화 속에서 이 이야기를 공유하기란 결코 쉬운 일이 아닙니다.

영적인 문제들에 관한 생각과 느낌을 서로 공유하는
부부는 복이 있나니.

우리는 영성이라는 주제가 부부끼리 논의하기 가장 힘든 주제들 중 하나라는 사실을 잘 압니다. 부부관계 향상 이벤트에 참여한 사람들에게 영적 정체성과 헌신에 기여했던 형성적인 영적 경험(하나님의 임재를 깨달았던 순간, 부르심에 응답했던 순간, 축복을 받은 순간, 비전을 경험한 순간, 혹은 서약을 한 순간)을 떠올려보라고 했습니다. 그런 다음 이 이야기를 배우자와 공유했느냐고 물었습니다. 놀랍게도 정말 많은 부부들이 이렇게 의미가 큰 종교적 경험을 배우자에게 한 번도 전해주려 하지 않았다고 답했습니다. 성스러운 이야기를 서로 공유하고 있는 부부가 서로를 깊이 알고 좀 더 깊은 친밀감을 공유한다는 것은 말할 필요도 없는 사실입니다.

연습문제: 성스러운 이야기 공유하기

여러분의 삶에서 본질적으로 영적이었던 사건, 신앙을 형성해주었던 특별한 사건 몇 가지를 떠올려보세요. 여러분은 이 사건들을 다른 이름으로 부를지도 모릅니다: 신비한 경험이나, 전향이나, 신과 인간의 접촉, 비전 등등으로 말이죠. 하지만 이 사건을 뭐라고 해석하든지 간에(혹은 아예 이름을 짓지 않았다 할지라도) 몇 마디 말로 그것을 설명해보세요. 그런 다음 둘이서 명상의 시간을 갖고, 이 이야기를 함께 공유해보세요. 배우자도 똑같은 경험을 할 수 있도록 초대하세요.

함께 영성 실천하기

영적인 순례를 공유하고 싶은 부부는 그런 유대감을 강화시켜줄만한 방법들을 적극적으로 추구할 수 있습니다. 다음과 같은 활동들은 많은 부부들이 영적 친밀감을 누릴 수 있도록 도와주었습니다.

- 교회력의 특별한 절기들, 특히 대림절, 성탄절, 사순절, 부활절을 함께 축하하는 겁니다.

사순절 기간 동안 탈버트 부부는 함께 공유할 수 있는 새로운 수련법에 관하여 서로 논의하고 결정한다. 그리고 이 새로운 수련법을 제대로 지킬 수 있을만한 서약을 맺는다. 재작년에는 사순절 기간 동안 텔레비전 시청을 포기하고 영적 성장과 발달에 관한 책 두 권을 읽었다. 그리고 작년 사순절 기간에는 2주 동안 토요일 아침식사 후부터 일요일 아침식사 때까지 24시간을 금식하였다. 그들은 이런 서약으로 인해 영적인 순례를 함께 하고 있다는 느낌을 강하게 받았노라고 서슴지 않고 이야기했다.

- 함께 영적인 수련을 하는 것도 서로에게 개인적으로 의미 있는 영성 훈련(음악, 독서, 기도, 묵상, 글쓰기, 성서)을 실천할 수 있는 기회를 제공하는 것입니다. 이렇게 사적인 시간은 부부간의 친교 의식, 하나님과의 친교 의식을 안겨주는 영적 훈련을 함께 공유하는 시간과 균형이 맞아야 합니다.

기포드 부부는 금요일 밤부터 일요일 오후까지 영성수련을 위해 산속 오두막집을 빌리기로 했다. 둘이서만 이 피정을 할 수 있도록, 그동안 두 딸은 부모님 댁에 맡겨 두었다. 우선 금요일 밤과 토요일 아침은 산책과 독서, 대화를 하기로 했다. 그리고 토요일 정오부터 일요일 정오까지는 둘이서 함께 활동하되 완벽한 침묵 속에서 하기로 했다. 그들은 식사를 준비하고 산책을 하면서 부부 사이에 발달한 무언의 의사소통에 매료되었다. 가장 놀라운 일은 일체의 대화도 없이 시작된 뜻밖의 성적 접촉이었다. 그들은 새로운 차원의 자극을 경험하고서 굉장히 흥분하였다. 이후 여러 달 동안 그들은, 특별히 그리스도교적 헌신을 표현함으로써, 친밀감이 깊은 결혼생활을 누렸다.

- 신앙과 신학에 관한 책들을 읽고 서로의 반응을 논의해보세요. 소설도 괜찮고 논픽션도 괜찮습니다.

테레사와 주안은 이동 중일 때나 잠자리에 들기 전에 서로에게 종교적 거장들의 전기문을 읽어준다. 그런 다음엔 영적인 순례에 기여한 것들에 관하여 이야기를 나눈다. 그들은 의식적으로 이런 영적 거장들에게서, 그들의 삶 속으로 통합시킬 수 있는 특징들을 선택한다. 그리고 이것을 성취할 수 있는 특별한 방법들을 모색한다.

- 하나님의 임재를 초대할만한 목적의식을 제공해주는 의식을 공유하세요.

레기와 샤니즈는 음악을 사랑한다. 레기는 4중창단 단원이며, 샤니즈는 앙상블 단원이다. 그리고 둘 다 교회 성가대에 선다. 그들은 헌신의 표현으로서, 거의 매일 밤 잠자리에 들기 전에 찬송가를 부른다.

- 공의에 대한 헌신을 표현하는 "과정"에 참여하세요.

스티븐슨 부부는 교회의 에이즈 구호팀을 함께 책임지고 있다. 헨리와 나딘은 부모가 위기에 처해 있는 취학 전 아동들을 위해 단기 아동보호에 동참하고 있다.
로렌스 부부는 교육 개혁에 깊이 관여하고 있다.

- 지역교회의 연합선교에 참여하세요.

우리 부부는 교회학교에서 공동 교육하는 일이 많다. 그 일로 우리가 가르치는 주제들과 관련된 신앙 문제를 서로 논의할 수 있는 기회가 체계적으로 주어진다.

- 마음이 맞는 사람들끼리 정기적으로 모여서 독서와 묵상, 교육, 토의 등을 통하여 영성 발달을 추구할 수 있는 모임을 가지세요.

한 지역 교회에는 열 쌍의 부부가 한 달에 한 번씩 모여 결혼생활에 관하여 토의하는 그룹이 있다. 그 모임은 벌써 5년이나 지속되었고, 서로를 속속들이 잘 안다. 특히 그들은 신앙이 부부관계에 미치는 영향을 탐구하는 데 관심이 많다.

- 성서의 이야기들을 함께 읽고, 공부하고, 성찰하세요.

로빈슨 부부는 일 년 동안 매주 수요일 저녁 30분씩 성서를 읽고 공부하기로 서약을 맺었다. 평신도 주석서를 고르고, 성서 본문과 주석을 번갈아가며 읽었다. 그런 다음, 부부의 관계와 더 큰 세계에 입각하여 신학과 신앙 훈련에 관해 새롭게 배운 것들을 이야기하였다.

- 부부에게 의미가 있는 음악, 영적 성찰과 예배의 원천인 음악을 들으세요.

여러분의 관점과 편암함의 기준, 성격의 차이, 그리고 종교적 경험에 입각하여, 특유의 파트너십에 적합한 활동을 몇 가지 골라서 한 번 실험해보세요. 자녀가 있다면 이 과정에 동참시켜도 됩니다 — 신앙을 키워줄 멋진 방법이니까요.

여정의 공유를 방해하는 장애물

영적 친밀감을 경험하기란 여간 어려운 일이 아닙니다. 대개의 부부는 서로 다른 종교적 배경을 지니고 있기 때문입니다. 똑같은 신앙 전통 속에서 자라났다 할지라도, 성격이나 다양한 영적 경험들로 인해 영적인 여정을 공유하기가 힘들어집니다. 부부들은 보통 서로 다른 렌즈를 통해 영적인 문제를 들여다봅니다. 이 장애물들에 대해 좀 더 자세히 알아보도록 할까요?

종교적 전통의 갈등

종교적 언어, 교리, 예배 형태, 종교 의례, 영성 훈련의 실천, 종교적 권위, 그리고 신학은 신앙의 전통에 따라 아주 다양합니다. 똑같은 전통을 지닌 부부조차도 "예전적인" 예배나 "비예전적인" 예배 형태 사이에 커다란 차이를 경험할 수 있습니다. 성서 이해의 관점이 서로 다르고, 신학과 윤리에 대해서도 보수적인 입장과 진보적인 입장이 서로 다릅니다. 예를 들면, 하나님께서 이 세계에서 역사하시는 방법에 대해 서로 다른 이해를 지닌 부부는 영적인 친밀감을 형성하기가 어렵습니다.

로저와 그웬의 신학적 차이는 부부 간에 갈등을 일으키고 친밀감을 방해하였다. 로저의 하나님 이해는 초월성에 초점을 맞춘 것이었다. 로저가 생각하기에 하나님은 좀 더 거룩하고 "우리를 초월하여" 존재하시는 분 같았다. 따라서 그는 하나님께서 일상적인 사건들을 "일일이 조종하신다"는 믿음이 거의 없었다. 하지만 그웬의 하나님 개념은 내재성을 강조한 것이었고, 따라서 그녀는 삶 전체를 형성하시고 이끌어주시는 "인도의 손길"을 깊이 인식하고 있었다. 무슨 일을 결정해야 할 때마다 함께 기도하자고 요구하는 그웬 때문에 로저는 불편한 감정을 느꼈다. 그리고 로저가 주저할 때마다 그웬은 남편이 "영적인 친밀감"으로부터 달아난다고 생각했다. 마침내 그들은 서로의 영적 여정과 종교적 관점에 대해 좀 더 알아보기로 결심했다.

서로 다른 관점을 인정하고 존중해주려고 노력했다. 둘이서 공유하고 있는 신앙의 측면들을 의도적으로 발견해내고, 영적인 친밀감을 공유할 수 있는 유사점에 초점을 맞추었다.

성격의 차이

종교적 전통 외에도 성격의 차이가 영적인 여정을 추구하는 방법, 특히 예배 측면에 심각한 영향을 미칩니다.

댄과 마샤는 한 번씩 이혼을 하였고, 지금은 둘이 재혼하기 위해 혼전 상담을 받고 있는 중이다. 두 사람에게 가장 중요한 문제는 이번에야말로 분명히 종교적 신앙에 따른 결혼을 하고 싶다는 소망이었다. 그들은 공통된 영적 여정을 시작하고 싶었다. 하지만 둘 다 예배 속에서 의미를 찾을 수 있는 지역교회를 찾는다는 건 무척 어려운 일이었다. 성격과 종교적 전통이 너무도 달랐고, 그 때문에 서로가 의미 있다고 생각하는 예배 형태도 너무 달랐던 것이다. 하나님의 임재를 느끼는 "장소"도 완전히 달랐다. 댄은 "하나님의 주권"을 가장 편안하게 여겼고, 마샤는 "예수께서 제자들에게 제공하신 우정"을 가장 편하게 여겼다. 댄은 내성적인 사람이라 눈에 띄지 않게 다닐 수 있는 큰 교회를 더 선호했다. 그는 성공회의 익명성과 의례화된 예전을 좋아했다. 한편 마샤는 외향적인 편이어서 작은 교회의 온정과 "모두가 잘 알고 지내는" 느낌을 좋아했다. 그녀는 작은 감리교 교우들의 사교적이고 격의 없는 구조를 선호했다. 댄은 이런 "커피숍 같은 사고방식"으로는 절대로 하나님의 임재를 느낄 수 없었다. 마샤 역시 성공회의 "진부한 동굴" 속에서는 춥고, 외롭고, 하나님으로부터 멀리 떨어진 느낌 밖에 안 들었다. 그들은 서로의 차이점을 인정하고 상대방의 영적 욕구를 후원해주는 방법을 찾기 위해 노력하였다. 그리고 결국은 마샤의 교회에서 이른 예배를 드린 다음 댄의 교회로 가서 11시 예배를 드리기로 서약을 맺었다. 그러면서 차츰 배우자의 전통이 강하다는 사실을 깨닫기 시작했다. 가장 중요한 일은, 그들이 신앙 여정을 위해 서로 후원해주는 느낌을 받았다는 것이다.

성격이 서로 다른 사람들은 하나님과 관계 맺는 방법도 서로 다릅니다. 가장 의미 있는 영성 훈련과 규율도 서로 다를 수 있습니다. 제2장에서 성격의 차이에 관해 논의했던 부분을 다시 한 번 읽어보세요. 영적인 문제들에 대한 여러분 특유의 반응을 설명할만한 단서들을 더 많이 발견할 수 있을 것입니다.

당혹감

유치한 신앙, 종교적인 의심, 신학적인 무지에 대한 당혹감 역시 영적 순례의 공유를 방해합니다. 배우자가 자신보다 더 종교적이거나 영적인 교육을 더 많이 받은 사람이라고 여겨진다면, 자신이 취약하다는 생각이 들 것입니다.

엘스턴은 컴퓨터 프로그래머다. 아내인 첼시는 종일 교회에서 근무했고, 근처 대학교의 신학원에 다녔다. 첼시의 책에 매료된 그는 논문도 몇 편 읽어보았다. 하지만 이 학문적인 논문은 거의 이해할 수가 없었다. 아내와 학교 친구들이 나누는 대화도 알아들을 수가 없었다. 그의 신앙은 그에게 매우 중요한 의미가 있었지만, 그저 "느낌"에 속하는 것이기 때문에 말로 옮기기가 무척 당혹스러웠다. 그들 부부는 결국 철학적인 토론보다는 실제적인 신앙의 표현을 통해서 영적인 순례를 가장 잘 공유할 수 있다는 결론에 도달했다. 첼시는 철학적 토론에 대한 욕구를 학교 친구들을 통해 충족시켰다. 그들 부부는 노숙자를 위한 교회 선교에 동참하였고, 이 일로 서로의 신앙을 만족스럽게 공유할 수 있었다.

영적인 이상과 현실의 잘못, 연약함의 괴리 때문에 느끼는 죄책감 역시 배우자가 영적인 문제에 관한 토의를 두려워하게 만들 수 있습니다. 우리의 "선포"와 "실천" 사이의 갭을 너무나도 잘 알고 있는 배우자와 함께 신앙을 공유할 경우 수치심을 느낄 수도 있습니다.

앨런은 27살이고 최근에 결혼하였다. 그는 그리스도교 가정에서 자랐지만, 부모사이에는 심각한 적대감이 존재했다. 팸과 결혼할 당시 그는 자신의 그리스도교적 이상을 실천할 수 있으리라 확신하였다. 팸에게 그토록 강렬하고 부적절한 방식으로 "엄마의 기질"을 드러내리라고는 상상도 못했었다. 그의 분노로 인해 둘 다 충격을 받았다. 앨런은 자신에 대한 환상에서 벗어났고, 팸에게 자신이 그리스도인이라고 소개한 것조차 수치스러웠다. 어느 날 저녁 부부관계 향상 피정에 참가한 그는 이렇게 선언했다. "결혼하기 전까지는 내가 아주 버젓한 그리스도인이라고 생각했어요. 하지만 이제 보니 팸에게 한 행동이 딱 이교도 같네요. 왜 교회에 다니는지 아내가 의아해한다는 것도 다 알아요." 계속해서 그는 당혹감과 죄책감 때문에 팸과 종교적인 문제를 논의하기가 꺼려진다고 말했다. 그는 분노를 평가하고 인정과 용서에 대해 신앙이 가르쳐준 것들을 탐구해 보기로 목회 상담가와 약속했다.

성별과 영성

앞장들에서 말했듯이, 우리는 자아를 통해서 자신과 타인, 주변 세계를 압니다. 우리의 정체성은 남자냐 여자냐에 따라 최종적으로 형성됩니다. 우리의 하나님 이해, 신과 인간의 만남의 의미, 그리고 우리가 예배를 드리고 신앙을 실천하는 과정이 우리의 남성성 혹은 여성성에 영향을 받는다는 것은 확실합니다. 우리의 영성이 중성적이고 우리의 성과 무관하다는 생각은 현실적이지 못합니다. 예를 들면 남자들은 영성을 키우기 위하여,

감정을 억누르도록 사회화된 성향과 상호적 친밀감을 의심하도록 사회화된 성향을 극복해야 합니다. 그런 성향은 하나님과의 관계를 멀리 떨어뜨려놓기 때문입니다. 한편 여자들은 뚜렷한 자아의식이 부족할 경우 하나님과의 관계에서 뒤로 쳐질 수 있습니다.

남편과 아내는 하나님이 누구신지, 하나님과의 접촉이 무엇을 의미하는지, 보편적인 영성은 무엇인지에 대해서 서로 다른 견해를 지닙니다. 때문에 배우자의 하나님 인식이 확장될 수 있도록 특유한 영적 경험을 공유할 수 있습니다. 영적 순례에 대한 부부의 상이한 관점도 배우자의 영성을 공유하고 배움으로써 강화시킬 수 있습니다. 남자와 여자에게 할당된 전통적인 특징들은 상이한 신앙 표현을 낳습니다.

루시와 길버트는 70년대에 대학에서 만나 결혼한 이후로 줄곧 부정에 맞서 싸워왔다. 하지만 그 방법은 사뭇 달랐다. 길버트는 우리 문화에서 남성적이라고 못 박아놓은 강한 특징들을 지녔다. 그는 자기주장이 강하고, 심지어는 공격적이기까지 하며, "정면" 대립도 개의치 않는다. 부정에 맞서기 위한 작업은 그의 말대로 "거리에서" 이루어진다. 조직적인 항의를 하고, 시의회 회의장을 방문하고, 편집자에게 공개서한을 보낸다. 한편 루시는 조용한 사람이고, 대립을 싫어한다. 부정과 싸우기 위한 그녀의 작업은 "중재"에 초점을 맞춘다. 더 많은 이해와 공감을 얻기 위해 그녀는 서로 다른 생활방식과 경험을 지닌 사람들을 함께 모아놓고 이벤트를 기획한다. 좀 더 깊은 이해와 평화와 정의를 가져올 수 있기를 바라면서. 예를 들어서 그녀는 "이성애자" 교인들이 동성애자들과 대화를 나눌 수 있도록 오찬회를 기획한다. 루시와 길버트는 서로의 선교적 표현을 완벽하게 후원해주며, 상대방이 "내 식대로" 따라와 주길 결코 원치 않는다.

소외감

영적인 여정을 공유하지 못하게 막는 또 하나의 장애물은 바로 사이가 멀어지는 것입니다. 배우자의 소외감은 영적 관심을 제대로 공유하지 못하게 막습니다. 이 분리의 경험으로 인한 분노, 슬픔, 외로움은 친교를 가로막습니다. 따라서 영적인 순례에 대한 공유 의식을 다시금 얻고 싶은 부부는 이 소외감을 극복해야만 합니다.

영적인 여정을 공유하는 데 방해가 되는 것들을 극복하고자
애쓰는 배우자를 둔 사람은 복이 있나니.

이 소외감을 극복하는 것은 영적인 친밀감에 아주 중요합니다. 다음으로는 용서와 화해에 초점을 맞춰보겠습니다.

회개, 고백, 용서, 그리고 화해

부부관계의 친밀감이 형성된 그 순간부터 우리는 배우자에게 관계 밖의 사람들보다 더 깊게 상처를 입힐 수 있는 힘을 얻게 됩니다. 배우자가 다른 사람들보다 더 완벽하게 우리를 알고 있기 때문에 우리는 스스로 취약해집니다. 배우자는 우리의 약점과 민감한 부분을 잘 압니다. 때문에 조롱, 비난, 불신, 부주의라는 화살을 우리의 취약점 한가운데에 쏠 수가 있습니다. 우리는 상처와 분노 때문에 똑같은 방법으로 복수하고픈 유혹을 느낍니다. 이 화살 때문에 생긴 상처는 소외감을 안겨주고 친밀감을 가로막습니다. 오로지 회개와 고백, 용서만이 분노와 비난, 고통의 사슬을 끊을 수 있습니다 — 나아가 치유와 화해의 길을 열어줄 수 있습니다. 고백과 회개가 제공되지 않을 경우 괴로움과 적의가 가득 차서 결국은 결혼생활을 망가뜨리는 암세포가 되고 말 것입니다.

공감과 화해

용서는 어렵습니다. 환멸감, 분노, 상처, 적의가 너무도 깊기 때문입니다. 용서는 공감을 통해서 부부가 서로의 입장에 서보고 배우자의 상황 인식을 이해할 때에야 비로소 가능해집니다. 이러한 공감은 쌍무적 관계입니다. 상처를 입힌 사람은 상처 입은 느낌을 이해하기 위해 노력하고, 상처를 입은 사람은 상처 입힌 사람의 개별이야기와 성격이 어떻게 애정이 없는 말이나 태도, 행동을 만들어내는지에 대해서 이해하려 애씁니다. 서로를 알고 알려주는 것이 중요합니다. 부부가 서로를 확인할 수 있게 해주고, 한편으로는 공식적인 고백과 회개를 표현하며 또 한편으로는 용서를 할 수 있도록 만들어주기 때문입니다.

고백과 회개

우리 행동으로 인해 배우자가 상처를 입고 멀어질 경우, 신앙에 따라 회개하고 고백해야 합니다. 회개는 배우자에게 상처를 입힌 것에 대해 책임을 인정하는 행위입니다. 고백은 상처를 입혀서 정말로 미안하다는 것을 말과 행동으로 전달하는 과정입니다. 변상이 가능할 경우, 그것은 회복의 행위라고 할 수 있습니다. 회개와 고백, 그리고 변상은 모두 통틀어서 사랑의 행위입니다. 상처 입은 배우자의 용서와 같은 것이죠.

회개와 고백은 말과 행동으로 인해 생긴 거리감을 다시 메워줄 수 있습니다. 회개와 고백은 상처를 치유해줄 수 있는 영적 결단입니다. 회개와 고백은 적의를 버리고 상처를 제거하기, 치유 과정을 시작하기, 친밀감을 회복하기, 이런 순서로 이루어집니다. 어떻게 이런 게 가능하냐고요? 진정한 고백과 회개는 배우자의 용서를 불러옵니다.

콜레트와 더글러스의 결혼생활은 안정적이었다. 하지만 콜레트는 요사이 부부관계를 방해하는 분노 때문에 목회 상담자를 찾게 되었다. 그녀는 임신을 했는데, 계획에 없었던 부방비한 성적 접촉 때문에 빚어진 결과였다.

더글러스는 사업 때문에 여러 날씩 시외로 출장을 다니는 일이 많았다. 최근 어느 날 콜레트는 "황금" 주말을 맞아 남편과 함께 시간을 보냈다. 첫날밤은 낭만적이었고, 둘 다 자극을 많이 받았다. 그러다가 성교로 이어질 무렵 콘돔이 없다는 사실을 알았고, 콜레트는 생리주기로 보아 임신하기 쉬운 시기임을 잘 알고 있었기에 그쯤에서 그만 두고 싶었다. 하지만 더글러스는 임신 확률이 낮다고 우기면서 목적 달성을 위해 밀어붙였다. 결국 콜레트는 자신의 판단에 반하여 "어느 정도" 동의하였다. 그렇지만 기본적으로는 "남편이 너무 우겨서" "양보한" 셈이었다.

이렇게 해서 그녀는 임신을 했다. 십대 아들이 셋이나 있고, 9년 전부터 다시 직장을 다니고 있는데 말이다. 그녀는 다시 아이를 키운다는 것에 아무런 흥미도 못 느꼈으며, 아이를 낳을 것인지 중절수술을 받을 것인지, 힘든 결정을 내려야만 했다. 성교를 "강요한" 남편에게도 너무나 화가 났다. 한편 더글러스는 아내에게 공격당한 느낌이 들었고, 자연히 방어적인 자세를 취하게 되었다. 그래서 임신에 대한 책임을 아내와 함께 지려고 했는데, 이로 인해 아내는 상처를 입고, 희생당한 느낌, 가치 없는 느낌, 고립된 느낌을 받게 되었다.

그는 아내가 바라지 않는 일을 밀어붙였다는 사실을 자기도 잘 안다고, 힘을 사용한 것에 대해 후회한다고 말했다. 그제야 비로소 아내의 분노가 수그러들었다. 그는 임신에 대한 걱정, 그들 앞에 놓인 힘든 결정에 대한 걱정을 표현하였다. 그러자 아내는 고립된 느낌에서 벗어나 부부가 함께 한다는 느낌을 받게 되었다.

용서의 선물

배우자를 위한 용서의 선물은 하나님의 사랑과 은총을 통해 우리에게 주어진 자비와 용서를 우리가 인정한다는 점을 반영합니다. 용서는 우리와 하나님의 관계를 회복시키며, 부부의 친교를 회복시킬 수 있는 힘도 지니고 있습니다. 용서는 하나님께서 우리에 대한 사랑을 표현하신 중요한 방법들 가운데 하나입니다. 그러므로 우리도 이 사랑을 모델로 삼아 배우자를 용서할 수 있습니다. 용서는 소외감을 극복하게 해주며, 더 깊은 친밀감을 향해 나아가고픈 충동을 일으킵니다.

행동의 변화

고백과 회개 다음에는 반드시 행동의 변화가 뒤따라야 합니다. 우리의 신앙은 용서하라는 요구를 자주 하지만, 그렇다고 해서 계속적으로 파괴적인 행동을 지속하면서 살라고 하지는 않습니다. 상처를 입힌 배우자는 고백과 회개 다음에 회복을 향한 움직임으로서 행동의 변화를 보여주고 싶을 것입니다. 상처 입은 당사자 역시 배우자가 변하겠다는 이 약속을 지속적으로 지켜줄 것을 기대할 것입니다. 부부는 욕구를 확인하고 여러 가지 방향으로 이끌어줄 서약을 성립하기 위하여, 제8장의 연습문제를 이용함으로써, 의도적으로 변화를 일으킬 수 있습니다.

값싼 용서

일부 그리스도인들은 용서란 자동적이어야 하고 신속해야 한다고 배웠습니다. 이렇게 값싼 용서는 갈등을 중지시키기 위해 베푸는 경우가 많습니다. 더 파괴적인 결과가 빚어질까 봐 두려워서 그러는 것이죠. 때로는 배우자의 행동 변화가 반드시 필요하다고 생각할 만큼 자아의식이 강하지 못한 사람도 값싼 용서를 베풀고 맙니다. 그렇지만 궁극적으로 값싼 용서는 상처 입은 사람을 그대로 방치해두는 것이며, 상처 입힌 사람 역시 성장할 수 있는 기회를 빼앗는 것입니다. 행동의 변화가 지속적으로 일어나지 않을 경우, 관계는 결코 친밀해질 수 없습니다.

망각이 아닌 용서

대중적인 개념과는 정반대로, 용서는 곧 망각을 의미하는 게 아닙니다. 적어도 상처 입은 기억을 날려버리는 것만은 절대 아닙니다. 우리는 루이스 스메데스가 〈용서와 망각〉이라는 책에서 "해방의 기억"이라고 일컬었던 것을 현명하게 실천할 수 있습니다. 기억한다는 것은 곧 상처를 진지하게 받아들인다는 것입니다. 기억은 부부가 교훈을 의식적으로 유지하게 해주고 또다시 같은 일을 되풀이하지 않도록 막아주므로 해방적인 행위입니다. 상처 입힌 사람은 행동을 변화시키기 위해 기억해야 합니다. 상처 입은 사람은 다음번에는 어디에서 경계선을 그어야 하는지 알기 위해, 그리고 너무 금방 지나치게 상처 입지 않는 방법을 찾기 위해 기억해야 합니다. 기억은 우리 자신과 유혹에 관해 알 수 있는 기회를 제공하며, 같은 죄를 반복하지 않도록 보호해줍니다. 기억은 좀 더 깊은 친밀감을 획득할 수 있도록 서약의 내용과 동기를 부여해줍니다.

서로에게 저지른 죄는 상처가 치유된 다음에도 여전히 흉터를 남깁니다. 하지만 이 흉터는 회복의 상징이 될 수 있으며, 우리가 한계를 인정하고 죄를 용서할 때 관계에서 회복할 수 있는 것들을 상기시켜줍니다.

물론 지속적으로 상처에만 초점을 맞추고 마음과 정신의 한가운데 모셔두는 것은 과거에 머물러 있는 것입니다. 그럴 경우 관계는 과거에, 그리고 절망에 매이고 맙니다. 반면에 용서는 미래를 내다보고 희망을 키워주는 새로운 미래이야기를 창조할 수 있도록 힘을 실어줍니다.

사랑은 공의로 이끈다

결혼생활에 관한 책인데 우리가 "공의"라는 단어를 써서 혹시 깜짝 놀랐나요? 하지만 그리스도교 신앙은 모든 관계에서 공의에 관심을 가질 것을 요구합니다. 히브리 예언자 미가는 올바르게 살지 못하면서 예배만 드린다고 하나님을 기쁘시게 할 수 있다고 생각하는 회중을 꾸짖습니다. 그는 하나님께서 정말로 바라시는 것에 대해 다음과 같이 상기시켜줍니다. "너 사람아, 무엇이 착한 일인지를 주께서 이미 말씀하셨다. 주께서 너에게 요구하시는 것이 무엇인지도 이미 말씀하셨다. 오로지 공의를 실천하며 인자를 사랑하며 겸손히 네 하나님과 함께 행하는 것이 아니냐?"(6장 8절) 이것을 부부들에게 적용시켜보자면, 서로의 관계가 공의와 정의, 친절과 겸손을 특징으로 하지 않는 한 하나님을 기쁘시게 할 수 없다고 말할 수 있겠네요.

우리 사회는 공의를 종종 바른 사람과 그른 사람을 구분하고 잘못한 사람을 처벌하는 차원에서 생각하는 경우가 많습니다. 하지만 성서에 나타난 공의의 개념은 조금 다릅니다. 그것은 모든 사람의 권리를 존중해주고 기본적인 욕구를 공동체가 채워주어야 한다는 하나님의 관심을 의미하기 때문입니다. 예언자 아모스를 통해 말씀하신 하나님의 기대도 바로 이것입니다. 아모스는 5장 21~24절에서 하나님께서 정말로 원하시는 것을 상기시켜줍니다. 24절을 읽어보세요. "너희는, 다만 공의가 물처럼 흐르게 하고, 정의가 마르지 않는 강처럼 흐르게 하여라."

정의의 성서적 개념은 사람들을 올바른 관계로 이끄는 데에 관심을 기울입니다. 래리 그래함은 〈사람을 돌봄, 세계를 돌봄〉이라는 책에서 이것을 가리켜 "관계적 공의"라고 부릅니다. 관계적 공의의 특징은 "권력의 공유, 기회의 공유, 보상의 공유"입니다. 관계적 공의는 "지배와 종속보다는 상호성과 호혜성을 추구함으로써" 하나님의 사랑과 정의를 나타냅니다(제5장을 읽어 보세요). 다른 사람들은 개인들 간의 공의를 "공정한 사랑"이라고 부릅니다. 간단히 말해서 부부간의 사랑은 사랑하는 배우자를 위해 정의를 추구하고 공의를 실천하겠노라는 약속을 포함합니다.

그렇다면 "관계적 공의"와 "공정한 사랑"의 구성 요소는 무엇일까요? 이 개념이 어떻게 우리와 배우자의 관계를 형성할까요? 지금부터 부부간의 관계적 공의의 특징들을 제시하겠습니다.

자유

하나님께서는 창조 때 우리에게 "자유의지"를 주셨습니다. 어떻게 살 것인지 선택할 수 있는 자유와 책임을 주신 것입니다. 우리는 자아를 형성하는 생리학적, 사회학적 실재에 따라 어느 정도 결정된다는 것을 아주 잘 알고 있습니다. 하지만 이 한계 속에서, 때로는 이 한계를 초월하여, 선택의 자유와 책임을 지닙니다. 이러한 자기-결정 능력은 선물입니다.

우리의 신앙은 우리 삶을 위한 하나님의 뜻을 확인하고 그 뜻대로 살려고 노력해야 하는 책임을 강조합니다. 개인적인 책임을 다하는 것이 통전성을 유지하기 위한 주요방법입니다. 부부는 각자가 자신의 삶을 통제하고 있다고 느낄수록 정의와 친밀감이 특징인 관계를 좀 더 잘 맺을 수 있습니다.

그러므로 공정한 사랑은 우리 배우자가 하나님의 자녀로서 자기-결정의 권리와 책임을 모두 지니고 있다는 사실을 인정합니다. 따라서 사랑하는 배우자는 이 자유의 옹호자가 될 것입니다. 바울은 우리에게 이 자유를 포기하지 말라고 경고합니다.

> 그리스도께서 우리를 해방시켜주셔서, 자유하게 하셨습니다. 그러므로 굳게 서서, 다시는 종의 멍에를 메지 마십시오. (갈라디아서 5장 1절)

배우자가 이 자유를 어떻게 행사할 것인지 결정을 내려야 할 순간이라면, 우리도 그런 선택의 권리를 후원해주어야 합니다. 전적으로 배우자에게 속한 결정권을 우리가 가로채서는 안 됩니다. 배우자의 삶에 "뛰어 들어서도" 안 되고, 우리의 뜻을 강요해서도 안 됩니다.

권한 부여

배우자의 자유 표현을 후원해주는 것 외에도, 공정한 사랑은 배우자의 의도적인 권한 부여를 요구하는 것입니다. 권한 부여란 배우자가 정체성과 소명에 관한 통찰을 발달시킬 수 있도록 함께 노력하는 것을 의미합니다. 배우자가 개인적인 자유를 주장하고 이 통찰을 실행에 옮길 수 있도록 격려해주는 것을 의미합니다. 공정한 사랑은 배우자가 특유의 은사를 발견해 내도록 돕고 이 은사를 관계 속에서 표현하도록 공간을 제공해주는 것입니다. 배우자가 심리적, 영적 성장을 이룩할 수 있게 돕는 것은 자유를 옹호해주기 위한 한 가지 방법입니다.

친절

미가는 하나님께서 우리가 "공의를 실천하길" 원하신다고 말하고 나서, "인자를 사랑해야 한다"고 덧붙입니다. 바울은 고린도전서 "사랑 장"에서 이렇게 말합니다. "사랑은 오래 참고 친절합니다 ……."(고린도전서 13장 4절) 공의와 친절을 연결 짓는 것은 부부관계에서 공정한 사랑을 평가할 수 있는 또 하나의 기준을 설명해줍니다. 친절하다는 것은 배우자가 이용당하거나 학대당한 느낌을 가질만한 행동을 모두 멀리하는 것을 의미합니다. 부정한 행위는 고통과 당혹감, 거부감, 낮은 자존감을 안겨줍니다. 그러나 공정한 사랑은 행복감을 증진시켜주는 방식으로 관계를 맺습니다. 부정이 발생했음을 알 수 있는 한 가지 방법은 배우자가 거절당한 느낌, 무시당한 느낌, 조롱당한 느낌을 가질 때입니다. 남편과 아내가 서로 경쟁할 수 있는 만족스러운 방법은 누가 더 친절한가로 경쟁을 하는 것입니다.

신실

관계적 공의는 배우자를 신실의 맥락에서 대우할 것을 요구합니다. 하나님의 의를 확인하는 것은 확고부동하게 서약에 헌신하는 것을 포함합니다. 배우자에게 뭔가 약속을 할 때나 관계에 대한 서약을 맺을 때, 관계적 공의는 신실하게 그 약속을 실행하라고 요구합니다.

대부분의 부부들은 결혼할 때 알게 모르게 성적 배타성에 관한 서약을 맺습니다. 외도가 보통 파괴적인 결과에 도달하는 것은 그 서약을 지키는 데 성실하지 못했음을 증명해주기 때문입니다. 말로 했거나 안 했거나, 서로 약속했던 것을 어겼을 때 상대방이 화를 내는 것은 "속았다"는 느낌이 드는 경우가 많기 때문입니다. 부당한 대우를 받았다는 생각이 들게 합니다.

공평

배우자가 불공평한 느낌이 들게 대우할 때 여러분은 사랑받지 못한다고 느낍니다. 마음속 깊은 곳에서 우리는 우리를 사랑하는 사람이 공평하게 대우해주리라고 기대합니다. 공정한 사랑은 평등과 공평에 대한 관심을 표명합니다.

경험상 우리는 삶이 공평하지 않다는 것을 잘 압니다. 하지만 우리는 공평의 원칙을 결혼과 가정생활의 규범으로 채용할만한 힘이 있습니다. 공정한 사랑은 언제나 관계를 평등 쪽으로 이끕니다. 그 속에서 부부는 기회와 특권, 보상뿐만 아니라 부담과 책임까지 공유합니다.

자비와 용서

공의의 개념은 종종 법치주의, 범법자들에 대한 처벌과 연결됩니다. 그렇지만 공정한 사랑은 언제나 자비, 용서와 철저히 통합됩니다. 우리는 배우자가 완벽할 수 없다는 사실, 그리고 우리가 사랑받고 싶은 방식대로 완전하게 사랑해줄 수 없다는 사실을 이해합니다. 우리는 인간의 한계를 인정합니다. 앞에서 말한 것처럼 배우자가 약속을 이행할 수 없거나 서약을 어기게 되었을 때에도 우리는 용서합니다.

평화

공의와 평화는 밀접하게 연결되어 있습니다. 평화는 공의가 실행되는 관계와 제도 속에서 더 많이 존재합니다. 결혼생활에도 똑같은 원동력이 작용합니다. 부부가 공의를 실천할 경우 갈등은 최소화되고 평화가 충만해집니다. 왜 그럴까요? 공의는 "위협적인" 상황을 줄여주며(제4장을 읽어보세요), 따라서 부부가 대면해야 할 분노와 갈등까지 줄여주기 때문입니다. 공의의 원칙이 지켜지는 곳에서는 갈등을 해소하기가 훨씬 더 쉽습니다.

결혼생활에서 공의를 지키기 위해 함께 노력하는 부부는 복이 있나니.

배우자가 부정과 맞서길 주저한다고 느낄 경우 거리감이 생기고 친밀감이 약해집니다. 감지된 부정을 인정하지 않는 한 결혼생활은 풍요롭지도 못하고 친밀감이 강해지지도 않을 것입니다. 결혼생활을 풍성하게 해주는 기본적인 서약은 부부 간에 감지된 부정을 인정하겠노라는 약속입니다. 만일 여러분이 감지된 부정을 인정하고 바로잡는 게 어렵다면, 부부 상담가를 찾아가세요. 서로의 경험을 좀 더 완벽하게 이해할 수 있도록 도와줄 것입니다.

결혼을 초월한 목적

삶의 의미를 발견하는 것은 풍요로운 삶을 발견하는 데 결정적인 역할을 합니다. 요즘에는 결혼에 대한 문화적 인식이 많이 변했음에도 불구하고, 결혼의 동화적 특성에 관한 문화적 신화가 여전히 건재합니다. 많은 사람들이 결혼을 구원이라고 믿고 있습니다. 올바른 짝을 만나기만 하면 일상생활의 실재로부터 멀리 떨어진 환희와 행복의 이상향으로 옮겨질 것이라고 말이죠. 결혼에 관한 이 같은 환상은 엄청난 환멸감을 불러일으킬 뿐만 아니라 우상숭배라는 신학적 문제까지 발생시킵니다. 아무리 멋진 결혼이라 할지라도 의미, 소명, 신앙, 구원, 윤리적 책임 등의 근본적인 영적 질문에 대한 궁극적 해답이 될 수는 없습니다.

비록 결혼이 하나님께서 주신 선물이고 사랑, 신뢰, 황홀감의 멋진 가능성을 담고 있다 할지라도, 우리 삶에 좀 더 큰 영적 의미를 안겨줄 수는 없습니다. 영적 성장을 함께 추구하는 부부는 서로를 향한 사랑을 바깥세상으로 돌려 타인을 사랑함으로써 의미와 행복을 발견할 것입니다. 그들은 사랑하는 부부관계 내에서 친밀감을 획득하는 것이야말로 궁극적인 최종 목표라는 생각을 거부합니다. 그들은 친밀감이 하나님의 사랑을 나타내며 이 세상에 화해의 사역자가 되기 위한 "도상의" 목표라는 사실을 인정합니다. 친밀한 그리스도인 부부는 사역을 공유하며, 관계 너머의 뭔가를 위해 헌신합니다. 친밀감은 사명을 가지고 세계로 나아갈 수 있도록 확고한 토대를 마련해줍니다.

사명을 공유한 부부는
복이 있나니.

서약 갱신 예식

고대 히브리 세계에서는 서약이 정기적으로 갱신되었고, 예식이나 의례를 통해 널리 공포되었습니다. 다른 부부들처럼 여러분 역시 매년 결혼기념일을 축하할 테죠. 특별히 외식도 하고 선물도 주고받으면서요. 관계가 발달하면 서약의 성격도 변할 수 있습니다. 부부가 심리적, 영적 성숙을 이룩해도 부부 서약의 성격이 변하게 됩니다.

어떤 부부들은 혼인 서약을 새로 쓰는 게 새로운 헌신의 신성한 차원을 승인하는 의미 있는 방법임을 깨달았습니다. 결혼 10주년이나 20주년에 결혼 서약을 다시 쓴다면, 결혼예식 때 무심코 따라했던 서약과 상당히 다르게 생각될 것입니다. 어떤 부부들은 서약 헌신을 기념할만한 특별한 기회를 마련하기도 했습니다.

연습문제: 혼인서약 갱신하기

위의 내용을 읽으면서 여러분은 심리사회학적 관점과 신학적인 관점에서 결혼에 대한 생각을 다시 한 번 해봤을 것입니다. 바라건대, 여러분과 배우자가 시간을 내서 개념을 재구성하고 좀 더 친밀한 관계로 이끌어줄 행동을 실천했으면 좋겠습니다.

1. 여러분의 헌신에 관하여 서로 무슨 말을 할 수 있을까요? 혼인서약의 갱신에 필요한 새로운 헌신을 모색할만한 시간을 마련하세요. 며칠 혹은 몇 주 동안 시간을 들여서 작성해보세요.
2. 한 걸음 더 나아가서 가족과 친구들, 신앙 공동체, 그리고 물론 하나님 앞에서 이 서약을 서로에게 표현할 수 있도록 예배의 상황을 만들 수 있을 것입니다.

추천도서

데이비드 아우스버거, 〈사람들이 용서하도록 돕기〉, Louisville, Ky.: Westminster John Knox Press, 1996.

_____, 〈용서의 자유〉, Chicago: Moody Press, 1973.

토마스 무어, 〈영혼의 친구〉, New York: HarperCollins Publishers, 1994.

루이스 스메데스, 〈용서와 망각: 부당하게 입은 상처의 치유〉, San Francisco: HarperCollins, 1996.

_____, 〈용서의 기술〉, New York: Ballantine Books, 1997.

제8장

여러분과 배우자가
진실로 원하는 것은 무엇입니까?
— 서약을 통한 변화

　결혼을 선택할 때 우리는 배우자가 우리의 욕구를 충족시켜 주는 데 관심을 보일 것이라고 생각합니다. 사실 연애 기간에 이 멋진 사람이 앞으로도 욕구를 충족시켜줄 것이라는 확신이 들지 않는다면 결혼을 결심하기가 어려울 것입니다. 우리 자신의 욕구를 충족시키려는 강한 충동 외에도, 우리가 사랑하는 사람에게 중요한 존재가 되고 또 그 사람의 욕구를 충족시켜줄 수 있기를 바라는 "충족시켜야 할 욕구"가 있습니다. 우리의 욕구와 배우자의 욕구가 균형을 이루게 하려는 노력, 그리고 그 두 가지 욕구에 반응하려는 노력은 친밀감에 공헌하는 주요요소입니다.

"의존적"이라는 단어는 이제 우리 사회에서 냉대를 받게 되었습니다. 이것은 기껏해야 미숙과 연약함을 의미하는, 최악의 경우에는 병을 의미하는 부정적인 단어가 되고 말았습니다. 하지만 몇 가지 욕구를 충족시키기 위해 배우자에게 의존한다고 해서 약해지거나 "부족해지는" 것은 아닙니다. 최고의 사랑과 친밀감을 경험하려면 상호의존적인 관계에 참여해야 합니다. 우리가 배우자에게 의존하기로 한 것은 소속의 욕구 때문입니다.

사실 우리 인간은 신체적, 심리적, 사회적, 영적 욕구를 지니고 있습니다. 이것들은 오로지 상호 관계의 맥락에서만 충족될 수 있습니다. 이 욕구들은 마음과 영혼의 굶주림이라고 말할 수 있습니다. 우리는 파트너십이 이 마음과 영혼의 굶주림을 "채워줄" 것이라고 기대하면서 결혼을 합니다.

욕구 충족은 부부에게도 매우 중요합니다. 그 과정을 통해서 신뢰가 발달하기 때문입니다. 어떻게 해서 돌봄이 신뢰로 이어질까요? 만일 어떤 사람이 반복적으로 나를 돌봐준다면, 나는 그 사람에게 나의 행복이 중요하다고 믿기 시작할 것입니다. 내 행복이 중요하다는 사실을 깨닫고 나면, 그 사람이 나에게 해를 입히거나 상처를 주는 것보다는 후원해주고 강화시켜주고 양육해주는 방식으로 나와 관계를 맺는다고 믿을 수 있을 것입니다.

루이스는 브렛을 신뢰하는 게 어렵다고 계속해서 말했다. 하지만 브렛은 루이스가 자신을 믿지 못할 사람이라고 생각하게 만들 만한 일을 저지른 적이 없다. 이런 불신감을 안겨준 상황을 조심스럽게 탐구해 본 결과, 루이스는 자신의 걱정거리가 뭔지를 알게 되었다. 종종 브렛은 아내를 도와주려는 의도에서 뭔가를 대신 해주기로 약속하곤 했다(창고에서 뭔가를 가져다준다거나, 허드렛일을 해준다거나, 전화를 걸어주기로). 그런데 곧잘 그 약속을 잊어먹거나, 지킬만한 시간을 따로 마련하지 않았다. 루이스는 이혼 가정에서 자랐는데, 어머니와 함께 살았다. 따로 살던 아버지는 루이스와 약속한 것을 자주 잊어버리거나 시간이 없다고 말했다. 루이스는 아버지가 믿을 수 없는 사람이라고 생각했다. 그녀는 브렛을 이런 식으로 생각하지 않도록, 그가 정말 실천할 수 있는 일만 약속해주기를 원하는 자신의 욕구를 확인하였다. 그리고 브렛의 행동이 변하자 그녀의 신뢰는 높아졌고, 친밀감도 강해졌다.

배우자의 욕구를 충족시켜주는 것은 헌신을 표현하고 사랑을 표현하는 확실한 방법입니다.

욕구 충족이라고 하는 이 개념은 돌봄, 신뢰, 사랑과 명백히 연관되기 때문에 우리의 부부관계 향상 프로그램에서 중심을 차지하게 되었습니다. 친밀감을 강화시키고자 노력하는 부부라면 서로의 욕구를 확인하고 이 욕구를 충족시켜줄만한 행동을 취해야 합니다.

욕구 확인하기

욕구 충족은 우리 배우자를 돌보는 중요한 방법이며, 친밀감의 주요특징들 가운데 하나입니다. 친밀한 결혼생활을 하고 있다고 믿는 부부는 서로의 욕구 충족을 위해 헌신합니다. 그들은 서로가 만족감과 연결감을 느낄 수 있는 일에 동참합니다. 그러므로 배우자를 사랑한다는 것은 배우자의 욕구와 소망을 진지하게 받아들이는 것도 됩니다. 실제로 우리는 갈등이 생기고 해소 과정이 명백해질 때까지 배우자의 욕구가 뭔지 알 수 없는 경우가 많습니다.

그러면 출발점은 어디일까요? 앞장들에서 우리는 결혼생활에 관하여 많은 생각과 느낌들을 확인해볼 수 있는 기회를 가졌습니다. 그 가운데에는 부부관계를 풍요롭게 해줄만한 통찰을 제공해주는 새로운 개념들도 있었습니다. 이 새로운 생각들은 모두 욕구로 번역될 수 있다는 점을 주목하세요.

첫째, 우리의 욕구를 확실히 알아야 합니다. 우리는 종종 자신의 욕구를 깨닫지 못하는 경우가 많습니다. 물론 그 욕구가 배우자에게 기대하는 것들에 어떻게 영향을 미치는지도 전혀 모르지요.

주안은 소란스럽고 혼란스런 가정에서 자랐다. 우유부단과 불확실은 항상 그 가족의 일부분이었다. 아내 레바와 함께 상담을 받게 되었을 때, 그들은 어린 두 아들과 어떤 식으로 관계를 맺어야 하는지에 대해서 갈등을 겪고 있었다. 주안은 너무 소란스럽고 혼란스러울 경우 자신이 불안하고 절망스러워진다는 점을 깨달았다. 그는 자신이 얼마나 절실하게 평화와 안정을 원하고 있는지 알 수 있었다. 레바는 남편의 말에 주의 깊게 귀를 기울인 다음, 그 욕구를 채워줄 수 있는 방법을 찾기 위해 함께 노력했다. 그리하여 그들은 아이들의 정상적인 자발성을 무너뜨리지 않으면서 가정생활에 좀 더 체계적으로 접근할 수 있는 변화들을 모색할 수 있게 되었다.

둘째, 배우자의 욕구에 대해 알 수 있도록 관심을 가지세요. 사랑이 있다면 배우자에게 특별한 방식으로 돌봄을 선사할 수 있는 방법을 알고 싶어질 것입니다.

다음 연습문제는 조금 위험하게 느껴질 수도 있습니다. 이제까지 한 번도 이런 욕구를 전달해본 일이 없기 때문입니다. 여러분의 욕구를 확인하고 또 배우자의 욕구를 확인하려 애쓰다가 자칫 배우자에게 상처 입기 쉬운 상태가 될 수도 있습니다. 여러분의 욕구와 배우자의 욕구를 이해하기 위해 노력하는 것이야말로 돌봄의 행위이기 때문입니다.

연습문제: 여러분과 배우자의 욕구 확인하기

아래 연습문제에서 여러분은 지금 이 순간 여러분과 배우자에게 가장 중요한 욕구가 무엇인가 하는 인식을 발달시킬 수 있을 것입니다. 아무런 논의도 없이 혼자서 이 연습문제를 끝마칠 수 있다면 좀 더 많은 도움이 될 것입니다. 우리는 부부 치료와 부부관계 향상 그룹에서 많은 부부들이 얘기했던 여러 가지 욕구들을 목록으로 작성하였습니다. 맨 아래 빈 줄에는 여러분이나 배우자에게 중요한 특정 욕구들을 적어 넣으세요.

첫째, 이 목록을 죽 훑어본 후 지금 이 순간 '여러분'에게 가장 중요한 욕구가 무엇인지 확인하세요. 물론 여러 가지가 중요하겠지요. 하지만 여기에서는 일곱 개까지만 선택할 수 있습니다.

둘째, 이 목록을 다시 한 번 읽어보고 '배우자'에게 가장 중요한 욕구를 일곱 개 선택하세요.

오른쪽의 평가란은 나중에 하도록 남겨 두세요.

서로의 것을 비교할 때에는 이 연습문제의 목표가 자기주장이나 방어가 아니라 공유와 해석, 이해라는 사실을 명심하세요. 여러분의 생각을 완벽하게 표현하려면 제3장에서 소개한 자각의 바퀴를 이용하세요. 목표는 "의미 공유"에 도달하는 것입니다. 배우자가 여러분을 이해할 수 있도록, 연습문제에서 밝힌 여러분의 욕구를 설명하고 증명하는 데 집중하세요. 배우자는 여러분에 관하여 전혀 몰랐던 것을 새로이 알 수 있을 것이며, 따라서 전보다 나은 방식으로 여러분을 사랑할 수 있을 것입니다.

귀 기울여 듣고 난 후 여러분은 새로이 알게 된 사실에 대해 깜짝 놀랄 수도 있습니다. 배우자는 뭔가 중요한 것을 상징하기 위해 하나의 단어나 표현을 확인, 해석했을지도 모릅니다. 좀 더 서로를 돌봐주는 부부가 되기 위하여 미래를 향해 나아갈 수 있도록 "배우자의 출발점"을 이해하는 데 집중하세요.

여러분이 서로의 욕구를 충족시키고 있는, 서로에 대한 사랑을 전달하고 있는 여러 가지 방법들을 실천하세요.

여러분과 배우자의 욕구는 무엇입니까?

여러분이 현재 가장 간절히 원하는 욕구를 일곱 가지 선택하세요. 그 욕구가 충족되었든지 안 되었든지 간에, 오른쪽 "나의 욕구"란에 "X" 표를 하세요.

이번에는 배우자가 이 관계에서 바라는 욕구에 집중하세요. 지금 이 순간 배우자에게 가장 중요하다고 생각되는 욕구 일곱 가지를 선택하고, "배우자의 욕구"란에 "Y" 표를 하세요.

이 목록에서 빠진 욕구가 있다면 맨 아랫줄에 첨가하세요.

욕구	나의 욕구	배우자의 욕구	충족되지 못함 1	2	3	잘 충족됨 4	5
개인적 성장/자기-발견 후원해주기							
놀이시간/여가/재미 공유하기							
위로와 이해							
종교적 가치관 공유							
사생활/"공간" 늘려주기							
평화와 안정							
모험과 흥미							
의존적인 태도							
특별한 존재가 되기							
신실하고 정직한 관계							
직업/소명 후원해주기							
나를 있는 그대로 받아들여주기							
의미 있고 심층적인 대화							
정서적 안정							
신체적 접촉/애정/다정							
나를 필요로 해주기							
동료애/시간을 함께 보내기							
가사 분담							
재정적 안정							
재능과 은사 인정해주기							
미래의 목표/목적 공유							
지적인 자극							
좀 더 성적인 관계							
육아 분담							
용서							
정서적 친밀감							
독립적인 존재가 될 수 있는 자유							
친구 부부들 공동체							
좀 더 창의적인 갈등 해소							
부부로서의 영적 성장							

이제 여러분이 선택한 욕구들이 얼마나 잘 충족되고 있는지 생각해보고 맨 오른쪽 칸에 "X"표를 하세요. 그런 다음 배우자에게 가장 중요하다고 생각하는 욕구들이 얼마나 잘 충족되고 있는지, 해당되는 쪽에 "Y"표를 하세요.

여러분과 배우자의 욕구는 무엇입니까?

여러분이 현재 가장 간절히 원하는 욕구를 일곱 가지 선택하세요. 그 욕구가 충족되었든지 안 되었든지 간에, 오른쪽 "나의 욕구" 란에 "X" 표를 하세요.

이번에는 배우자가 이 관계에서 바라는 욕구에 집중하세요. 지금 이 순간 배우자에게 가장 중요하다고 생각되는 욕구 일곱 가지를 선택하고, "배우자의 욕구" 란에 "Y" 표를 하세요.

이 목록에서 빠진 욕구가 있다면 맨 아랫줄에 첨가하세요.

욕구	나의 욕구	배우자의 욕구	충족되지 못함		잘 충족됨		
			1	2	3	4	5
개인적 성장/자기-발견 후원해주기							
놀이시간/여가/재미 공유하기							
위로와 이해							
종교적 가치관 공유							
사생활/"공간" 늘려주기							
평화와 안정							
모험과 흥미							
의존적인 태도							
특별한 존재가 되기							
신실하고 정직한 관계							
직업/소명 후원해주기							
나를 있는 그대로 받아들여주기							
의미 있고 심층적인 대화							
정서적 안정							
신체적 접촉/애정/다정							
나를 필요로 해주기							
동료애/시간을 함께 보내기							
가사 분담							
재정적 안정							
재능과 은사 인정해주기							
미래의 목표/목적 공유							
지적인 자극							
좀 더 성적인 관계							
육아 분담							
용서							
정서적 친밀감							
독립적인 존재가 될 수 있는 자유							
친구 부부들 공동체							
좀 더 창의적인 갈등 해소							
부부로서의 영적 성장							

이제 여러분이 선택한 욕구들이 얼마나 잘 충족되고 있는지 생각해보고 맨 오른쪽 칸에 "X" 표를 하세요. 그런 다음 배우자에게 가장 중요하다고 생각하는 욕구들이 얼마나 잘 충족되고 있는지, 해당되는 쪽에 "Y" 표를 하세요.

물론 배우자의 욕구를 전부 다 충족시켜준다는 것은 불가능한 일입니다. 책임 때문에 너무 큰 부담을 지게 될지도 모릅니다. 하지만 우리는 배우자가 자신의 욕구를 충족시킬 수 있는 방법을 찾아내도록 힘껏 도울 수 있으며, 그리하여 배우자를 좀 더 적극적으로 후원해줄 수 있습니다.

어떤 욕구는 나이를 먹고 인생 단계가 높아짐에 따라 변화합니다. 어느 한 시점에서는 대학 과정을 마칠 수 있도록 후원해주기를 원할 수 있지만, 그것은 한시적인 욕구입니다. 자녀 양육기에는 둘 다 육아를 도와주는 것이 최우선 욕구라고 말할 수 있지만, 나중에는 이런 욕구가 더 낮은 우선순위를 차지하게 됩니다. 어떤 욕구들은 한 사람의 이야기가 지니는 고유성 때문에 지속적으로 유지됩니다. 예를 들어서 자신이 적절한 사람이라는 사실을 믿기가 힘든 남편의 경우, 지속적으로 확언을 요구할 수 있습니다. 또 혼란스러운 배경을 지닌 아내의 경우, 안정에 대한 지속적 욕구를 지닐 것입니다.

이 순간 여러분은
서로에게 얼마나 영향을 미치고 있나요?

부부의 친밀감을 측정하는 자는 배우자의 욕구 충족을 위해 얼마나 헌신하느냐입니다. 배우자가 여러분의 욕구를 충족시키는 데 관심이 있다고 생각될 경우 여러분은 그 욕구가 만족스러운 방식으로 관심을 못 받을 때보다 좀 더 친밀감이 깊다고 생각할 것입니다. 따라서 어느 정도 여러분의 욕구가 충족되었다고 느끼는지를 배우자에게 전달해주는 게 중요합니다.

연습문제: 여러분의 경우는 어떤가요?

위의 연습문제에서 여러분과 배우자에게 중요한 이 일곱 가지 욕구가 어느 정도 충족되고 있다고 생각하는지를 평가할 수 있습니다. 이것은 관계를 변화시키고 친밀감을 강화시키기 위한 방법을 찾아내기 위해 한 걸음 더 나아가는 것입니다. 그런 자각을 공유한다는 것은 자칫 불평이나 비난처럼 여겨질 수도 있습니다. 하지만 부디 결단을 내리십시오. 연습문제의 맨 아랫부분에 실어놓은 평가지침에 따르세요.

자, 이제는 여러분의 평가를 배우자와 함께 논의해보세요. 가능한 한 자세하게 평가의 이유를 설명해주세요. 배우자가 표시한 것들에 대해 말다툼하지 않고 서로에게 배울 수 있도록 제3장의 대화 부분에서 배운 것을 이용하세요. 이 욕구들을 만족스럽게 충족시키는 것, 그리고 여러분이 부부관계에서 느끼는 돌봄과 친밀감의 정도가 서로 어떤 관계에 있는지를 주목하세요.

이 연습문제의 장기적인 목표는 서로에게 중요한 욕구를 알아냄으로써 좀 더 효과적으로 서로를 사랑하고 돌볼 수 있는 방법을 찾아내는 것입니다. 여러분은 배우자를 사랑하고 있으므로, 이 연습문제를 통해서 배우자가 사랑받길 원하는 방식으로 사랑해줄 수 있는 방법을 모색할만한 기회를 포착하게 됩니다. 더 이상 배우자가 사랑받기 원하는 방식을 추측하거나 상상하지 않아도 되는 것이지요.

욕구 충족은 상호적이어야 합니다. 다시 말해서, 한 사람이 계속 베풀기만 하고 받을 기회가 그리 많지 않다면 불공평하다는 느낌이 들기 시작할 것입니다. 물론 해고나 질병, 임신, 부모의 죽음처럼 위기 상황에 처했을 때에는 욕구가 더 많아지는 반면 배우자에게 베풀만한 에너지는 거의 안 남을 수도 있겠지요.

충족되지 않은 욕구와 사랑받지 못한다는 느낌

우리들 대부분은 배우자가 정말로 사랑한다면 우리 욕구를 충족시키는 데 관심을 쏟을 것이라고 생각합니다. 그렇기에 배우자가 우리 욕구를 채워주기 위해 노력하지 않을 경우 정말로 우리를 사랑하는지조차도 불확실해지는 것이지요 — 이것은 친밀감보다는 실망과 거리감만 안겨줍니다. 부부 치료 상황에서 불만족이나 갈등은 대체로 배우자가 욕구 충족에 전혀 관심을 안 기울인다거나 욕구 충족을 노골적으로 방해하고 있다는 인식과 연결되는 경우가 많습니다.

리스턴과 모닌은 불행한 결혼생활 때문에 부부 치료를 받았다. 그들 사이에는 분노가 지속되는 것 같았고, 그들은 자주 "말다툼"을 했다. 우리는 그들에게 분노가 되풀이해서 발생하는 상황을 알아보라고 부탁했다. 그 결과, 리스턴이 샤워 후에 욕실용 매트를 욕조 한 쪽에 치워두지 않는 것, 샤워 커튼을 다시 젖혀두지 않는 것 때문에 갈등이 자주 빚어진다고 설명했다. 모닌이 가장 확실히 원하는 것은 "깔끔하게 정돈된" 욕실이었다. 그렇지만 좀 더 깊숙한 내면에 있는 욕구가 드러난 것은 그녀가 눈물을 흘리면서 이렇게 말했을 때였다. "남편 말처럼 정말로 날 사랑한다면, 나에게 가장 중요한 일인 걸 잘 알면서 하루에 5초도 투자하지 않을 리가 있겠어요?" 사랑받는다고 느끼고 싶은 그녀의 욕구는, 욕실을 똑바로 정리해 달라는 외면적인 욕구와 더불어 사랑받고 있다고 느끼고 싶은 내면적인 욕구까지 충족시켜줄 수 있는 남편의 행동과 연결되어 있었다.

배우자의 욕구에 주의 깊게 관심을 기울이는 부부는 복이 있나니.

배우자의 욕구를 오해하는 것

배우자를 사랑한다고 해서 배우자의 욕구를 이해하고 있다고 장담할 수는 없습니다. 그렇지만 대부분의 부부들은 배우자가 원하는 걸 잘 알고 있다고 생각하며, 따라서 자신은 배우자의 욕구를 충족시켜주고 있다고 생각했는데 사실은 그게 아니라는 것을 깨닫게 될 경우 깜짝 놀라고 맙니다.

가족이야기

우리의 의식적, 무의식적 가정은 우리의 역사에서 중요했던 어른들이 어떤 식으로 욕구를 표현했는가에 근거한 것입니다. 우리는 부모나 다른 중요한 어른들처럼 배우자도 똑같은 욕구를 지니고 있다고, 그리고 똑같은 방식으로 그 욕구가 충족되길 원한다고 생각하기가 쉽습니다. 특히나 배우자와 성별이 같은 어른의 경우 더더욱 그렇지요.

> 나(주디)는 매일 저녁 아버지가 퇴근하실 때마다 어머니가 뜨끈한 음식을 많이 준비하는 모습을 보고 자랐다. 아버지는 건설현장에서 신체적인 힘이 많이 요구되는 작업을 하는 분이었기에, 퇴근 무렵이면 상당히 배가 고팠고, 그래서 식사 준비가 다 되어 있기를 원했다. 앤디와 결혼할 당시 나는 그도 뜨끈한 음식을 많이 먹을 것이라고 생각했다. 하지만 앤디는 하루 종일 책상 앞에 앉아 일하는 사람이기에 그리 많이 먹지를 않았고, 뜨거운 음식은 정말로 싫어했다. 농구나 테니스를 한 후에도 그는 별로 배고파하지 않았다. 나는 앤디가 어느 정도 음식을 먹어야 하는지를 결정짓는 전문가처럼 행동했다. 음식을 많이 먹어야 한다는 내 기대 때문에 부부간의 갈등이 심해졌다.

배우자의 신체적, 정신적 고유성을 명심하세요. 배우자가 여러분이 성장기에 겪은 "이것저것"을 똑같이 겪었을 것이라고 생각하지 마세요.

투사

우리는 배우자에게 자신의 욕구(그리고 이 욕구가 채워지길 원하는 방법)를 투사함으로써 잘못된 길로 접어들 수 있습니다. 대개 우리는 자신이 원하는 것을 다른 사람들도 똑같이 원할 것이라고 생각하는 경향이 있습니다.

> 헬렌은 아플 때 혼자 있고 싶어 한다. 아주 최소한의 서비스와 상대만 원한다. 말하거나 듣는 것, 혹은 누군가 자기 방에서 베개를 부풀려준다거나 계속해서 뭐 먹고 싶거나 마시고 싶은 건 없냐고 묻는 걸 싫어한다. 그래서 남편 로이도 당연히 똑같은 걸 원할 것이라고 생각한다. 남편이 아플 때 헬렌은 혼자 내버려둔다. 꼭 필요한 것만 챙겨주고, 그 상황에 관한 대화나 후원의 말은 거의 해주지 않는다. 하지만 로이는 아플 때 함께 있어주길 원한다. 음식을 먹여주고, 마음을 달래주고, 애처롭게 여겨주길 원한다. 따라서 헬렌이 자기를 무시하는 것처럼 여겨진다. 돌봐주지 않을 뿐만 아니라 심지어는 자신을 버려두기까지 하는 것 같다.

배우자의 욕구를 충족시켜주려면 배우자가 원하는 것을 분명히 밝히도록 초대하는 것이 무척 중요합니다. 사실 배우자가 사랑받길 원하는 방식으로 우리도 그 사람을 사랑해주고 싶으니까요.

연습문제: 아플 땐 무엇을 원하나요?

아플 땐 어떤 대우를 받고 싶은지 배우자와 이야기 나눠보세요, 그러면 배우자가 아플 때 무엇을 좋아하고 무엇이 필요한지 알 수 있을 것입니다.

우리는 서로의 차이점 때문에 배우자가 표현한 욕구를 분명히 이해하지 못할 수도 있습니다. 그럴 경우, 우리가 이해하지 못한다는 사실을 부인하고 그저 배우자가 그런 욕구를 상상하고 있을 뿐이라고 생각하고픈 유혹이 생길 것입니다. 이런 식으로 반응하는 것은 우리가 배우자의 욕구를 잘 알 수 있을 정도로 매우 현명하다는 생각 때문입니다. 이러한 접근은 배우자의 고유성을 부인하는 것이며, 개인적인 욕구를 인정하고 표현할 수 있는 배우자의 능력을 무시하는 것입니다.

성별에 따른 가정

성별의 차이가 친밀감을 저해할 수도 있습니다. 우리는 배우자에게 남자와 여자가 원하는 것에 관한 문화적 전형을 부과하여, 배우자가 고유하게 원하는 실제적 욕구들보다는 그저 전형적인 욕구를 채워주기 위해 노력할 수도 있습니다. 따라서 항상 배우자의 목소리에 귀를 기울여야 합니다.

이 시점에서 성별에 따른 특유한 관심들을 짚고 넘어가야겠네요. 대부분의 남자들처럼 앤디는 "남성의 자기만족 신드롬" 속에서 성장했습니다. 남자다우려면 (겁쟁이처럼) "부족한" 사람이 되지 말아야 한다고 교육받아왔던 것이죠. 더욱이 그는 욕구가 생길 경우 스스로 해소해야 한다고 배웠습니다. 일반적으로 남자들은 자신의 욕구를 밝히거나 충족시켜 달라고 부탁하는 일에 별로 익숙하지 못합니다. 한편 여자들은 보통 남자의 욕구를 알아내서 충족시켜주라고 교육받아왔기에, 자신의 욕구를 알아내고 전달하는 일에는 별로 능숙하질 못합니다. 앞의 욕구 확인하기 연습문제에서 여러분은 자신의 욕구를 적는 게 더 쉬웠습니까, 아니면 배우자의 욕구를 적는 게 더 쉬웠습니까?

서약

이제 욕구를 확인했으므로 친밀감을 향해 나아가는 쪽으로 행동을 변화시킬 수 있게 되었습니다. 물론 쉬운 일은 아닙니다. 하지만 배우자에게 의미 있는 방식으로 사랑을 베풀 마음만 있다면 얼마든지 성공할 수 있습니다. 우리가 부부관계 향상 프로그램과 부부치료 상황에서 그동안 효과적이라고 판단한 행동 변화 과정은 바로 "서약하기" 입니다.

우리 사회에서는 종종 계약서를 통해 법적으로 협상이 체결됩니다. 이렇게 구속력이 있는 문서는 협상을 지키도록 만드는 것이 목적입니다. 만약 계약을 실행하지 못할 경우 소송에 휘말리게 됩니다. 결혼에 관한 최근의 저서들을 보면, 부부간의 계약 체결을 강조합니다. 하지만 "계약"은 너무 비개인적인 것 같고, 부부를 서로 적이 되게 하는 것 같습니다.

반면에 서약은 사랑과 헌신으로 자유롭게 이루어지는 약속입니다. 서약은 기대나 요구가 아니라 배우자를 위한 선물입니다. "서약"이라는 개념은 유대교-그리스도교 전통에서 오랜 역사를 지니고 있습니다. "서약"은 특별한 협상뿐만 아니라 관계에 대해서까지도 신실을 약속한 두 사람간의 상호적 헌신을 설명하기 위한 개념입니다. 물론 계약도 두 사람 사이에 맺어질 수 있습니다. 하지만 서로 사랑하고 돌봐주기로 헌신한 두 사람 사이에 맺어지는 것은 바로 서약입니다.

계약을 어겼을 경우에는 처벌을 받을 수 있습니다. 보통 계약을 체결할 때에는 쌍방 간에 개인적인 관계를 맺지 않습니다. 하지만 서약은 중요한 관계에 있는 사람들 사이에 이미 형성된 신뢰를 의미합니다. 계약은 반드시 법적이며 엄격해야 합니다. 하지만 서약은 역동적이고 유동적입니다. 서약은 변화하는 상황에 맞게 적용할 수 있습니다. 부부가 삶의 상황에 맞게 살아가려면 지속적으로 서약을 갱신해야 합니다. 서약이 유지되지 않을 경우 우리는 어쩌면 상처입고 분노하게 될지도 모릅니다. 하지만 계약과 달리, 서약을 어겼을 경우에는 자비와 용서를 베풀 수가 있습니다.

서약하기

다음은 수많은 부부들이 서약에 도달할 수 있도록 인도해준 과정입니다. 처음엔 다소 인위적인 것처럼 여겨지겠지만, 몇 번 사용해보고 나면 금세 편안해질 것입니다.

연습문제: 서약하기

앞의 연습문제에서 여러분이나 배우자 혹은 두 사람 모두가 "약간 충족되었음"에 표시한 욕구를 한 가지 선택하세요. 그리고 다음의 절차를 따라보세요.

1. **약속하기** : 서약의 과정은 재빨리 끝마칠 수 있는 그런 게 아닙니다. 관계를 풍성하게 해줄 것 같은 중요한 생각과 느낌들을 공유하기 위해서 꼭 필요하다고 여겨지는 것을 배우자에게 설명해주세요. 둘이서 아무런 방해도 받지 않고 대화할 수 있는 기회를 포착하세요.

2. **환경 꾸미기** : 전화는 자동응답 모드로 돌려놓고, 텔레비전은 끄세요. 자녀들도(방법이 있다면) 방해가 안 되게 하세

요. 몇 분간만 배우자의 방해나 대꾸 없이 자신을 표현할 수 있게 해달라고 요청하세요. 여러분이 욕구를 찾아낼 책임을 지고 있다는 사실을 확신시켜주세요. 그리고 친밀감에 기여할만한 해결책을 모색하는 일에 배우자를 초대하고 싶다고 확실히 말하세요.

3. **욕구, 문제, 좌절, 혹은 걱정에 관한 인식 설명하기** : 제3장에서 설명한 자각의 바퀴를 이용하여, 여러분의 욕구에 관하여 알고 있는 것들을 조심스럽게 이야기하세요. 이 욕구의 상황을 제공해주는 정보, 이 욕구가 생겨난 원인에 대한 해석, 이 욕구가 무엇을 의미하는지에 대한 해석, 이 욕구로 인해 발달한 감정, 그리고 여러분이 고려하고 싶은 행동들도 함께 설명하세요.

4. **의미를 공유하기 위해 노력하기** : 해결책을 찾기 위한 노력을 기울이기 전에 먼저 제3장에서 설명한 "의미 공유"에 도달해야만 합니다. 의미를 공유한다는 것은 곧 여러분이 이야기한 내용에 관하여 배우자더러 피드백을 달라고 요구하는 것입니다. 그렇게 하면 배우자가 정확하게 들었는지 안 들었는지를 알 수 있습니다. 그런 다음엔 여러분의 욕구에 대한 설명을 반복하거나 확대해야 할 필요도 있겠지요. 이 과정의 목표는 여러분과 배우자가 "이해하고 있는 내용이 같다"는 것, 그리고 이 과정을 겪는 동안 두 사람이 똑같은

문제를 이야기하고 있다는 것을 확인하는 것입니다.

5. **가능한 행동 변화에 관하여 브레인스토밍하기** : 욕구를 확인한 다음에는 이 욕구를 충족시킬만한 여러 가지 가능한 행동들을 생각해내기 위하여 둘이서 창의적인 상상력을 발휘할 수 있습니다. 처음 떠오른 생각에 머무르지 마세요; 가장 확실한 대답이 가장 창의적인 대답은 아니니까요. 배우자가 욕구를 이야기할 때 여러분은 모든 문제를 한꺼번에 해결해줄만한 획기적인 변화를 생각해내야 한다고 느낄지도 모릅니다. 하지만 배우자가 원하는 건 방법을 제시하는 과정에 참여해주는 것입니다. 효과가 있을만한 시나리오를 아주 여러 모로 작성해보세요.

6. **행동계획에 동의하기** : 온갖 가능성들 가운데 한 가지를 골라서 조심스럽게 행동 계획을 세워보세요. 이 행동 계획은 두 사람이 동의한 것이어야 한다는 점을 명심하세요. 두 사람이 동의한 계획이 아닐 경우, 배우자의 분노 때문에 실패할 위험이 큽니다. 어쩌면 가능성이 희박한 행동 변화를 요구하는 계획에 동의할 수도 있습니다. 하지만 그럼에도 불구하고, 배우자를 향한 사랑 때문에, 이 변화가 원하는 결과를 가져오는지 알아보려고 서약 기간만큼은 기꺼이 변화할 것입니다.

세부사항까지 덧붙이고, 가능한 한 많은 문제들을 고려해보세요. 그래야 계약이 효과를 발휘할 기회가 많아집니다.

알렌과 조다단은 부부가 더 많은 시간을 함께 해야 한다는 두 사람의 욕구를 충족시키는 데 동의하였다. 그리하여 금요일 밤은 함께 보내기로 서약하였다. 또 여기에 세부 사항을 많이 추가했다. 누구를 베이비시터로 고용할 것인지, 밤 데이트 계획은 어떤 순서로 세울 것인지 결정하였다("어딜 가고 싶어?"/"난 상관없어"라는 논쟁에 휘말리지 않도록). 그리고 외출 준비를 몇 시에 마칠 것인지도 결정하였다.

행동 계획에는 일반적인 생각이 아니라 구체적인 행동이 포함되어야 합니다. 두 사람 모두 서약이 지켜지고 있는지를 분명히 알 수 있도록 말이죠. 구체적인 행동들을 정해두지 않을 경우에는 평가가 불가능합니다(아래를 보세요). 그러므로 행동 계획에는 "노력하겠다"는 말을 써서는 안 됩니다. 상대방이 얼마나 "노력했는지" 측정할 수가 없기 때문입니다. "좀 더 많은 시간을 함께하도록 노력할게요." 이 노력을 어떻게 측정할 수 있단 말인가요? 하지만 앞으로 3주 동안 금요일 저녁마다 7시부터 10시까지 시간을 함께 보내겠다고 결정한다면, 3주 동안 정말로 그 서약을 지켰는지 못 지켰는지 금방 알 수 있습니다.

7. **계획/서약 기록하기** : 이상하게 들릴지 모르겠지만, 부부는 서약 때문에 오히려 갈등을 겪을 수도 있습니다. 특히 배우자가 중요한 행동 변화를 일으키기로 동의했을 경우에 말이

죠. 서약의 특정 용어를 잊어버린다거나 오해하는 일이 있을 수 있기 때문에, 행동 계획의 세부 사항을 기록해 두는 게 여러 모로 효과적입니다.

첫째, 계약서를 작성해놓고 들여다보면, 그냥 말로만 할 때보다 더 특별한 느낌이 듭니다. 둘째, 부부가 특별한 결정에 대해 불확실하거나 혹은 의견이 다를 경우, 기록해둔 게 있다면 참고할 수가 있습니다. 우리 부부도 3~5장 정도의 카드에 서약을 기록해서 옷장 맨 위 서랍에 붙여두었습니다. 그것을 우리는 재미삼아 "기록문서"라고 부릅니다.

8. **서약 평가시간을 마련하기** : 서약은 언제나 만료시기를 미리 정해두어야 합니다. 서약을 영원히 지속시킬 수는 없습니다. 우리는 부부들이 "지금부터 나/우리는 ……"이라고 말할 때마다 중단시킵니다. "지금부터"라는 말은 길고 무한한 시간을 의미하므로, 행동의 변화를 얼마 동안 지속시켜야 하는지 알 수 없기 때문입니다. 서약은 한정된 시간 동안, 그러니까 약 몇 주 동안만 지속되는 것이 가장 좋습니다.

특정 기간이 끝나면 조심스럽게 평가를 내려야 합니다. 행동 계획을 잘 따랐는가? 목적을 달성했는가? 뜻밖의 문제에 빠지지는 않았는가? 그런 다음엔 조심스러운 평가에 근거하여, 그 서약을 지속시키면서 한편으로 예상하지 못했던 문제들을 수정하거나 새롭게 인식된 가능성들을 시험하기로 협상하든지, 아니면 아예 중단시킨 후 최종적인 목표를 더 잘 달성할 수 있는 전혀 새로운 서약을 맺든지 할 수 있습니다.

9. **방해물을 예상하고 예방책 마련하기** : 행동 계획에 동의하고, 기록하고, 평가 시간을 계획한 다음에는 방해 요소에 관해 생각해보는 것이 좋습니다. 과거의 이야기로부터 자신들이 얼마나 서약을 어기기 쉬운가에 대해 잘 아는 부부들이 많습니다. 서약을 방해할만한 행동들을 미리 확인하고 의식적인 자각을 기른다면 예방책도 마련할 수 있습니다.

우리 부부(주디와 앤디)는 주중에 따로 시간을 내서 함께 대화를 나누자는 서약을 자주 한다. 이 시간을 통해서 우리는 서로 연결되고, 결정을 내리고, 상호간의 동료애를 즐긴다. 이 서약에 문제가 발생하는 경우는, 내(주디)가 소파에서 대화하기로 약속했던 시간을 넘기면서까지 일을 할 때다. 하지만 이런 문제를 일으킬 때마다 나는 시간과 약속에 관하여 좀 더 잘 인식하게 된다.

10. **하나님의 임재를 의식하기** : 혼인 서약과 같이 우리는 하나님 앞에서 서약을 맺을 수 있습니다. 참가자를 확신시키고 동기를 부여함으로써, 의식적으로 하나님의 영과 서약을 맺는 것입니다. 우리는 배우자에게 이렇게 말합니다. "당신과 하나님께 대한 약속이기에, 나는 다음과 같이 약속합니다." 서약의 과정을 시작하면서 기도 가운데 하나님의 임재를 초청하는 부부들이 많습니다. 어떤 부부는 그 과정

을 끝마칠 때마다 항상 두 손을 붙잡고 하나님께서 그들의 서약을 축복해주실 것을 간구합니다.

친밀감을 강화시키기 위해 자기 행동을 기꺼이 바꾸는 배우자를 둔 사람은 복이 있나니.

참고. 상호적인 서약을 지키려고 여러 번 시도하였으나 줄줄이 실패한 경우라면 뭔가 잘못된 게 틀림없습니다. 서약을 지키지 못하도록 방해하는 심층 문제들을 찾아내고 해결하는 일에 전력을 기울이십시오(제4장 분노에 관한 내용을 읽어보세요). 만일 여러분의 행동을 스스로 통제할 수가 없다면 전문 상담가와 이 문제에 관해 상의해보세요. 그 과정을 도와줄만한 제삼자를 찾는다면 다음 단계로 나아갈 수 있을 것입니다.

추천도서

게이 헨드릭스, 캐틀린 헨드릭스, 〈의식적인 사랑: 상호-헌신을 향한 여정〉, New York: Bantam Books, 1990.
하빌 헨드릭스, 〈당신이 원하는 사랑을 얻기 위하여: 부부를 위한 지침〉, New York: Harper and Row, 1988.

에필로그

정말이지 완벽한 상황에서 여러분과 마주앉아 한가롭게 대화를 나눌 수 있었으면 좋겠습니다. 이 책에서 논의한 개념들에 관하여 여러분이 경험한 것들을 들어보고 싶습니다. 연습문제들에 대한 여러분의 반응과 문제 탐구의 결과를 알고 싶습니다. 서로에 대해 새로운 것들을 알아낼 때마다 여러분이 어떤 표정을 짓는지도 정말 보고 싶습니다. 여러분이 배우자와의 관계 속에서 새로운 삶을 찾아가는 과정을 함께 한다면 정말 영광일 것입니다. 무엇보다도 우리는 사랑과 친밀감에 관한 새롭고도 심오한 경험들이 주는 기쁨을 여러분과 함께 누리고 싶습니다.

하나님께서 헌신적인 부부관계에 부여해주신 수많은 가능성들을 의도적으로 탐구할 결심을 굳힌 여러분에게 깊은 감사를 드립니다. 친밀감을 향한 여정을 지속해 나가는 동안 하나님의 은총이 여러분과 배우자를 감싸주실 것을 믿습니다.

내가 당신을 충분히 사랑했을까?

펴낸일 • 2009년 5월 30일 초판 1쇄 발행
지은이 • 앤드류D. 레스터 • 주디스L. 레스터
옮긴이 • 신선명 • 신현복
펴낸이 • 길청자
펴낸곳 • 아침영성지도연구원
등록일 • 1999년 1월 7일/제7호
홈페이지 • www.achimhope.or.kr

총 판 • 선 교 횃 불
　　전　화 : 02)2203-2739
　　팩　스 : 02)2203-2738
　　홈페이지 : www.ccm2u.com

• 파본은 교환해 드립니다.
• 이 출판물은 저작권법에 의해 보호를 받는 저작물 이므로
　무단전재와 무단복제를 금합니다.

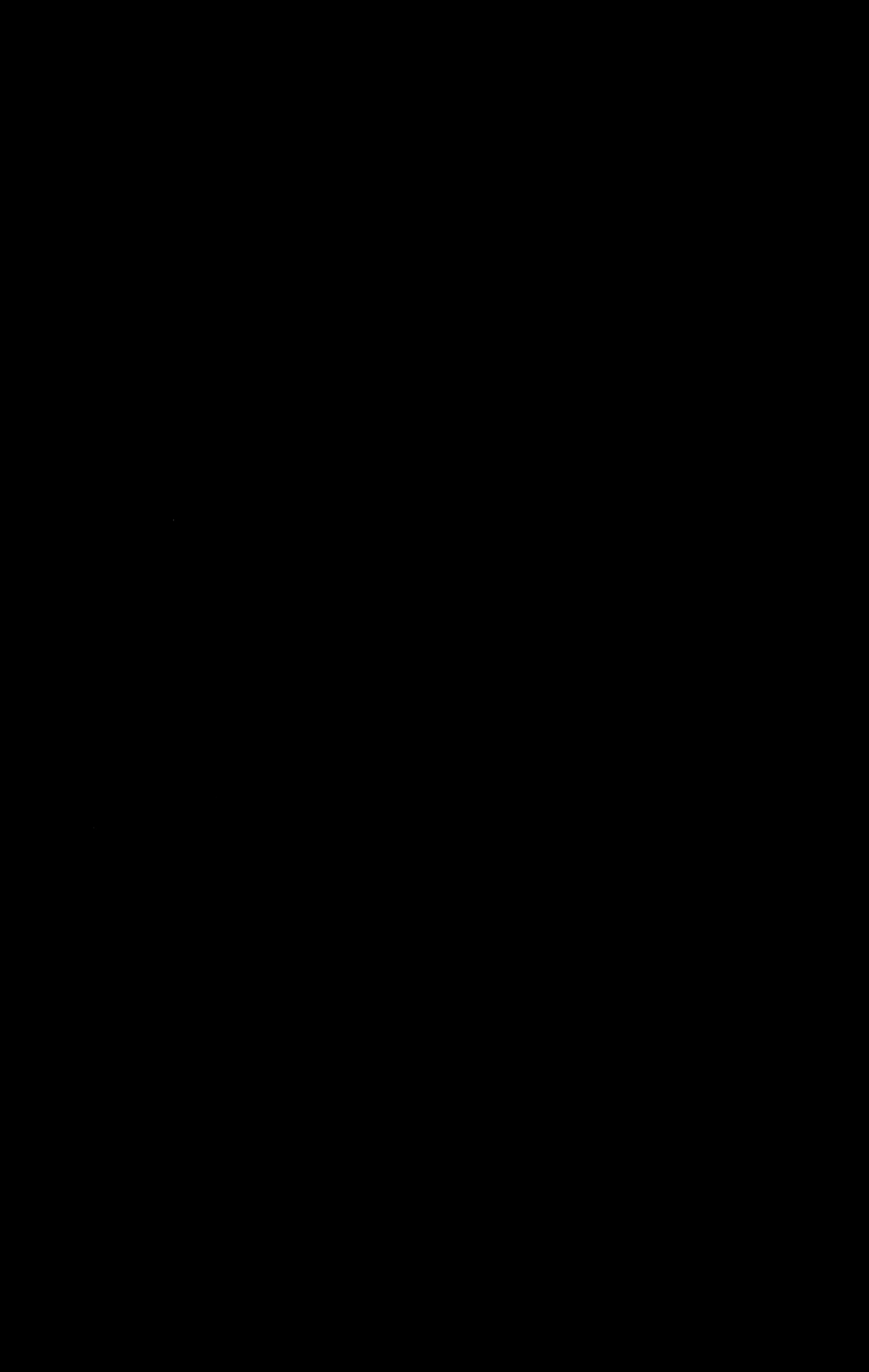

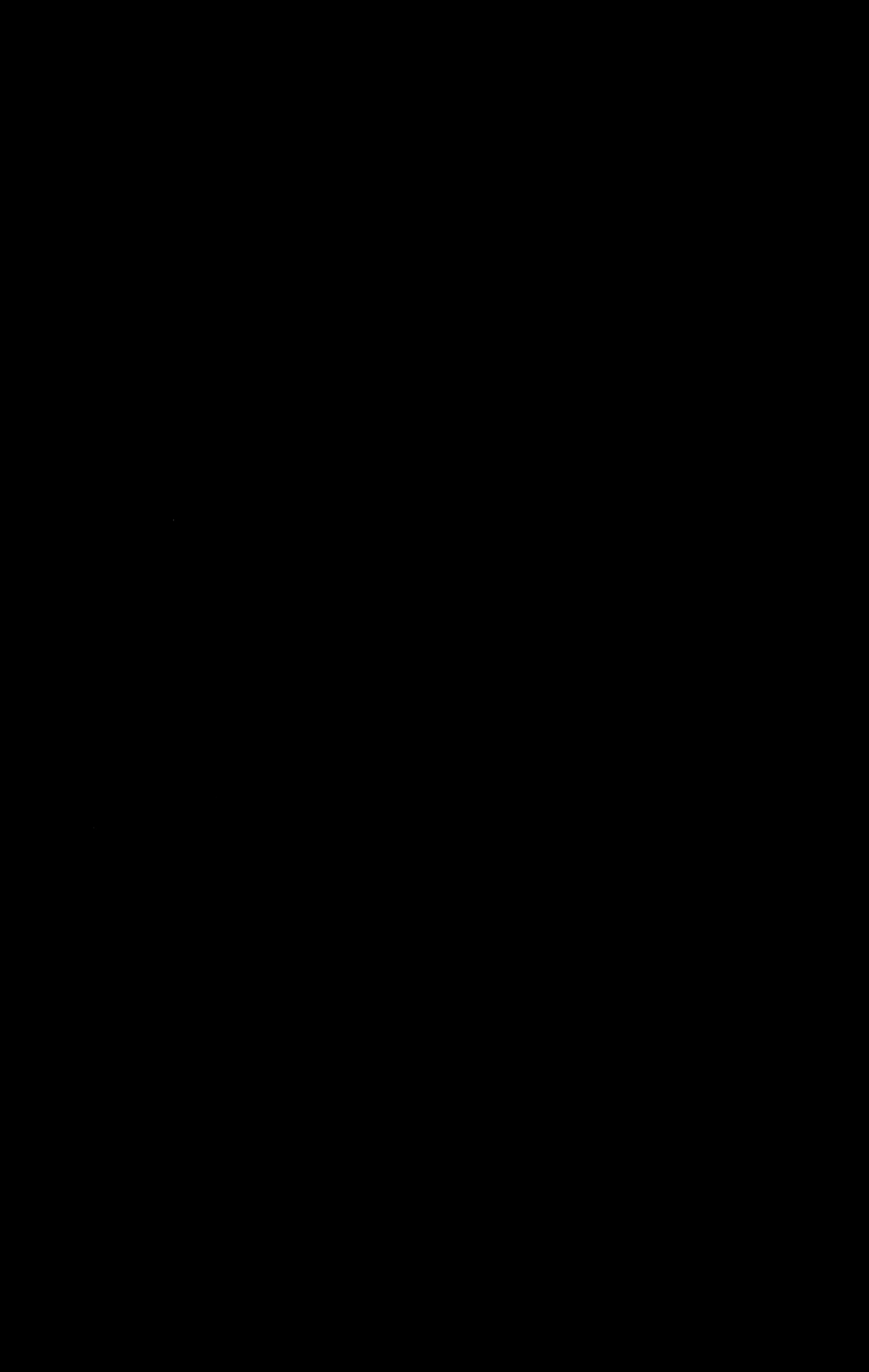